पुरुषोत्तम अग्रवाल

पुरुषोत्तम अग्रवाल का जन्म ग्वालियर, मध्यप्रदेश में हुआ। उन्होंने जवाहरलाल नेहरू विश्वविद्यालय से पी-एच.डी. की डिग्री प्राप्त की और रामजस कॉलेज, दिल्ली तथा जेएनयू में अध्यापन कार्य किया। संघ लोक सेवा आयोग के सदस्य रहे।

उनकी प्रकाशित कृतियाँ हैं—'संस्कृति : वर्चस्व और प्रतिरोध', 'तीसरा रुख़', 'विचार का अनंत', 'शिवदानसिंह चौहान', 'निज ब्रह्म विचार', 'कबीर : साखी और सबद', 'हिन्दी सराय : अस्त्राखान वाया येरेवान', 'नाकोहस' 'कौन हैं भारत माता?', 'पद्मावत : मानुस पेम भएउ बैकुंठी', 'कबीर-ग्रंथावली' (परिमार्जन) तथा 'पद्मावत : एन एपिक लव स्टोरी', 'कबीर, कबीर : द लाइफ़ एंड वर्क ऑफ़ द अर्ली मॉडर्न पोएट-फिलॉसफ़र' (अंग्रेज़ी में)। उनकी पुस्तक 'अकथ कहानी प्रेम की : कबीर की कविता और उनका समय' भक्ति-सम्बन्धी विमर्श का अनिवार्य ग्रन्थ है। वे राजकमल प्रकाशन की 'भक्ति श्रृंखला' के भी सम्पादक हैं।

वे 'देवीशंकर अवस्थी सम्मान' सहित अन्य कई प्रतिष्ठित सम्मानों से सम्मानित हैं।

नाकोहस

पुरुषोत्तम अग्रवाल

राजकमल पेपरबैक्स

राजकमल पेपरबैक्स में
पहला संस्करण : 2016
तीसरा संस्करण : 2023

राजकमल पेपरबैक्स : उत्कृष्ट साहित्य के जनसुलभ संस्करण

राजकमल प्रकाशन प्रा. लि.
1-बी, नेताजी सुभाष मार्ग, दरियागंज
नई दिल्ली-110 002
द्वारा प्रकाशित

शाखाएँ : अशोक राजपथ, साइंस कॉलेज के सामने, पटना-800 006
पहली मंजिल, दरबारी बिल्डिंग, महात्मा गांधी मार्ग, प्रयागराज-211 001

वेबसाइट : www.rajkamalprakashan.com
ई-मेल : info@rajkamalprakashan.com

बी.के. ऑफसेट
नवीन शाहदरा, दिल्ली-110 032
द्वारा मुद्रित

मूल्य : ₹199

NACOHUS
Novel by Purushottam Agrawal

ISBN : 978-81-267-2841-1

कट्टरता के विरुद्ध
ज़िन्दगी भर आवाज़
... ...
खुर्शीद अनवर की याद में

एक

नींद के घर आवाज लगाओ तो
दरवाजा स्मृति खोलती थी

यही गली थी, जहाँ बचपन बीता था। सड़क से शुरू होकर, गली चन्द कदम चलने के बाद चौक पर पहुँचती थी, जहाँ मोहल्ले का घूरा था, और जहाँ होली जला करती थी। यहाँ से तीन दिशाओं की ओर सँकरी गलियाँ जाती थीं। सामने की ओर जानेवाली गली में आगे चलकर एक और चौक आता था, जहाँ मन्दिर और मजार का वह संयुक्त संस्करण था, जिससे गली अपना नाम अर्जित करती थी। इस नाम की छाँव में सुरक्षा अनुभव करती थी। सुकेत ने देखा, सुरक्षा की छाँव तक ले जानेवाली उसी गली से एक मगरमच्छ आ रहा है—दुम इत्मीनान से मटकाता हुआ, गली की छाती पर मठलता हुआ। आता है घूरे वाले चौक तक। अरे, सुकेत पहली बार देखता है, यहाँ एक हाथी लेटा हुआ है। मगरमच्छ हाथी की एक टाँग चबाना शुरू कर देता है। हाथी छटपटाता है, लेकिन जैसे जमीन से चिपका दिया गया है। केवल चीख सकता है, अपनी जगह से हिल नहीं सकता। इसी बीच दूसरी गली से एक और मगरमच्छ आता है, हाथी की दूसरी टाँग जबड़े में दबोच लेता है। हाथी की दर्द और दुख से भरी चीखें जारी हैं। वह शायद वैकुंठवासी नारायण को ही पुकार रहा है, जैसे पुराण-कथा में पुकार रहा था। किन्तु या तो चीखें वैकुंठ तक पहुँच नहीं रहीं, या नारायण को अब फुर्सत नहीं रही।

जिन्दगी हस्बे-मामूल चल रही है। वाटरकर साहब काली टोपी, लाल टाई लगाए साइकिल पर दफ्तर रवाना। त्रिवेदीजी अपनी मोटर-साइकिल पर। सब्जीवाला ठेला लेकर आया है। उसने हाथी और उसे भँभोड़ते मगरमच्छों से बस जरा-सा बचाकर ठेला लगा दिया है। आवाज लगा रहा है : 'कद्दू ले लो, भिंडी ले लो, लाल-लाल टमाटर...'

गृहिणियाँ ठेले की तरफ बढ़ रही हैं। पास में ही घूरा है। सुरुचिसम्पन्न गृहिणियाँ सब्जीवाले को डाँट रही हैं कि वह रोज घूरे के पास ही ठेला लगाता है। मगरमच्छ हाथी की देह भँभोड़ रहे हैं। हाथी की चिंघाड़ें करुण रुदन में

बदल रही हैं। धीमी हो रही हैं। जमीन पर चिपकी देह में जो थोड़ी-बहुत हलचल थी, वह कम से कमतर होती जा रही है। बेबसी के भारी आँसू बहाती आँखें वैकुंठ की ओर तकते-तकते अब अपनी जगह से लुढ़कती जा रही हैं। कहीं नहीं दिख रहे गरुड़ासीन, चतुर्भुज नारायण।

सुकेत प्रार्थना कर रहा है कि गरुड़ासीन नारायण नहीं तो महिषासीन यम ही आ जाएँ। दोनों में से कोई न हाथी पर कान दे रहा है, और न सुकेत पर।

हाथी की चिंघाड़ें-चीत्कारें बस शून्य में जा रही हैं। वापस आकर दर्द की लहरों का रूप लेती उसी की देह में व्याप रही हैं। उन्हें न वैकुंठ-लोक के नारायण सुन रहे हैं, न यमलोक के देवता और न भूलोक के नर-नारी। हाथी बुद्धि और बल के लिए परम्परा में विख्यात रहा है। पुराण-कथा में स्वयं नारायण द्वारा बचाया जाकर भगवत्कृपा का प्रतीक भी माना जाता है। इस वक्त उसकी तड़पती चीखें उसके बुद्धि, बल और नारायण की कृपा—तीनों की व्यर्थता को व्योम तक ले जा रही हैं।

सपने में सुनी चीखों के अक्स पसीने की बूँदों में ढलकर जगार तक चले आए। सुकेत ने हड़बड़ाकर बेडलैंप का स्विच ऑन किया। हल्की पीली रोशनी भी कमरे में डरते-डरते फैली। बिस्तर के पास की तिपाई पर रखे पानी के गिलास तक हाथ खुद-ब-खुद पहुँच गया। नजर सामने की दीवार-घड़ी पर। तीन बज रहे थे। सपने के जो अक्स पसीने की बूँदों में मौजूद थे, उनमें झुंझलाहट की चुनचुनी शामिल हो रही थी,'हर तीसरी-चौथी रात इसी तरह बर्बाद होती है—सपने, आशंकाएँ, यादें...'

...यूनिवर्सिटी कैम्पस की सड़क। नारे। दो-ढाई सौ लड़कों का हुजूम : 'एंटी नेशनल प्रोफेसर सुकेत—मुर्दाबाद, मुर्दाबाद! नेशनल सेंटीमेंट्स हर्ट करने वालों को—जूते मारो सालों को! भावनाओं से खिलवाड़ करने वालों को—गोली मारो सालों को! राष्ट्रविरोधी तत्त्वों को—जला दो, मिटा दो...'

सुकेत अकेला रहता है यूनिवर्सिटी के मकान में। करुणा से ब्रेक-अप हो चुका है। वह महानगर से दूर आदिवासी क्षेत्र में जा बसी है। अब सुकेत का आलम यही कि जोरू न जाता, अल्ला मियाँ से नाता।

हुजूम करीब आ पहुँचा है...हिंसक आवाजें सुनकर कुछ लड़के-लड़कियाँ होस्टलों से निकलकर सुकेत के घर के सामने जमा हो रहे हैं...दो-चार घर के भीतर आते हैं, "हम आपके साथ हैं, सर!"

लॉन में गमले तोड़े जा रहे हैं, खिड़कियों के काँच पत्थरों से दरक रहे हैं।

'राष्ट्रीय भावनाओं का अपमान—नहीं सहेंगे, नहीं सहेंगे...'

सुकेत का साथ देने वाले लड़के समझाने की कोशिश कर रहे हैं...बेकार।

शिकार के लिए निकले वीरों का हाँका जारी है :

'निकल साले बाहर...'

...जागते हुए झेले गए की स्मृतियाँ कहाँ समाप्त होती हैं? कहाँ शुरू होती हैं नींद में देखे गए दुःस्वप्नों की यादें?

एक लम्बी वीरान गली...कोई हरकत नहीं, कोई आवाज़ नहीं। गली सिकुड़ती जा रही है। एकाएक भास होता है, मैं भी हूँ सपने में। दोनों तरफ के मकान मुझी को पीस डालने के लिए सरके आ रहे हैं...न इधर भाग सकता हूँ, न उधर...दीवार में जिन्दा चिने जा रहे लोगों को जैसा लगता होगा, वैसा घुटन-भरा दर्द...आतंक-भरी चीख, चीख के झटके से जगार।

दक्षिण की काशी कहे जानेवाले नगर में, देश के सुप्रसिद्ध शोध-संस्थान पर हमला हो रहा है : 'जननायक का अपमान—नहीं सहेंगे, नहीं सहेंगे...' बहुमूल्य पांडुलिपियाँ फाड़ी जा रही हैं, रौंदी जा रही हैं। इनमें वे पांडुलिपियाँ भी हैं, जिनके आधार पर महाभारत का प्रामाणिक संस्करण तैयार किया गया है। अलमारियाँ तोड़ी जा रही हैं, पेंटिंग्स फाड़ी जा रही हैं। सुकेत के घर जो आए हैं, वे राष्ट्रवादी कहलाते हैं। शोध-संस्थान में जो पहुँचे, सामाजिक न्यायवादी माने जाते हैं...

सुकेत घर में घुसा नहीं रह सकता। साथ दे रहे लड़के-लड़कियों की चिन्ताओं को धकियाता बाहर आता है, "लो, आ गया। चाहो तो पीट लो, चाहो तो...बात करते हैं! किया क्या है मैंने? जो लिखा है, उस पर बहस के लिए तैयार हूँ..."

"बहस...साले, भड़वे..."

"अबे, इसकी तो न लुगाई है, न बहन-बेटी, साला भड़वागीरी भी किसकी करेगा?"

"अबे, वह जो चिकनी आती है, रोज इसके घर..."

"अभी भी आई हुई है, मैंने देखा है..."

रचना और कुछ लड़कियाँ घर से बाहर निकलती हैं, "जिन्दगी में कभी शर्म की है? कभी तमीज से बात की है? स्काउंड्रल्स कहीं के..."

उनके पीछे-पीछे बाहर आते लड़कों के तेवर देख गालीवीरों की दुमें निकल आती हैं। वे पीछे सरक लेते हैं, उनके मधुर प्रसाद नेता आगे,

"वी आर सॉरी, सर, रियली सॉरी! हम राजनीतिक बात करने ही आए हैं। आपके लेखों..."

सुकेत के साथ खड़ा लड़का बिना एक शब्द बोले चुप रहने का संकेत करता हाथ उठाता है। कुछ ऐसा है उसके हाथ उठाने में, उसके साथ खड़े लड़के-लड़कियों की फड़कती चुप्पी में कि मधुर प्रसाद चुप हो जाते हैं। चल देते हैं। कुछ दूर जाकर हुजूम फिर से अपना संकल्प दोहराता है : 'देश के गद्दारों को—जूते मारो सालों को! नेशनल सेंटीमेंट्स से खिलवाड़—नहीं चलेगा, चलेगा...'

...एक लेखक अपनी लिखी किताबों के साथ जिन्दा जलाया जा रहा है। यह सैकड़ों साल पहले के यूरोप की बात है। एक कवि पर हाथी दौड़ाया जा रहा है, यह सैकड़ों साल पहले के भारत में हो रहा है। एक प्रोफेसर का दायाँ हाथ काट दिया गया है, उसके कॉलेज ने उसी को बर्खास्त कर दिया है। एक बुजुर्ग लेखक अपनी अप्रकाशित पांडुलिपि खुद ही जला रहा है; क्योंकि आहत भावनाओं के रणबाँकुरे उसके साथी लेखक की देह को क्षत-विक्षत करके जा चुके हैं...यह कुछ ही बरस पहले, सुकेत के अपने देश-काल में हुआ है। चर्च-धर्मद्रोही विद्वान की किताबें जला रहा है, वह विद्वान आत्महत्या कर रहा है। उसका दोस्त कह रहा है, 'मुझे भी फूँक डालो साथ में क्योंकि मुझे अपने दोस्त की सारी किताबें जबानी याद हैं...' यह हजारों साल पहले की बात है। एक लेखक फेसबुक पर अपनी मौत की घोषणा कर रहा है। वह अपने बीवी-बच्चों के साथ आम आदमी की तरह जीना चाहता है, सो उसे लेखक के तौर पर मरना ही होगा। यह बस, कल-परसों की बात है।

स्मृतियों और दुःस्वप्नों में आवाजाही कर रहा है सुकेत...

...शोध-संस्थान को सबक सिखाने आए सामाजिक न्याय के योद्धा अपना काम करके जा चुके हैं। लोग इकट्ठे हो रहे हैं। शोध कर रहे विद्वान, कर्मचारी, आस-पास के निवासी। शोध-संस्थान के निदेशक जिलाधिकारी को फोन करते हैं। जिलाधिकारी जितने क्रुद्ध हैं, उतने ही सन्तप्त। आखिरकार उनकी पत्नी इस संस्थान के पुस्तकालय की सदस्या हैं। उत्पातियों के नाम पूछते हैं, और नाम सुनते ही, "सर, मामला सिंपल वैंडलिज्म का होता तो और बात थी। इसमें तो पॉलिटिकल ऐंगल है। सेंटिमेंट्स और सोशल जस्टिस के फैक्टर्स हैं। मैं देखता हूँ...आई विल रिवर्ट बैक एज सून एज पॉसिबल...।"

...टीचर्स एसोसिएशन की मीटिंग में सर्वसम्मत निन्दा-प्रस्ताव की उम्मीद करने वाले चकित हैं। उम्मीद उस माहौल के कारण थी, जो रघु, शम्स और दीगर दोस्त यूनिवर्सिटी के बाहर-भीतर बनाने में कामयाब हो गए थे। अखबारों में लेख लिखे गए, जुलूस निकाले गए...बदमाशों को सजा मिलकर रहेगी...माहौल बन चुका है।

...उस हुजूम की राजनीति के समर्थकों का विरोध तो अपेक्षित ही था। लेकिन प्रगतिशील थाली में पकवान जीमने वाले भी सुकेत से माँग कर रहे थे कि वह विवादों से दूर रहे।

"शोभा नहीं देता, डॉक सा'ब, यह सब एकेमीडिशियंस को...सेंटिमेंट्स का मामला डेलिकेट तो है ही..." झंझटों से दूर रहने वाले शर्माजी ने कहा था।

"मैंने अपने लेख में किसी को गाली तो दी नहीं। परम्परा, संस्कृति और धर्म के नाम पर चल रही हिंसक राजनीति के विरुद्ध पॉलिटिकल आर्ग्यूमेंट में हर्ट सेंटिमेंट्स का क्या सवाल है?"

"आप एक विवादास्पद ढाँचे को मस्जिद कहेंगे तो सेंटिमेंट्स क्यों नहीं हर्ट होंगे, प्रोफेसर सुकेत?"

ये प्रगतिशील थाली में पकवान जीमने वालों के सिरमौर बख्शीजी थे। आजकल वे अपनी प्लेट में प्रगतिशील के साथ-साथ सांस्कृतिक राष्ट्रवादी मेनू के भी दो-एक आइटम जमाने लगे थे। 'मस्जिद नहीं, विवादास्पद ढाँचा' ऐसा ही आइटम था।

"यही तो आर्ग्यूमेंट था मेरा, बख्शीजी, आपको शायद समझ नहीं आया...किस तरह मस्जिद को विवादास्पद ढाँचे में बदल दिया गया है...भाषा को धीरे-धीरे सेंसर किया जा रहा है..."

बख्शीजी कल्चरल स्टडीज के प्रोफेसर थे। 'मैं साँप हूँ, मेरा काटा पानी नहीं माँगता...' जैसे मुहावरेदार वाक्य क्लास में बोलने के लिए विश्वविद्यालय में विख्यात भी थे। भाषा-सम्बन्धी तर्क नहीं समझते, यह आरोप सुनकर तिलमिलाए, कुछ नौजवान अध्यापकों के चेहरों पर मुस्कान देख और भी तिलमिलाए। "भाषा-वाषा आप क्या जानते हैं...कल्चर के प्रोफेसर हम हैं कि आप? भाषा जनता बनाती है, जनता देहात में रहती है, हमारी जड़ें देहात में हैं..."

"भारतमाता ग्रामवासिनी...भारतभाषा ग्रामवासिनी...भारत कृषिप्रधान देश है। यहाँ छह ऋतुएँ और कई पैदावारें होती हैं, फसलें हैं रबी और खरीफ।...बच्चो,

अगला निबन्ध किसान के सतत सहयोगी बैल पर...'' हॉल में पीछे की तरफ बैठे दो-तीन नौजवान अध्यापकों ने बाकायदा सुर-ताल में फब्ती कसी।

यह गद्य-काव्य सुनकर बख्शीजी के विभाग के जूनियर्स को वफादारी दिखाने का मौका मिला...कुछ चिल्लाने लगे, कुछ दुष्ट-दलन के लिए पीछे लपके...।

''यह क्या हो रहा है?...प्लीज, एवरी बॉडी मेनटेन डिकोरम...हद है, टीचर्स एसोसिएशन की मीटिंग है...या सब्जी-बाजार?'' दो-एक वरिष्ठ अध्यापक झल्लाए, ''प्रेसिडेंट साहब, ऐसा कैसे चलेगा? कंट्रोल कीजिए...''

''पहले तो आप लोग अपनी जबान कंट्रोल कीजिए...'' सुकेत का समर्थक एक नौजवान मजा लेने से खुद को रोक नहीं पाया, ''डू यू रियलाइज सर? आपने अभी-अभी सब्जी-बाजार को इंसल्टिंगली रेफर किया है, सब्जी वालों की फीलिंग्स हर्ट की हैं...''

सुकेत को हँसी आ गई। बात में दम तो था ही। शब्दों से आहत हो जानेवाली भावनाओं के डर से फिल्मों के नाम बदले जा सकते हैं, उनमें से गीत हटाए जा सकते हैं...रिलीज के पहले धर्मगुरुओं के नो ऑब्जेक्शन सर्टिफिकेट हासिल करके सरकारें अपनी सेकुलर पीठें ठोक सकती हैं, तो इस बात की उपेक्षा कैसे की जा सकती है? आखिरकार, सब्जी-बाजार, मछली-बाजार, धोबी-घाट—ये सब मिसालें भाषा में आती तो पॉलिटिकली इनकरेक्ट ढंग से ही हैं।

''शान्त रहिए सब लोग। अपनी-अपनी जगह वापस चलिए...'' प्रेसिडेंट साहब चिल्लाए। चिल्लाने के कारण खाँसी आ गई, ''क्या यार...खों...खों...खों...भई...अपनी बात पूरी कीजिए, बख्शीजी...'' किसी तरह कहकर उन्होंने इत्मीनान से खाँसने पर ध्यान दिया।

बख्शीजी अपनी क्लास में साँप हों या बिच्छू, टीचर्स एसोसिएशन में सुकेत के समर्थकों की ऐसी मुखर शरारत के लिए तैयार नहीं थे, पतली गली से निकलने की फिराक में बोले, ''बात क्या पूरी करनी है, जी...और कुछ नहीं कहना हमें...कौन मुँह लगे जड़ों से उखड़े लोगों के! वो क्या कहते हैं...'' कोशिश कर, बख्शीजी ने अंग्रेजी शब्द भी याद कर ही लिया, ''अपरूटेड...''

''जड़ों से उखड़े-चिपके होने से ज्यादा इम्पोर्टेंट है जड़बुद्धि न होना...''

''नो पर्सनल कमेंट, सुकेतजी! प्लीज, मेनटेन डिकोरम...'' प्रेसिडेंट साहब ने टोका।

"भई, एजेंडा पर रहिए, जड़-मूल-तना बाद में देखेंगे..." शर्माजी ने बात आगे बढ़ने से रोकी, "सुकेतजी, कोई भी आर्ग्यूमेंट हो आपका... एकेडमिक ढंग से करना चाहिए था।"

"जलेबी बनाकर? गोल-मोल बात..इधर से चखो या उधर से, चाशनी हर तरफ...है न?"

"यही तो...ऐसा सरकास्टिक लहजा स्टूडेंट्स क्यों टालरेट करेंगे, जवान खून ठहरा..."

"अरे, ये तो फेलो टीचर्स तक को नहीं बख्श रहे! आपने सुना नहीं, बख्शीजी को जड़बुद्धि कह रहे हैं? इनसे बात करना बेकार है, शर्माजी..."

मीटिंग में मौजूद साइंस के ज्यादातर प्रोफेसर साहबान एक बार फिर कंविंस हुए कि फालतू की चीजों में वक्त बर्बाद करना साहित्य और सोशल साइंस वालों की कांजेंटियल डिजीज (जन्मजात बीमारी) है। अमेरिका से ताजे-ताजे लौटे एक-दो ब्राइट यंग साइंटिस्ट्स ने तो साइंस की अलग टीचर्स एसोसिएशन बनाने का प्रस्ताव भी रख दिया।

घर पर हुए हमले के बाद त्रिपाठीजी सुकेत से हमदर्दी जताने आए थे। बुजुर्ग आदमी। रिटायर होने के बाद भी यूनिवर्सिटी का हाल-चाल लेते रहते थे। आए थे बस एक बात कहने, "तुमने ज्वाइन किया था, तब मेरी सलाह तुम्हें अच्छी नहीं लगी थी...ऑलवेज बी ऑन दि राइट साइड ऑफ दि अथॉरिटी...फिर एक सलाह देता हूँ, मानो न मानो...याद जरूर रखना...इस जमाने का मंत्र समझ लो, सुकेत...ऑलवेज बी ऑन दि राइट साइड ऑफ दि हर्ट सेंटिमेंट..." कहकर खुद ही खिलखिला पड़े थे।

सुकेत उनकी बात मान ले, तो बहुत अच्छा। न माने तो इस खिलखिलाहट के जरिए त्रिपाठीजी ने आगे चलकर यह कहने की जगह बना ली थी कि 'अरे, यार, मैं मजाक कर रहा था...कमाल है...मैं भला इस तरह सरेंडर करने की राय दूँगा...'

'गंगा गए तो गंगादास, जमुना गए तो जमुनादास' वाली बुद्धिमत्ता सुकेत से साधते नहीं बनती थी। बेबाक बात करने के कारण नौजवानों में लोकप्रियता पाता था, व्यवहार-कुशल सहयोगियों के बीच चुटकुलों का विषय बनता था।

त्रिपाठीजी की सलाह सुकेत ने अभी तक तो मानी नहीं, लेकिन उनकी दूरदृष्टि का कायल जरूर हो गया था। सचमुच, इस समय में कामयाबी का...बल्कि किसी तरह जीवित रहने तक का मंत्र यही तो है, 'ऑलवेज बी ऑन

राइट साइड ऑफ दि हर्ट सेंटिमेंट...आहत भावनाओं से पंगा नहीं लेने का, बॉस...हर रंगत की आहत भावना को पटा के रखने का...मस्का मारने का...'

शोध-संस्थान के हमलावरों के साथ सहानुभूति व्यक्त करनेवाले भी देश-दुनिया में कम न थे। इनमें से अधिकांश तो सुकेत जैसों की दुनिया के ही निवासी थे, "बुद्धिजीवियों को कोरे यूरोपीय किस्म के तर्क को छोड़ना चाहिए...यूरोसेंट्रिक बुद्धिवाद—मुर्दाबाद, मुर्दाबाद! हमें भावनाओं और सामाजिक स्मृतियों के प्रति संवेदनशील होना चाहिए। उनकी कोमलता का आदर करना चाहिए।"

तोड़-फोड़ करने वालों की सामाजिक स्मृतियाँ और उनके सेंटिमेंट्स का सम्बन्ध सोशल जस्टिस की प्रोग्रेसिव राजनीति से था; इसलिए, "यू नो...देयर इज दि इशू ऑफ डिफरेंट वैल्यूज इन डिफरेंट कल्चर्स...यू सी..भई, ब्राह्मणवाद से बाहर आए बिना नहीं समझ सकते इसको... अभिव्यक्ति की स्वतंत्रता वगैरह ठीक है, लेकिन कल्चरल आइडेंटिटी का एक्सप्रेशन भी तो माने रखता है, यार..."

शोध-संस्थान पर हमले के बरसों बाद भी बात वही, सुर-ताल वही, तरन्नुम वही, सन्दर्भ बदला हुआ—उस अखबार 'शार्ली ऐब्दो' के दफ्तर में बारह लोगों की हत्या...

"ऐसे कार्टूनों से गुस्सा किसे नहीं आएगा? जिनकी कल्चरल पहचान पर वेस्ट लगातार हमले कर रहा है, वे और क्या करें? आप तो उन्हें अपनी औरतों को बुर्के में रखने के धार्मिक अधिकार तक से वंचित करने पर तुले हैं...उनके पास कल्चरल, सिम्बॉलिक पावर तो है नहीं...यूरोप की नॉलेज-पावर ने ही तो उन्हें गन-पावर का सहारा लेने को मजबूर किया है।"

दुश्मन का दुश्मन दोस्त...उपनिवेशवाद, साम्राज्यवाद और पश्चिम से आई दीगर बदमाशियों का विरोध करना है सो या तो 'भाग जाए, पकड़ाई न आए' वाली चतुराई साधते हुए, जेहादी इस्लाम की बड़ाई करें या चुप्पी साध लें। शर्म बहुत ही ज्यादा सताने लगे, तो कुछ नरम-नरम बुराई भी कर लें 'दोस्ताना आलोचना—फ्रेंडली क्रिटिसिज्म'।

सुकेत, शम्स और रघु को चुनी हुई चुप्पियाँ और चुनिन्दा चीखें नहीं सुहाती थीं। वे तब भी बोले थे जब हुसैन को अघोषित देशनिकाला दे दिया गया था, और तब भी जब सलमान रुश्दी का भारत आ सकना असम्भव बना दिया गया था। कुछ दोस्तों की राय में हुसैन वाला मामला फासीवाद के पसरते

पाँव दिखाता था, विरोध करना ही चाहिए था। दूसरी तरफ़, रुश्दी और तस्लीमा नसरीन से लेकर शार्ली ऐब्दो तक के मामलों में जो ये तीनों कहते थे, करते थे, वह सब इस्लामोफोबिया यानी इस्लाम से डरने और नफरत करने की बीमारी से ग्रस्त होने का लक्षण था। हिन्दू घर में जन्मे सुकेत और ईसाई घर में जन्मे रघु के सन्दर्भ में बीमारी की वजह यह बताई जाती थी कि उनकी चेतना के पाँव उनकी सांस्कृतिक परम्परा की बेड़ियों में जकड़े हुए हैं। शम्स के बारे में निदान यह था कि वह पश्चिमी मीडिया और बौद्धिकता के असर में अपनी परम्परा से घृणा करने वाले—सेल्फ-हेटिंग—मुसलमान में बदल गया है...।

सपनों, स्मृतियों, पछतावों, दुआओं और बद्दुआओं के कोलाज से बाहर निकलने की कोशिश में सुकेत बेडरूम से बाहर निकला। ड्राइंग रूम पार करता बालकनी में पहुँचा। ड्राइंग रूम में टीवी चल रहा था, 'बहुत लापरवाह होता जा रहा हूँ, यार...टीवी बन्द करना भूल गया...लेकिन...बन्द तो किया था। अच्छी तरह याद है...अच्छी तरह? यादें ही तो गड्ड-मड्ड हो रही हैं...बन्द किया नहीं, बस, सोच लिया कि बन्द कर दिया...अपने-आप तो चल नहीं पड़ेगा टीवी...'

सुकेत ने रिमोट उठाया, ऑफ बटन दबाया, और बालकनी की ओर बढ़ गया।

उस रात, सबक सिखाने आए हुजूम के सामने क्रोध तो किसी हद तक बाहर आया, भय सुकेत के मन में ही कसमसाता रह गया था। आशंका, बेचैनी, डर साथ खड़े लड़कियों-लड़कों के सामने कैसे जताता? फैंस के सामने स्टार अपनी चमक कमजोर कैसे होने दे? वैसे, शहीद हो जाने की कोई महत्त्वाकांक्षा नहीं थी सुकेत के मन में। उसे भी पिटाई की सम्भावना से घबराहट होती थी, मौत से डर लगता था...हालाँकि, अपनी अरथी के साथ 'शहीद सुकेत अमर रहें' की जोशीली, आँसू-भीगी आवाजें सुनने के रोमांचक सुख की फैंटेसी वह जरूर कभी-कभार करता था।

उस रात, लड़के-लड़कियों के सामने सुकेत ने आशंका छुपाए रखी थी, धीरज बनाए रखा था। जब सब चले गए, रचना सुकेत के गले आ लगी। उसके थरथराते होंठों का मादक निमंत्रण सूख रहे होंठों पर पाते ही मन में घुमड़ रही आशंकित बेचैनी तन के आवेश में ढलने लगी। अगले ही पल सुकेत का आशंकित भय निरावरण था। रचना की आमंत्रण देती हथेलियों की

सहलाहट सुकेत के भय को पुरुष के आवेश में ढाल रही थी...पल-पल कठोरतर होता आवेश रचना की देह के पोर-पोर में गर्वीली ऊष्मा की नमी प्रवाहित कर रहा था। सुकेत आमंत्रित करती नारी-देह की निविड़ गुह्यता में प्रवेश के लिए व्याकुल था...रचना की कामना तरल रूप लेकर बह रही थी...

...प्रचंड आवेश पर रचना की न्योता देती हथेली का स्पर्श कितना मादक था...भीतर से बह रही नमी की ओर जल्द से जल्द बुलाता मार्गदर्शन कितना मादक था...सुकेत की आतुरता आक्रामकता का रूप ले रही थी...रचना की इठलाती देह, चमकती आँखें, किलकती सिसकारियाँ सुकेत को और तीव्र होने का न्योता दे रही थीं...रचना के उन्मुक्त उरोजों के बीच ही थी आश्वस्ति...रचना की गदेलियों और अधरों की कोमल जकड़ में ही थी भयमुक्ति...

कितना मादक वह पल...!

मादक? उसके लिए बस खिलौना था मैं...जिगोलो...

लेकिन, यह सचाई तो बाद में समझ आई, उन दिनों तो सुकेत का पोर-पोर, पल-पल रचना से ही सराबोर था। इन दिनों उस वक्त की यादें रचना की चतुराई से भी ज्यादा सुकेत की अपनी आत्मघाती मूर्खता की यादें बनकर आती थीं, खीज और घिन बनकर सताती थीं...

...रचना खेलती थी हर सम्बन्ध को उत्पीड़क बताने और खुद को निरीह जताने के खेल...शतरंजी चालों में सुकेत को हर बार मात करने के खेल...वह खेलती रही, सुकेत खेल को जिन्दगी समझता रहा...

'मेरे सत्त्व को निचोड़ लिया रचना, तुम्हारे खेलों ने। क्यों किया ऐसा? आखिर क्यों?'

सारे सवाल रचना से ही सुकेत? अपने-आपसे एक भी नहीं?

करुणा भी तो थी...निचोड़ने नहीं, गढ़ने वाली। तुम मूर्ख थे, मूर्ख हो। न करुणा का प्यार पहचान पाए, न उसके व्यक्तित्व का मर्म। पछताने की अक्ल आने तक खेत चुगा जा चुका था...

घर पर हमले के बाद, सुकेत को समझा दिया गया था कि वह कैम्पस का मकान छोड़ दे, तो अच्छा, 'अब आप यह तो नहीं चाहेंगे न, डॉक सा'ब कि कैम्पस का माहौल खराब हो...'

बात बिल्कुल सही थी। जो छात्र क्लास में छुरा लिये चले आते थे, जिनके कमरों से बलात्कार के अभियुक्तों को बाइज्जत लिवा ले जाने के लिए

पुलिस का आगमन होता था; और जो गुरुजन क्लास में अपने साँप होने की घोषणाएँ करते थे; छात्रों को इस मूलभूत सत्य का ज्ञान कराने में जमीन-आसमान एक कर देते थे कि उनकी जाति क्या है तथा विजातीय अध्यापकों का उपचार कैसे किया जाए, उनके कारण न भावनाओं पर विपरीत प्रभाव पड़ता था, न माहौल पर...।

जिस सोसायटी में मकान मिला, उसके सेक्रेटरी ने भी संकेत कर दिया था कि कोई जुलूस-प्रदर्शन या हंगामा नहीं चाहिए। सुकेत को खयाल रखना होगा इस बात का।

मेरी हालत क्या शरणार्थी की-सी नहीं है... ?

सवाल मन में बाद में आया था, शर्म और खुद पर गुस्सा पहले—'कैम्पस का मकान छोड़कर, टिपीकल मिडिल क्लास हाउसिंग सोसायटी में रहना तुम्हें शरणार्थी होना लगता है, साले...जिन्हें धरती का स्वर्ग—फिरदौस—कही जाने वाली घाटी छोड़कर तपते मैदानों की धूल फाँकने के लिए विवश कर दिया गया है...जिन्हें खुद सरकार की साजिश के तहत अपने ही शहर के दूसरे सिरे पर शरणार्थी बनाकर धकेल दिया गया...जिन्हें रोटी ही नहीं, पानी तक के लिए अफसरों के निहोरे करने पड़ते हैं...जिन्हें तालाब से पानी भर लेने के अपराध में इक्कीसवीं सदी के गाँव से खदेड़ दिया जाता है...विकास का रौद्र रथ जिनके जंगलों को रेगिस्तान में बदले दे रहा है...जिन्हें गुलाम बनाकर महानगरों में ठेले दे रहा है...उनके दुख का बयान करने वाले शब्द—शरणार्थी—को अपनी जरा-सी परेशानी की खिदमत में लगाना चाहते हो...सुकेत, शर्म करो!'

अगला हमला शरणार्थियों की बात करने के कारण ही हुआ था। गनीमत है कि हमलावर घर तक नहीं पहुँचे थे, वरना इस फ्लैट से भी विदाई तय थी...। बहुसंख्यक कहे जाने वाले समुदाय के साथ, घाटी में हुए अत्याचारों की चर्चा से सुकेत ने अपनी बात शुरू की...मीटिंग में मौजूद प्रगतिशील तत्त्व निराश हुए—इस आदमी की प्रगतिशीलता का कुल-गोत्र संदिग्ध तो रहा ही है...अब तो यह पूरी तरह हिन्दुआने के रास्ते पर है। चतुर्वेदीजी के निर्देशन में पांडेयजी पर रिसर्च, साथ ही, शर्माजी की पत्रिका में त्रिवेदीजी के अधीन उप-संपादकी कर रहे युवा कवि मिश्रजी का चित्त सुकेत की बातें सुनकर सन्तुष्ट हुआ क्योंकि उनका ब्रह्म-क्रान्तिकारी विश्वास पुनः पुष्ट हुआ—अब्राह्मण कुल-गोत्र में जन्मा मनुष्य न प्रगतिशील हो सकता है, न

प्रतिभासम्पन्न...वे तत्काल, मीटिंग में बैठे-बैठे ही, इस अब्राह्मण 'छद्म' प्रगतिशील, सुकेत के हिन्दुआने का आख्यान मोबाइल सैमसंग देव के संग मिलकर आभासी संसार के कोने-कोने तक पहुँचाने में लग गए।

इधर, जैसे ही सुकेत ने अल्पसंख्यकों, दलितों को अपने ही गाँव-नगर में शरणार्थी बनाने की बात शुरू की, हंगामा मचाने के इरादे से ही मीटिंग में आए नर-पुंगव सक्रिय हो उठे। काहे की मीटिंग...कहाँ का संवाद...बस, आहत भावनाओं का तांडव...'क्या हक है इन साले सेकुलरों को देश की बहुसंख्यक भावनाएँ आहत करने का...मारो साले को...मादर...देशद्रोही कहीं के...'

मीटिंग के आयोजकों को पुंगव-गतिविधि की पूर्वाशंका थी। उनकी संख्या पुंगवों से कम भले हो, जोश बराबर का ही था...इन दो जोशों के टकराव में सुकेत की देह देखते-देखते जैसे दो देशों की सीमा पर स्थित चौकी बन गई...एक फौज उसे ध्वस्त करने पर आमादा थी, दूसरी बचाने के लिए कृतसंकल्प...आसार यह कि आज वह अमर शहीदों की पाँत में शामिल हो ही जाएगा।

सुकेत की देह पर चल रहा युद्ध जल्दी ही थम गया। पुंगवों की रणनीति हमेशा की तरह यहाँ भी सॉफ्ट टारगेट पर ही हमले वाली थी। जैसे ही पता चला कि टारगेट अपने-आपमें भले ही गूदे की तरह मुलायम हो, उसकी तरफ से लड़ रहे योद्धा बेलफल के छिलके की तरह कठोर और बेतोड़ हैं...उन्होंने बीटिंग दि रिट्रीट की धुन शुरू कर दी थी...राष्ट्रवादी भावनाएँ आहत करने वाले दुष्ट की देह पर अच्छे-खासे निशान छोड़ने में कामयाबी तो उन्होंने हासिल कर ही ली थी।

"हम लोग पहले भी तो इस तरह की बातें करते थे," घर आए रघु और शम्स से कहा था सुकेत ने, "लेकिन, इस तरह पिटते नहीं थे। गर्मा-गर्मी हो ही जाए, मार-पीट की नौबत आ ही जाए तो भी आम तौर से हमदर्दी हमारे जैसे लोग ही पाते थे...समाज अपने-आपसे सवाल करने के लिए तैयार था...अब हमीं से कहा जाता है—फिजूल पंगा क्यों लेते हो, भावनाओं को क्यों ठेस पहुँचाते हो? कितनी बदल गई हैं चीज़ें..."

उदास-सी शाम थी। वे दोनों चाहते थे कि सुकेत को चोटों का दर्द कम महसूस हो; धक्का-मुक्की, गाली-गलौज से हुए अपमान का अहसास कम हो...जानबूझकर हल्की-फुल्की बातें करने की कोशिश कर रहे थे, लेकिन सुकेत ने ही सवाल उठा दिया।

कमरे में जल रही बत्ती के मद्धिमपन में धुँधलाहट बढ़ती जा रही थी। लग रहा था, कमरे में बिजली की बत्ती नहीं, तेल की ढिबरी जल रही है, जिसकी बाती हर पल कमजोर पड़ती जा रही है। बिस्तर पर अधलेटे सुकेत के चेहरे पर सवालों की परछाइयाँ; सामने बैठे रघु और शम्स के चेहरों पर माहौल को हल्का करने में नाकामयाबी की। शम्स एकाएक उठ खड़ा हुआ। ''चाय बनाता हूँ...'' कहता किचन की ओर बढ़ गया।

''यही तो बात है, सुकेत...'' रघु कुछ देर की चुप्पी के बाद बोला था, ''हमारे देखते-देखते चीजें पूरी तरह बदल गईं...वह देश अब नहीं रहा, वह वक्त अब नहीं रहा, जिसकी हमें आदत पड़ गई थी...''

''तो क्या करें, इस नये देश-काल की आदत डाल लें?''

''अमाँ, सुकेत,'' किचन से शम्स की आवाज आई, ''पेस्ट कंट्रोल वालों को फोन करना पड़ेगा, किचन में दीमक दिख रही है...क्या यार, ध्यान ही नहीं देते हो...''

''आदत डालने की कोशिश कर रहा हूँ, शम्स...'' सुकेत ने कुछ ऊँचे स्वर में कहा, ''दीमक के साथ सह-अस्तित्व साधने की—घर में भी, बाहर भी...''

''खैर, यह तो दानिशमंदी कर रहे हो,'' शम्स ने सुर मिलाया, ''और साला किया क्या जाए...सब तरफ दीमक ही दीमक तो फैले जा रही है...'' कहते-कहते शम्स हाथ में चाय की ट्रे लिये कमरे में आ चुका था।

''आदत डालने को मैं नहीं कह रहा हूँ,'' रघु को लग रहा था कि सुकेत ने उसके वाक्य में समर्पण का भाव पढ़ लिया है, ''न घर की दीमक की आदत डालनी है, न बाहर की, लेकिन...''

''वो कहते हैं न, दुनिया छोटी होती जा रही है, ग्लोबल विलेज...वगैरह...'' सुकेत ने कहा, ''वाकई छोटी होती जा रही है...सँकरी होती जा रही है, भीतर से सिकुड़ती जा रही है...''

शम्स के बढ़े हाथ से चाय का कप थाम रघु कमरे की खिड़की के पास जा खड़ा हुआ। बाहर भी पीलापन ही था, लेकिन कमरे की रोशनी की तरह कमजोर पड़ता नहीं, चमक-दमक से भरपूर हैलॉजन का पीलापन!

''ठीक कह रहे हो, सुकेत,'' रघु खिड़की से बाहर देखते-देखते ही कह रहा था, आवाज में थकान उतर आई थी, ''लगता है, कोई हम सबको, हमारी चेतना को स्ट्रेट-जैकेट पहनाने पर आमादा है...जरा भी हिल-डुल न पाएँ...''

"स्ट्रेट-जैकेट नहीं, रघु बॉस," शम्स अपनी जगह बैठे-बैठे रघु की ओर गर्दन घुमाकर बोला, "जो भी आमादा है, वह गले में कुत्तोंवाला पट्टा पहनाने पर आमादा है...हिल-डुल पर रोक नहीं, बशर्ते दुम साथ में हिलती रहे...भौंकने की भी इजाजत, बशर्ते पट्टे की चेन मजबूती से उसके हाथ में थमी रहे..."

"लेकिन..." रघु ने कुछ कहना चाहा...कह कुछ नहीं पाया...चुपचाप खिड़की के बाहर देखता रहा, फिर से एक बार बोला, "लेकिन..."

...तीनों जानते थे कि इस 'लेकिन' के पार कहीं झुलसता रेगिस्तान था, तो कहीं हड्डियाँ जमाता बर्फीला विस्तार; किसी दिशा में डरावना सन्नाटा था, किसी में कानफोड़ शोर...इस 'लेकिन' के आगे का वाक्य पूरा कर सकें, ऐसे शब्द कहीं नहीं थे...।

...सुकेत के हाथ का कप होंठों से कुछ दूर ही ठिठका रह गया...शम्स भी अपनी चाय के कप में झाँक रहा था। गर्दन आशंका और थकान के बोझ से झुकी हुई थी।

धुँधली रोशनी को और धुँधलाती हुई चुप्पी की छाया कमरे में अपनी चादर फैला चुकी थी। बस, चाय की चुस्कियों की नामालूम-सी आवाज ही उसे कहीं-कहीं हलके से दरका रही थी।

"क्या यार...शहीद होने का एक और मौका हाथ से निकल गया..." आखिरकार सुकेत ने ही माहौल में हलकापन लाने की कोशिश की।

"अमाँ, नुकसान तो हमारा हुआ है..." शम्स ने फौरन कोशिश में हाथ बँटाया। चाय का कप मेज पर रखा, मुँह पर छाई असली उदासी पोंछकर नाटकीय उदासी का मुखौटा चढ़ाया, बोला भी ऐसे ही, जैसे मंच पर संवाद बोल रहा हो, "शहीद-सूची में नाम लिखाने का मौका आपको मिलता...भुनाने का सौभाग्य जनाब-ए-शहीद के हम दोनों काबिल वारिसों को...जैसा कि शायर कह गया है, शहीद सुकेत की चिता पर मेले भी लगते...नहीं लगते तो अपन ही लगा लेते...मेले की दुकानों के ठेके हम देते, टैक्स हम वसूलते...सही कहा न, सर रघु रूबेन..."

"क्या सही कहा...चिता तक शहीद साहब पहुँचे ही कहाँ...इनकी तो चोटें भी, यार, परमानेंट असर छोड़ने वाली तक नहीं लग रहीं..." रघु भी बेबसी, उदासी को बरकाने के इस खेल में शामिल हुआ। खिड़की छोड़ इन दोनों की तरफ आते हुए उसने कहा, "मौत न सही, चाल-ढाल में परमानेंटली दिखनेवाली टूट-फूट ही हो जाती तो परफेक्ट, फुल टाइम मार्टयर न सही,

माननीय सुकेतजी पार्ट टाइम शहीद के तौर पर मार्केटेबल आइटम तो बन ही जाते, दोस्तों के कुछ तो काम आते...''

''नहीं, यार...'' शम्स ने रघु की बात काटी, ''पार्ट टाइम शहीद तो तुम हो ही...अब तो फुल टाइम ही चाहिए—चिता वाला हो या कब्र वाला...''

रघु सच कहने के पुरस्कार में मिली स्थायी टूट-फूट देह में धारण किये था—घुटनों में पड़ी स्टील-रॉडों के रूप में।

''अच्छा, तो कोई बात नहीं प्यारे, यह साला तो बचके आ गया, अब तुम्हें बना देते हैं फुलटाइम शहीद। बताओ, बहावी इस्लाम के हाथ जन्नतनशीं होना पसन्द करोगे... ?'' रघु ने पूरी गम्भीरता से शम्स से सवाल किया, ''या हिन्दू राष्ट्रवाद के कर-कमलों से ? फैसला तुम्हारा...''

बेबसी के अहसास से बाहर होने की कोशिश सुकेत को अच्छी लग रही थी, ''जन्नत में तो हममें से किसी को एंट्री न मिलनेवाली, बेट्टा...बीएजी—बैग माने भगवान, अल्लाह, गॉड में इतनी भी अकल नहीं भरी है क्या ? उसे अपने स्वर्ग, बहिश्त, हैवन वगैरह-वगैरह में उत्पात मचवाना है क्या ? और तुम दोनों साले, बेहूदे...मेरा हाल-चाल देखने आए हो, या मेरे बच जाने का मातम मनाने ?'' सुकेत ने शम्स की ओर हाथ बढ़ाते हुए कहा, ''सुधर जाओ...मेरे शहीद न हो पाने का ग़म ग़लत करने के लिए सिगरेट तो लाए होगे...पेश करो, कुड हैव बीन मार्टयर की खिदमत में...''

''स्मोकिंग किल्स...डोंट यू नो...साले, मरना ही है तो पिटकर मरो, सिगरेट फूँककर मरे तो शहीद नहीं, प्रदूषण फैलाने के अपराधी कहलाओगे ...तुम शहीद होने की शान से जाओगे और हम चिता पर लगने वाले मेलों के माल से...''

''अच्छा बेटा, खुद तो स्मोकिंग से मरोगे और मैं पिटकर मरूँ...चल, रोल एक्सचेंज...चिता तेरी होगी और मेले से कमाई मेरी, मौत तेरी, मौज मेरी...दोस्त की आहत भावनाओं से डर, अब तो जा तू सुधर...चल...बातें मत बना, ला, सिगरेट ला...''

खुद पर हँसते रहने से मौत का डर भी कम होता है, जिन्दगी का दर्द भी।

आहत भावनाओं के युग में विवेक की बातें करने के कारण मिले दंडों के स्मारक आज तक सुकेत, रघु और शम्स—तीनों की देह पर भी हैं, चेतना पर भी...कुछ दिखते हैं, कुछ देह में गाहे-बगाहे उठने वाली टीसों में, सर्दी के मौसम में चाल में आ जाने वाले दर्दीले टेढ़ेपन में बोलते हैं।

और करुणा ? उसकी आत्मा पर, खुद सुकेत की पहुँचाई चोटों के निशान भी हैं...स्मृतियाँ सुकेत की आँखों में उतर पड़ी दो बूँदों की शक्ल में ठिठक गईं...बालकनी की रेलिंग पर हाथ टिकाए वह देख रहा है आस-पास की इमारतों की इक्का-दुक्का बत्तियाँ, सुन रहा है सन्नाटे की आवाजें, सिगरेट हाथ से फिसलकर बालकनी के फर्श पर...बुझते अन्त की ओर।

करुणा होती तो डाँटती, "उठाओ सिगरेट, डालो ऐश-ट्रे में,"...सुकेत की आँखों में ठिठकी बूँदें आज मुस्करा पड़ीं...उस वक्त तो इस बात पर शुरू हुई बहस स्त्री-पुरुष सम्बन्ध के बारे में नुकीले विमर्श, फिर बाकायदा झगड़े में भी बदल सकती थी।

"तुम मेरी हर बात काटती क्यों हो?"

"मैं बस अपनी बात रखती हूँ, सवाल यह है कि तुम्हें क्यों हर असहमति काटती है?"

आज, सुकेत जानता है—मुझे चाहिए थी, मेरी हर बात को अद्वितीय बतानेवाली मुग्धा नायिका...करुणा है खुदमुख्तार शख्सियत...रचना सिगरेट के यों गिर जाने को जीनियस के चिन्तन-ग्रस्त होने का प्रमाण बताती, मन-ही-मन हँसती इस इडियट की आत्म-मुग्धता पर...

"मैं पक्की फेमिनिस्ट हूँ, सुकेतजी..." परम समर्पिता नायिका की भूमिका में इठलाती रचना याद दिलाए बिना नहीं रहती थी, "लेकिन आपके अनुराग ने...हमारे इस अनोखे प्यार ने..." कहना मुश्किल हो जाता था कि ज्यादा रस रचना की आवाज से टपक रहा है, या आँखों से।

करुणा को ऐसी प्रतिभा नहीं मिली थी कि नारीवाद का झंडा भी हाथ में उठाए रहे और कभी मुग्धा का, कभी अभिसारिका का रोल-प्ले भी कर ले।

"थोड़ा-सा रोल-प्ले कर ही लेतीं, यार, तो क्या बिगड़ जाता...वो गजल कितनी बार सुनाई थी तुम्हें कि 'हारकर दिल अपना, मेरी जीत अमर कर दो'...तुम पर असर हुआ ही नहीं..." सुकेत की आँखों में ठहरी बूँदों ने मुस्कराने की कोशिश की।

"तुम्हारी जीत अमर करने के लिए मैंने क्या-क्या हारा, तुम्हें कभी दिखा, सुकेत?..."

नहीं, इतना वहमी नहीं है सुकेत। वह चौंकेगा नहीं कि यहाँ, इस बालकनी में, तीन-चौथाई बीती रात में करुणा यह सवाल करने कहाँ से...कैसे चली आई!

सवाल तो सीने में सूराख करती स्मृति पूछ रही है...बालकनी में टँगी चाइम को सिहराती हवा पूछ रही है...कभी करुणा की देह-सी साँवली, कभी सुकेत के चेहरे-सी पीली दीखती रात पूछ रही है।

बालकनी की रेलिंग पर टिके हाथ उठे, झल्लाहट की पूरी ताकत से वापस गिरे, ''निकलो बाहर इस बकवास से सुकेत...टू हैल विद ऑल दिस...तुम्हारी ट्रैजिक लव-स्टोरी उतनी ही अनोखी, जितनी करोड़ों और...तुम्हारी मुहब्बत उतनी ही मौलिक जितनी लाखों और...तुम्हें साले, दुख की जुगाली करने में सुख मिलता है—सुख...निकलो इस रोंदूपन से!

फाइनल ब्रेक-अप के बाद, एक दिन बस्तर से करुणा का फोन आया था रघु के मोबाइल पर...सुकेत की जिद के कारण रघु ने माइक ऑन कर दिया था।

''रघु, लगता नहीं कि उसी देश में हूँ जहाँ सारी जिन्दगी बिताई है...''

''देश के किसी भी महानगर से सौ किलोमीटर दूर होते ही पता चल जाता है कि किसी और देश में आ गए हैं...''

''नहीं, रघु...यहाँ तो...अकल्पनीय है...इन्सान सचमुच सिर्फ और सिर्फ रिसोर्स—कच्चा माल—बना दिये गए हैं...ढोरों की जिन्दगी बेहतर है...यहाँ उग्रवाद न होता तो ताज्जुब होता...''

''उग्रवाद से भी क्या फायदा हुआ है, करुणा...'' रघु नौजवानी में सशस्त्र क्रान्ति के लिए भूमिगत रह चुका था; इन दिनों अहिंसा का 'अतिवादी' माना जाता था।

करुणा ने उसकी बात बीच में ही काट दी, ''तुम कुछ भी कहो रघु...मुझे तो पल-पल डॉ. ब्रह्मदेव शर्मा की बात याद आती है...आदिवासियों के बीच खुद रहकर देखो, ताज्जुब करोगी कि बन्दूकें इतनी देर से क्यों उठीं...''

''अरे, यार, कमाल है...'' शम्स ने रघु के हाथ से फोन लिया, माइक पर आ रही करुणा की आवाज को सम्बोधित किया, ''सिवाय पॉलिटिक्स के और कोई बात ही नहीं बची क्या, कुछ दोस्त-वोस्त बनाए या नहीं...या वहाँ भी सबको हड़काए रखती हो...''

करुणा हँसने लगी...सुकेत की हिम्मत हो गई। अपनी जगह से उठा, पास आया और फोन में जैसे करुणा को देखते हुए, शम्स की बात को आगे बढ़ाया...''जैसे यहाँ हड़काए रहती थीं...''

लाइन एकाएक कट...जितनी बार रिडायल किया...'स्विच ऑफ'...सुकेत को लगा, बदन का सारा खून माथे की ओर दौड़ा आ रहा है। अगले ही पल

बदन का सारा खून निचुड़ जाने जैसा अहसास...पास पड़े सोफे पर निढाल पड़ गया वह...रघु और शम्स भी क्या कहें...बेहद लम्बे थे कसैली चुप्पी के वे दो मिनट।

शम्स सुकेत के करीब आया...हौले से हाथ पकड़ा, "धीरज के सिवा कोई चारा नहीं, सुकेत...उतरेगा, उसका गुस्सा उतरेगा...वक्त..."

सुकेत के कानों में तो बस अपनी निढाल देह के रोम-रोम से निकलती आवाज ही गूँज रही थी, 'मर जाओ, सुकेत, मर जाओ...कैसे जियोगे इतने दुख और इतने गुस्से के बोझ तले...'

थोड़ी देर बाद, किसी तरह खुद को समेट, सुकेत चुपचाप चल दिया था।

बाद में रघु को करुणा का सन्देश मिल गया था...शर्त रघु और शम्स से सम्पर्क बनाए रखने की—सुकेत भूलकर भी सम्पर्क न करे।

भूल तो क्या पाऊँगा तुम्हें करुणा...लेकिन तुम्हारी बात काटने की हिम्मत भी कहाँ से लाऊँगा...मस्त रहो, व्यस्त रहो...अपने अबूझमाड़ में...अपने बस्तर में...यादों से मुक्त रहो...मैं भी पिंड छुड़ाऊँ बेतमलब घेरती स्मृतियों से।

अपने तो सारे समाज का यही हाल है। इतनी सारी यादें...इतना सारा इतिहास...यादों का इतना बोझ लाद लिया है, तभी तो कदम ठीक से नहीं उठते...गेट रिड ऑफ दिस स्टुपिड बर्डेन...गेट रिड यार...!

टीवी पर चीखती आवाजें बालकनी तक आकर सुकेत को खिझा रही थीं। उसने ड्राइंग-रूम में झाँका। जरूर रिमोट की बैट्री कमजोर हो गई है...शाम को ऑफ करना भूल गया हो सकता हूँ...लेकिन अभी कुछ ही मिनट पहले तो ऑफ बटन दबाया था, फिर भी...?

टीवी पर पिछली शाम दिखाये गए प्रोग्राम का रिपीट टेलीकास्ट चल रहा था...छह खिड़कियाँ खुली हुई थीं...तीन खिड़कियाँ एक साथ चिल्ला रही थीं...बाकी में से कौन-सी खिड़की कब चिल्लाने लगे, इसका कुछ पक्का नहीं था। एक भी वाक्य पूरा सुनना असम्भव था, लेकिन नीचे लिखी इबारत से प्राइम टाइम का मुद्दा समझ आ रहा था...कोई बाबा बलात्कार के आरोप में बन्द हैं...नेशन जानना चाहता है, क्या किया जाए...तीन खिड़कियाँ साफ कह रही हैं—हिन्दू सन्तों को बदनाम करने की साजिश है यह...धार्मिक भावनाओं का सवाल है—कानून-वानून बेकार की बातें, ऐसे मामलों में केवल और केवल हिन्दू भावनाएँ महत्त्वपूर्ण हैं...फैसला करने का अधिकार सिर्फ धर्म-संसद को हो सकता है...सरकारी प्रतिनिधि को धारण करने वाली

खिड़की कह रही है...'बात में दम है...सरकार विचार कर ही रही है इस बात पर कि धार्मिक भावनाओं और धर्म-संसद को बाकायदा मान्यता दे दी जाए... आरोप बलात्कार के हों, या गवाहों की हत्या के, धार्मिक महापुरुषों, महास्त्रियों के बारे में निर्णय करने का अधिकार केवल धर्म-संसद को ही होना चाहिए, इस बात में दम तो है, तर्क तो है...होगा, कालांतर में ऐसा ही होगा...सांस्कृतिक प्रदूषण दूर करने के लिए थोड़ा समय तो देना होगा न मित्रो!'

सुकेत ने माथा पीट लिया...'क्या फायदा...' खुद से कहा, 'इस तरह माथा पीटते-पीटते भीतर जो थोड़ा-बहुत गूदा है, उसके नाक के रास्ते बह जाने की हालत तक तो आ पहुँचे...पीटते रहो माथा...किसी दिन आएँगे किसी बाबाजी के गण, आहत भावनाओं के योद्धा और खोपड़ी फोड़कर सारा गूदा एक ही साथ निकाल जाएँगे...किस्सा खत्म...न रहेगी खोपड़ी, न आएगी माथा पीटने की नौबत...'

आँखों के सामने, महानगर की रात ठिठकी खड़ी थी...लग रहा था, उसे सुबह की ओर बढ़ने की कोई जल्दी नहीं...कॉलोनी के ज्यादातर फ्लैट्स में अँधेरा ही था, लेकिन दूर की ऊँची-ऊँची इमारतों में जलती बत्तियाँ अँधेरे के चिकनेपन को रंग-बिरंगा और चमकीला बना रही थीं...सड़क की बत्तियों के पीलेपन के कारण अँधेरा भी अधूरा, रोशनी भी अधूरी।

कैसी रात देखकर कहा होगा कवि गंगा सती ने अपनी बहू से, 'बिजली नां चमकारे मोतीड़ाँ परोवो पानबाई, अचानक अँधारा आवशे...'

ऐसे चिकने, चमकीले अँधेरे की रात तो नहीं रही होगी वह, गंगा सती!

सुकेत की निगाह अँधेरे आकाश की ओर चली गई। होंठों पर मुस्कान आ गई, 'बिजली चमकने के लिए तो बादल चाहिए न, पानबाई...यहाँ तो बस अँधेरा ही अँधेरा है, कैसे पिरोओगी मोती...' सुकेत ने कहा, 'गंगा सती, इतना चमकीला, यह अँधेरा अचानक नहीं आ गया है...'

आज की रात कितनी अँधेरी है! नहीं, रात तो वैसी ही है जैसी होती है...इसे ज्यादा अँधेरी बनाते हैं, हमारे डरावने सपने।

सुकेत जैसे ही दुःस्वप्न रघु और शम्स को भी आते थे...इन सपनों में दिखता था भाँय-भाँय करता जंगल; स्याह में बदलता जंगल का हरापन...तेज रफ्तार ट्रैफिक के आतंक में फँसा शहर...फुटपाथों पर सोते लोगों को भँभोड़ती वहशी कारें...कब्रिस्तान में खबीसों का डिनर...श्मशान में इन्सानी खोपड़ियों को गेंद बनाकर खेले जा रहे टूर्नामेंट...अजगर की तरह लोगों को, गगनचुम्बी

इमारतों को लीलती चक्रवाती हवाएँ...तेजाबी खुदबुद में बदलती पानी की कलकल...सबसे ज्यादा आते थे—साँप, अजगर, मगरमच्छ, घड़ियाल, छिपकली, गिरगिट...कभी-कभी तो इन्सान भी इन्हीं की तरह रेंगते दिखते थे...किसी सपने में अच्छा-भला सड़क पर चलता रघु मगरमच्छ द्वारा खींच लिया जाता था...किसी में जिस दोस्त के साथ शाम बिताई, वह भेड़िया बनकर शम्स को खसोटने लगता था...किसी सपने में दीवार पर रेंगती कीड़े-मकोड़ों को तकती छिपकली छलाँग लगाकर सुकेत की गर्दन दबोच लेती थी...डर सपनों में रेंगता हुआ पहुँचता था; गिजगिजी छुअन का अहसास साथ लिये, रेंगता हुआ चला आता था जगार तक।

'तो, आखिरकार चलें सायको-एनेलिसिस की शरण में ही...सब-कांशस तक पहुँचने का ठीक-ठाक तरीका माना जाता है एनेलेसिस...फ्रायड जैसे लोग बेवकूफ तो थे नहीं...'

कई बार लगता था सुकेत को।

"सबकांशस-बबकांशस ठीक है, सुकेत म्याँ," शम्स छूटते ही कहता था, "लेकिन हमारे डरावने सपनों की फैक्टरी सबकांशस में नहीं, कहीं और है, और वहाँ तक तो साले न तुम इंटेलेक्चुअलों के फ्रायड बाबा और उसके खुंदकी, जल-कुक्कड़ चेले युंग की पहुँच है, न अपने देसी योगियों, बाबाओं और अम्माओं की...आखिरकार बुरे सपनों की बिरादरी के मेंबर हो...सीखो डरावने सपनों के साथ जीना...वरना मेंबरशिप काहे ली?" सैद्धांतिक प्रस्तुति के बाद व्यावहारिक सलाह भी होती थी, "सुनो, यार सुकेत भाई...रातें जब ज्यादा स्याह लगने लगें तो आप खट से दो पेग मार लिया करो, सुनहरी लगने लगेंगी..."

"हाँ, तुम दोनों को तो सालो, पेग मारने का बहाना चाहिए, बस..." रघु चिढ़ जाता था।

मारे तो आज भी थे पेग, शम्स प्यारे...तुम्हारे ही साथ...रघु तो एक भी पेग लगाए बिना अपना बेड-टाइम होते ही चल दिया था...अपन ही देर तक लगे रहे थे...

लेकिन बावजूद कई पेग मारने के, खड़े हैं न जैसे के तैसे उल्लू बने...गिन रहे हैं न आसपास की इमारतों में जलती बत्तियाँ...तारे अपने शहर की रातों में दिखते ही कितने हैं जो गिने जाएँ? लेकिन, शम्स...यार, जिस्म को लगातार कितना जगराता झिलवाया जा सकता है? कुछ तो करना पड़ेगा प्यारे, मुझे...और तुम्हें भी।

सुकेत ने बालकनी की बत्ती नहीं, एक और सिगरेट जलाई।

बहुत चिढ़ती थी करुणा सुकेत के जिद्दी सिगरेट-प्रेम से। सुकेत को सुनाकर उसने रघु से कहा भी था, "बात यह है रघु कि कुछ लोगों को भगवान बहुत सुन्दर, मजबूत शरीर देते हैं...लेकिन उन्हें तो बनना होता है बोहेमियन, इंटेलेक्चुअल...सो जबरन शराब...सिगरेट...ज्वाइंट... भई, शरीर ठीक रहा तो बूर्जुवा होने का कलंक लग जाएगा न..."

"वैसे देवि..." करुणा के प्रेमपगे गुस्से पर सुकेत इतराया था, "अपन तो ज्वाइंट की हिम्मत कभी कर नहीं पाए, हाँ, जिन संयमी, योगिराज रघु से आप बतिया रही हैं, उन्होंने, सुना है कि बरसों ज्वाइंट का सेवन किया है...और..."

"बकवास बन्द.." रघु ने गुस्से का अभिनय किया था, "खबरदार जो अफवाह उड़ाई...पता नहीं—अफवाहों से दुश्मन को मदद मिलती है, देश कमजोर होता है... ?"

बात हँसी में उड़ गई थी...करुणा ने अपनी झल्लाहट पर काबू कर लिया था।

कश लेते हुए सुकेत ने देखा, सड़क पर जलती हैलॉजन की बत्तियों में रात का बदन पीलियाग्रस्त लग रहा था...सपने का भूरा डरावनापन...रात की पीलियाग्रस्त देह...सुकेत के हाथ में सिगरेट का ललछौंहा मुँह... सुलगता, सिसकता!

जगार में भटकन...सपनों में मगरमच्छ...घड़ियाल...साँप।

सुना है कि सपने में सफेद साँप दिखना बड़ा शुभ होता है। सपने में भले डराए, जगार में फल अच्छा देता है।

और, पानी का साँप? वह कैसा फल देता है?

"फोट्टू खींचनी है, तो उसकी खींचो, कैसा सीधा जा रहा है..." पुल पर खड़े लड़कों में से कोई चिल्लाया था।

नहर में साँप, पानी की सतह से जरा-सा ही ऊपर तिरछी रेखा में तेजी से तैर रहा था...देखते-देखते दूसरे किनारे तक जा पहुँचा...पाटे के पत्थर पर फन टिका दिया, बाकी देह पानी में ही रहने दी...उसी तेजी से तैरता हुआ ही तो सुकेत के सपनों में भी चला आता है...नींद टूटने पर सुकेत पाता है, साँप का फन जगार में...बाकी देह सपने में।

सुकेत आसिफ और वसीम के साथ गया था। पुलिस ने जिन्हें घरों से उठाकर शूट करके फेंक दिया था, उनकी लाशें देखने। सबूत के लिए फोटो

खींचने। जहाँ यह हुआ था, वह कस्बा देश की राजधानी से बस कोई नब्बे किलोमीटर और बस, कोई नौ सौ साल दूर था। वहाँ कानून की किताबों का नहीं, खाकी वर्दियों की मनमर्जी का राज चलता था...धीरे-धीरे सब भुला दिया गया था...अब तो नई पीढ़ी के लिए वह कस्बा डरावनी याद का मुकाम नहीं...बस, मुल्क के हजारों कस्बों के नामों में से एक नाम भर रह गया था—अनजाना, अनसुना-सा नाम!

अट्ठाईस साल पहले के जून महीने की दोपहर स्मृति में जैसी की तैसी लिखी रह गई है।

नहर का पुराना पुल। इसके नीचे, पाटे में फँसी लाश की सड़ती टाँग को रस्सी और लकड़ी के सहारे उठाकर आसिफ ने कल एक फोटो खींची थी; आज सुकेत को लेकर आए थे, एक और फोटो खिंचवाने के लिए। रास्ते में रिक्शेवाले को लगा था, 'वहाँ, पेड़ से कुछ अटका हुआ दिख तो रहा है...' आसिफ किलक पड़े थे...'कुछ' किसी इन्सान की लाश की ओर इशारा हो सकता है, इस सम्भावना ने उन्हें चिन्तित या दुखी नहीं, पुलकित कर दिया था...कल तो उन्हें पुल के करीब नहर की ढलान से उतरना पड़ा था, आज शायद पेड़ से अटकी कोई सड़ी लाश पुल पर खड़े-खड़े ही देखने को मिल जाए...रिक्शा रुकवाया...निगाहें दौड़ाईं...कहीं कुछ नहीं था...रिक्शेवाले को डाँट पिलाई, "कुछ दिखता-विखता है नहीं, फिजूल वक्त बर्बाद करते हो।"

रिक्शे से उतर आसिफ फुर्ती से ढलान उतरे। पाटे के करीब पहुँच पत्थर पर पाँव टिकाए। पीछे-पीछे सुकेत। फोटो खींचने का काम शुरू। आसफ एक सरकंडे के सहारे पानी में से झलक मार रही गेहुँए रंग और गोल आकार की एक शक्ल को कुरेद रहे थे कि वह पानी की सतह के ऊपर आ जाए, फोटो खींचा जा सके। सरकंडे में इतना जोर नहीं था। ऊपर पुल पर खड़े लड़के से लाठी माँगी। उसने मना कर दिया।

"अबे दे, दे। तेरा भी एक ठो फोटू खींच देंगे, एकदम बढ़ियाँ..."

वे सुबह से दिल्ली की शाइस्ता ज़बान बोलते रहे थे। बीच-बीच में 'र' की जगह 'ड़', और 'ड़' की जगह 'र' के प्रयोग पर सुकेत का ध्यान गया जरूर था। 'ठो' का ठेका और 'बढ़ियाँ' का यह प्यारा, हलका नकसुरा-सा उच्चारण सुन, इस बार, उसने पूछ ही लिया, "पूरब के हैं, जनाब?"

"हं..हाँ..जी, वो क्या है...वो..."

पौर्वात्य होने का स्वीकार आसिफ इतने संकोच के साथ, इतने दयनीय ढंग से कर रहे थे कि सुकेत को अपनी जिज्ञासा निर्दयतावाचक लगने लगी...समझ ही नहीं आया, क्या कहे। दोस्ताना ढंग से मुस्कराकर रह गया। उधर, पुरबिया होने की आत्मदया से निकल, आसिफ फिर से खालिस उर्दूदाँ दिल्लीवाले हुए, ''इन दहकानियों को मसले की अहमियत का अंदाज हो तब न, जनाब...''

''हिन्दू हैं जाहिराना; आसिफ भाई, इन्हीं खबीसों ने तो...'' आसिफ की भन्नाती निगाहें वसीम पर पड़ीं; वसीम जोश में सुकेत की मौजूदगी भूल ही गए थे। सकुचा गए, ''जी, मेरा मतलब...''

''कोई बात नहीं...''सुकेत वसीम को आश्वस्त कर आसिफ से मुखातिब हुआ, ''देखें, अगर...''

आसिफ लम्बी और सूखी डगाल हासिल कर चुके थे,पानी कुरेद रहे थे। गेहुँए रंग, गोल आकार वाली शक्ल कुछ हिली...साथ ही, न जाने कब की ठहरी बदबू भी हिल उठी। आसिफ की कोशिश थी कि वह आकार पानी की सतह से थोड़ा ऊपर आ जाए, ताकि तस्वीर ली जा सके...तभी पुल पर से लड़के अचानक चिल्ला उठे थे, ''फोट्टू खींचनी है तो उसकी खींचो, कैसा सीधा जा रहा है...''

सुकेत का कैमरा फोटो ले तो सका, लेकिन बहुत साफ नहीं। कहना मुश्किल कि फोटो सड़ती लाश की है या सड़ती यादों की। साँप की फोटो उसके कैमरे ने ली नहीं, फिर भी साँप साथ चला आया। तेजी से तैरता आता है, सुकेत के सपनों में...जगार के पाट पर फन टिकाए बैठा रहता है।

इतने बरसों में तस्वीर और धुँधला गई थी; बदबू का तीखापन और बढ़ गया था।

पानी का यह साँप गहरे भूरे रंग का था। सफेद साँप तो सपनों में कभी आए ही नहीं। कभी-कभी सपनों के साँप गिरगिट की तरह रंग भी बदलते थे, लेकिन सफेद रंग किसी ने कभी अख्तियार नहीं किया था। गिरगिट भी तो सफेद रंग नहीं ले पाता न। वैसे, यह...डर का रंग होता कैसा है? कभी भूरा, कभी लाल, कभी नीला, कभी हरा, कभी केसरिया, कभी सतरंगी? शायद कभी सफेद भी...जैसे कफन...!

यह जो हाथी अभी था सपने में; कहीं सफेद तो नहीं था? सिद्धार्थ को गर्भ में धारण किये माँ महामाया को सपने में सफेद हाथी दिखते थे। अपने सपने का हाथी सचमुच सफेद होता तो क्या अपन भी राजा युवनाश्व की तरह

गर्भ में मांधाता को धारण कर रहे होते? मांधाता सिद्धार्थ की तरह तथागत भले न बने हों, इतने पराक्रमी तो थे ही कि राजकुमार भोज ने अपने चाचा को भेजे श्लोक में उनका नाम राम और युधिष्ठिर के साथ गिना था...सुकेत को हँसी आ गई...यार रहता तो मजा...सुदूर सतयुग में हुए, महापुरुष राजा युवनाश्व के बाद इस कलयुग में अवतरित महज पुरुष, आम आदमी सुकेत कुमार—क्रान्तिकारी, गर्भधारी...!

''सिद्धार्थ की माँ के सपनों के हाथी बेबस चीखों के साथ मरा नहीं करते थे, सुकेत!''

सिगरेट अन्त की ओर बढ़ चली थी। हवा की हरकतों से सिहरकर बालकनी में लटकी चाइम ने मीठी-सी आवाज की, कुछ राहत मिली। चलो यार, अब सोया जाए...शुद्ध उल्लूपना कर रहे हैं अपन। जाग रहे हैं इतनी रात...वह भी एक साथ दो-दो वर्जित गतिविधियाँ करते हुए...धौंक रहे हैं सिगरेट और सोच रहे हैं ऊट-पटाँग...दोनों ही हरकतें अपने स्वास्थ्य के लिए भी घातक और समाज के स्वास्थ्य के लिए भी...।

बालकनी में साइड-टेबल पर रखी ऐश-ट्रे में सुकेत ने सिगरेट मसली, ''यह देखो, इस बार सलीके से काम किया...'' इतनी दूर चली गई करुणा से कहा...अँधेरे की ओर देख मुस्कराया...चल दिया अन्दर की ओर। ड्राइंग-रूम में टीवी चल ही रहा था। चिल्लाती खिड़कियों की जगह खुल गए झरोखे में एक सुन्दरी आकर बता रही थी कि सेल्फी-सेल्फी खेलना उन्नत राष्ट्र के निर्माण के लिए कितना आवश्यक है, और इस राष्ट्रवादी कर्तव्य की खिल्ली उड़ाने वालों को किन-किन तर्कों से किन-किन नर्कों में भेजने का प्रावधान किया जा सकता है।

क्या फर्क पड़ता है? नेशन-प्रवचन, सुन्दरी-दर्शन, पेनलिस्टों द्वारा एक दूसरे का मान-मर्दन, भूत के मोबाइल नम्बर का प्रदर्शन...उथली बहसें, गहरी बकवास...आँखें थकाने और दिमाग चटवाने का काम इनमें से किसी से भी लिया जा सकता है। सुकेत ने लापरवाही से चैनल बदला...उसे थकान की जरूरत थी...यह चैनल, वह चैनल...जल्दी-जल्दी छवियाँ बदलती रहें, आँखें थक जाएँ, दिमाग थक जाए—बस, किसी तरह नींद आ जाए...रिमोट पर उँगलियाँ घुमाते रहो। देखते रहो एक के बाद एक इंस्टैंट छवियाँ। कहीं तुरन्त भाग्योदय, कहीं तत्काल प्रेमोदय...कैलिडोस्कोप में पल-पल शक्ल बदलते रंगीन काँच के टुकड़े...बुलाते रहो नींद इस कैलिडोस्कोप के जरिये!

आँखों के आगे गोल-गोल घूमते काँच के टुकड़े क्या-क्या इबारत लिखते रहते हैं! बचपन में सुकेत न जाने कितनी-कितनी देर गत्ते के उस छोटे-से सिलेंडर को आँख से चिपकाकर घुमाता, दूसरे सिरे पर बनते, पल-पल शक्ल बदलते रंग-बिरंगे आकारों को निहारता रहता था। आज भी, एक दूसरे से जुड़ी-अनजुड़ी हजारों यादें उन टुकड़ों जैसी ही अनगिनत शक्लें बनाती रहती थीं...गत्ते के कैलिडोस्कोप में चूड़ियों के टुकड़े मन मोह लेते थे, स्मृति के कैलिडोस्कोप में बनने वाले आकार या तो भरमाते थे, या डराते थे...।

कैसे भी, कितने भी निहोरे कर नींद बुला लूँ...!

रोना यह कि नींद के घर आवाज लगाओ तो दरवाजा स्मृति खोलती थी, और फिर दफा होने का नाम नहीं लेती थी...रोज़ यही होता था..आज ही क्यों कुछ अलग होता? नींद का दरवाजा खटखटाता सुकेत एक बार फिर स्मृति के सामने था।

कैलिडोस्कोप उसके जीवन में बचपन के बाद एक बार फिर से, रचना के साथ आया था।

"कितने कल्पनाशील थे न आप बचपन से ही...कैलिडोस्कोप देखना आपकी क्रिएटिव स्ट्रीक को अंडरलाइन करता है..." रचना ने कहा था।

"अरे, सभी तो खेलते हैं, उस उम्र में कैलिडोस्कोप से..." सुकेत रोमांचित था लुभावनी मादकता की रोशनाई से लिखा 'क्रिएटिव स्ट्रीक' का अभिसारिका प्रदत्त प्रमाणपत्र पाकर...अपनी परिपक्वता का लापरवाह रेखांकन भी उसी 'स्ट्रीक' का एक और 'प्रमाण' था।

'और जरा-सी पिला दे साकी, और जरा-सी...' की इल्तिजा रोमांचित सुकेत के रोम-रोम से बोल रही थी।

तारीफ की मोहिनी खनकती आवाज़ के जामों में ढालने में रचना का सानी कौन? तुरन्त बोली, "नहीं, सुकेतजी, यू नो...आई एम इनटु सायकॉलॉजी...खेलते तो सभी हैं, लेकिन खेल को कल्पना तक कौन ले जा पाता है...उन काँच के टुकड़ों में क्या-क्या देख पाता है, रचना तक कौन ला पाता है, असली बात यह है।"

"हाँ, यार, यह तो है। कैलिडोस्कोप के रंगों का रचना के रसों के साथ मिलन कराना अगर असली बात है, तब तो अपन हैं क्रिएटिव..."

कैलिडोस्कोप में झाँकते सुकेत के कन्धे पर रचना का सिर, रचना के कन्धे पर सुकेत का हाथ...कन्धे से नीचे खिसकते हाथ को रचना हटाती थी,

"बदमाशी नहीं..." मादक हँसी 'बदमाशी' को और आगे बढ़ने का आमंत्रण देती थी...सीने के ऊपरी हिस्से पर सुकेत की उँगलियों का स्पर्श रचना की देह को वैसे ही सिहरा देता था, जैसे अभी, बाहर बालकनी में हवा की छुअन चाइम को सिहरा रही थी...चाइम की खनक रचना की हँसी में गूँजती थी...कितने जतन से साधी थी उसने ऐसी मादक, पुरुषमोहिनी हँसी...सुकेत कहता था, "तेरी हँसी की अपनी देह है, इसे तो अलग से एक्सप्लोर करना होगा..." अपनी ढाली मोहिनी के नशे में बौराए पुरुष को देख, रचना इठलाती थी...घूमते कैलिडोस्कोप में बनते हर आकार में सुकेत की बेवकूफी की रंग-बिरंगी शक्लें देखती थी...मन-ही-मन हँसती थी।

हे भगवान, कब यादों के गलियारों में टहलने की यह यातना थकान में बदलेगी, इतनी थकान में कि देह बेबस हो जाए और दिमाग सुन्न...पिंड छूटे...कभी रचना की यादें, कभी करुणा की, कभी दुःस्वप्नों की बिरादरी की...कभी आहत भावनाओं की!

"भावनाएँ इतनी कोमल क्यों हो गई हैं, यार, इन दिनों?"

रघु के सवाल का कोई सही सा जवाब शम्स को सूझे, इसके पहले ही सुकेत ने रिपोर्ताज पेश कर दिया था, "अमाँ, सीधी-सी बात है, बुद्धि और भावना दोनों बहनों में से भावना के साथ पेरेंट्स ने दुभाँत की है...इसीलिए तो लगातार कमजोर होती चली गई है, भावना बेचारी... इम्म्युनिटी बची ही नहीं है...क्या करे...बात-बात में आहत हो जाती है...च्यवनप्राश-व्राश खिलाया जाना चाहिए भावना बिटिया को..."

शम्स मरहबा-मरहबा के मूड में पहुँच गए...रघु जान गया, गम्भीर बात-चीत फिलहाल सम्भव नहीं।

भावना बिटिया की इम्म्युनिटी कितनी भी कमजोर हो, उसके रक्षक दिनों-दिन जोरावर हुए जाते थे। अभी दो दिन पहले ही तो इन तीनों को कॉफी-हाउस में एक साथ घेर लिया गया था। धक्का-मुक्की की गई थी। धमकियाँ रोज मिल ही रही थीं। अदालत में केस चल ही रहा था। रघु और शम्स के साथ मिलकर जो लेख लिखा था 'राइट टू ब्लासफैमी' —ईशनिन्दा का अधिकार—उससे तो अपने ही कुछ दोस्त सोशल मीडिया, प्रोग्रेसिव बिरादरी में इन तीनों का हुक्का-पानी बन्द करने का अभियान चलाए हुए हैं।

विकल्प दो टूक हो चले हैं—या तो दुःस्वप्नों की बिरादरी में रह लो, या प्रोग्रेस के वहमों की बिरादरी में।

कब से शुरुआत हुई थी? कब शामिल हो गए थे दुःस्वप्नों की बिरादरी में?

1984...

संयोगों का वर्ष...रघु, करुणा, शम्स—तीनों से पहली मुलाकातों का वर्ष...और...

इक्कीसवीं सदी के सपनों का वर्ष...दुःस्वप्नों की दहलीज पर पाँव रखने का वर्ष!

1984—कैलेंडर में आया और गया एक साल-भर नहीं था। 1984—जॉर्ज ऑरवेल के लिखे मानवीय महास्वप्न के लोमहर्षक दुःस्वप्न में बदल जाने के आख्यान का नाम भर नहीं था, यह तो बदतरीन के डर से बदतर को बर्दाश्त करने की आदत के बीज पड़ने का वर्ष था...बदतर को बेहतर समझने की आदत की शुरुआत का वर्ष था।

1984—इस दहलीज वर्ष के पहले के भी कई सालों से चल रहे एक के बाद एक नरसंहार...कभी दस को बस से उतारकर मार दिया; कभी किसी शादी में पन्द्रह साल के नौजवान ने गोलियाँ बरसा दीं...खालिस्तान की खालिस पहचान के लिए, दूसरी पहचान के लोगों का खून बहाना जरूरी था...उन्हें अपना घर-गाँव छोड़ने को मजबूर करना जरूरी था...खालिस पहचान का रक्तरंजित अभियान बरसों तक चलता रहा।

उधर, सुदूर उत्तर-पूर्व...जो देश के नक्शों पर बस था...न तो 'मुख्य-भूमि' के निवासियों की कल्पना की पहुँच वहाँ तक थी, न शासकों की सोच की...दो हजार 'अवैध शरणार्थी' —जो संयोग से मनुष्य भी थे—साफ कर दिये गए...आज देश, समाज की स्मृति में उनका दूर-दूर तक कहीं अता-पता नहीं...उसी समय कहाँ था, जो आज हो!

फिर आया 1984...नवंबर...

'सबक सिखाने के लिए' दो हजार से ज्यादा लोग हलाक कर दिये गए...सुकेत मोहल्ले के उस दुकानदार को कैसे भूले जिसकी दुकान उसकी आँखों के सामने जलाई गई और फिर गले में जलता टायर? कैसे भूले उसकी पत्नी को जो अधपगली होकर कुछ महीने बाद खुद भी मर गई? कैसे भूले शरणार्थी कैंप में देखी एक ही रात में बाल सफेद कर बैठी उस औरत को...बाल बिखरे, नंगे पाँव, कपड़े मैले-कुचैले, मुँह से लार टपकती हुई, आँख में बहते-बहते थक गए आँसुओं की आखिरी बूँद, हाथ में बासी रोटी

का टुकड़ा डूबते के तिनके की तरह भींचे हुए? कैसे भूले उस औरत के शब्द—'साड्डे तो तीणों ही गए...'

...कैसे भूले उस बच्ची को, जिससे वह, शम्स और रघु पंजाब के वेंई-पूंईं गाँव में मिले थे? गए थे 1984 का असर समझने और मिले थे तरह-तरह के लोगों से। उन्हीं में से एक थी यह बच्ची जो देश का नक्शा जानने के पहले माउजर और रिवॉल्वर का फर्क जान गई थी। बचपन की मासूमियत पर माउजर और रिवॉल्वर का वजन लाद देना खालिस पहचान की पहचान थी। सुकेत कैसे भूले उस बच्चे को, जो अपनी छोटी-सी जूड़ी सँभालते हुए, शरणार्थी कैंप के लंगर में रोटी बना रही माँ की मदद कर रहा था? लोई बनाने की कोशिश करता था, बना नहीं पाता था। दूसरी औरत की बनाई लोई 'चुपके' से उठाकर अपनी माँ को दे देता था। हँसता था अपनी चतुराई पर। हँसती थी माँ। हँसती थी वह औरत जिसकी लोई 'चुराई' गई थी। इस मासूमियत पर अपने ही नगर में शरणार्थी होने का बोझ डाल देना उसकी पहचान को सबक सिखाने के लिए जरूरी था।

फिर 1984 की ही वह ठंड के मारे दुबकी पड़ी रात...एक गुलजार शहर में मौत के फेरे की चीखती-चिल्लाती रात...नींद को तड़प में बदलती रात...तड़प को बाकी जिन्दगी की पहचान में बदलती रात!

'ऑपरेशन फेथ'...आस्था शब्द की पवित्रता को नाबदान में बहाता यह आस्था अभियान हत्यारों के प्रति फेथफुल रहते हुए, हिन्दुस्तानी जानों को कौड़ियों के मोल बेचने के लिए, हत्यारों के सरगना को देश से सुरक्षित निकाल देने के लिए जरूरी था...भाषा के साथ इस मजाक का सड़क पर विरोध कर रहे शम्स और उसके साथियों के अंजर-पंजर ढीले कर देना देशहित में जरूरी था।

फिर...सन सत्तासी...सन बानबे...फिर, जिस इक्कीसवीं सदी के सपने देश ने 1984 में देखने शुरू किये थे, उस इक्कीसवीं सदी का दो हजार दो...रेल डब्बे में दर्जनों इन्सान जिन्दा जला दिये गए...उसके बाद क्रिया-प्रतिक्रिया के वैज्ञानिक नियम लागू हुए...चुनिन्दा चीखों और चुनिन्दा चुप्पियों के समाज-वैज्ञानिक सिलसिले शुरू हुए। आज तक जारी हैं। कोई रेलवे स्टेशन पर भून दिये गए लोगों की चीखें सुनने से इनकार करता है तो किसी को सड़क पर जलते इन्सान नजर नहीं आते।

सन चौरासी से आज तक कितने साल बीत गए!

बदतरीन के डर से बदतर को बर्दाश्त करने की आदत का...बदतर को ही बेहतर मानने लगने के स्वभाव का कैंसर फैलता चला गया।

सब कुछ जल्दी से जल्दी भकोस लेने वाला हप्पू विकास पसरता चला गया।

समरथ को नहीं दोष गुसाईं!

समर्थ लोग या तो नॉन रेजिडेंट इंडियन बन रहे थे या रेजिडेंट नॉन इंडियन।

वे अपने फैंटेसी द्वीप गढ़ रहे थे, आस-पास दुख का महासागर लहरा रहा था। इन द्वीपों पर इन्सानों को रोबो में बदलने वाली फैक्टरियाँ खुल रही थीं। रोबो कारें बना रहे थे। कारें रिश्ते बना रही थीं...ये रिश्ते इन्सानी रिश्तों पर भारी पड़ रहे थे।

छुई-मुई भावनाओं के इस समय में किसी समरथ का कोई दोष नहीं था, किसी गुसाईं को कुछ कहने का होश नहीं था।

...मातम भी जाति-बिरादरी, कौम की पहचान के आधार पर करने का फैशन चलन में आ चुका था। अपने-अपने दुःख पहचानकर बाँट लिये गए थे...किसी के लिए कोई रोएगा, किसी के लिए कोई और...।

सबके लिए जो रोएँगे, वक्त से पिछड़े, बेवकूफ बल्कि गद्दार कहलाएँगे।

...वक्त तेज रफ्तार था, तरक्की की सुपर एक्सप्रेस-वे पर फैंसी कारों द्वारा बनाये गए रिश्ते बुलेट ट्रेन की रफ्तार से दौड़ रहे थे...यह पिछड़े इन्सानों और सुस्तकदम रिश्तों के लिए दो गज जमीन तक छोड़ने से इनकार कर देने वाला धाकड़ वक्त था।

यह सोचने-विचारने की मूर्खता से पूर्ण मोक्ष का वक्त था।

सरकार ने तय किया— हर नागरिक का खाना-पीना, रोना-गाना, हगना-मूतना सरकार की निगाह में रहेगा। लोग फुदकने लगे, 'भ्रष्टाचार गया जी, करप्शन गया; बस, गया...।' घोषणा की गई कि नगर के चप्पे-चप्पे पर सीसीटीवी कैमरे लगेंगे, लोग बधावा गाने लगे, 'ऐसे होती है जी, महिलाओं की सुरक्षा...' सरकार बोली बेधड़क, 'सारे ईमेल, फोन निगाह में रहेंगे...' ज्ञानी लोग गद्गद, 'आतंकवाद का सफाया हुआ समझो...'

एक बाबा ने हाँकी निर्मल गप्प—गोलगप्पे खाओ, गपागप...प्रभु की कृपा गोल-गप्पे में ही अटकी पड़ी है। लोग गोलगप्पे खा रहे हैं, डकार बाहर आ रही है...कृपा भीतर को पवित्तर कर रही है, अपान वायु बाहर को मुअत्तर

कर रही है...क्या सतजुगी समय है—सन्त बापू कहलाने वाले बलात्कार करते पाए जा रहे हैं...हिरासत में लेने के लिए पुलिस को एपाइंटमेंट का इन्तजार करना पड़ रहा है...भक्तगण कह रहे हैं कि बाबा-बापू साजिश करके फँसाए जा रहे हैं।

क्या सुहाना वक्त है—व्यावसायिक राजधानी के अरबपति को कत्ल के मुकदमे में जमानत देने के लिए ऑनरेबल कोर्ट ढल चुके सूरज के घंटों बाद हाजिर हैं...राजनीतिक राजधानी से चार ही कदम दूर, मजदूरों के हिस्से आ रही है—दो-दो साल तक अदालतों के चक्कर लगाने के बाद...वही तारीख पे तारीख; तारीख पे तारीख...दूर-दराज तक, अध्ययन दल भेजकर सोशल टेंशन की स्टडी करने वाले राजधानी-निवासी डेमोक्रेटिक, इन्क्लूसिव टिप्पणीकारों, बुद्धिकारों का अटेंशन राजधानी से दो घंटे की ड्राइव पर लड़ रहे ये मजदूर अपनी तरफ ड्रॉ नहीं कर पाते।

इस सतजुगी समय में लड़ाई बतौर मजदूर के लड़ेंगे तो और होगा क्या? डोनर एजेंसी तथा एनजीओ प्रिय स्वीकृत आइडेंटिटी-टैग को अस्वीकारेंगे तो और होगा क्या?

...फिर भी, यह तो मानना ही पड़ेगा यार कि देश चल रहा है...श्रेय चाहे जुगाड़-प्रतिभा को दे दो, चाहे गोलगप्पे अंदर, अपान-वायु बाहर वाली भगवत्कृपा को...देश तो चल रहा है!

"लेकिन पहुँचेंगे कहाँ ऐसे चलते-चलते... ?" शम्स का सवाल था।

"कैसी अज्ञानग्रस्त बातें करते हैं, तात!" सुकेत ने कहा, "सुना नहीं, ज्ञानी लोग चिर काल से कहते आए हैं—गंतव्य से ज्यादा मूल्यवान है पथ? कहाँ पहुँचेंगे, कब पहुँचेंगे, यह प्रश्न निरर्थक है, तात...अतिप्रश्न है...बस, चलते जाओ...चलते जाओ...चरैवेति, चरैवेति...कहीं न कहीं तो पहुँच ही जाओगे...झख मारते-मारते..."

"कब तक झख मारते रहें यार? लोग कुएँ में छलाँग मारने को ही बेचैन हैं तो दस किलो का पत्थर और रस्सी मुझसे ले जाएँ, कुएँ में कूदें या भाड़ में पड़ें..." शम्स आज कुछ ज्यादा ही चिढ़ा हुआ था।

"सत्य वचन प्रभो...पूर्ण सहमति आपसे...इसीलिए अपन ने तो अब जीवन का ध्येय-वाक्य—मोटो ही यह बना लिया है..." सुकेत ने बाकायदा, सुर में पेश किया था मोटो, "अपने हृदय न विषाद न हर्ष, भाड़ में जाए भारतवर्ष।"

यह शम्स–सुकेत संवाद सुनकर, इन दोनों की जैसे उपेक्षा करते, संगीत पर ध्यान देने की कोशिश करते, रघु की मुद्रा पर भी हँसी छाए बिना न रही थी।

भारतवर्ष को भाड़ में जाने से रोकने के लिए खुद को भाड़ में झोंक चुके, जिन्दगी को बेहतर बनाने के चक्कर में जिन्दगी भर झख मार चुके, आयु के अर्द्धकथानक में दर्जनों विफलताएँ दर्ज कर चुके ये तीन तिलंगे जब बहुत चोट खाते थे तब, हँसते थे; जब बहुत उदास होते थे तब, हँसते थे; जब तीनों साथ होते थे तब, हँसते थे; जब अपने अपने अकेलेपन में होते थे तब, हँसते थे। हँसते थे, और समझते थे कि भाड़ की–सी भुनावट से कुछ देर की तो राहत मिली...राहत के वहम को समझते थे, और फिर हँसते थे।

यादें, यादें, यादें...बेचैनियाँ, नारे, खाँसियाँ, फाँसियाँ, गोलियाँ, बोलियाँ। तुकी–बेतुकी तुकबन्दी कर रहा है सुकेत का मन। टीवी नहीं, कैलिडोस्कोप देख रहा है सुकेत का मन। टीवी पर छाई छवियों से निकलते रंग कमरे की दीवारों पर थक्के मार रहे हैं। थक्कों से उभरने वाली शक्लें फटाफट इंस्टैंट की ताकत जता रही हैं। आँखें एक शक्ल को देख ही नहीं पातीं कि तब तक दूसरी परदे पर छा जाती है। देश को राह दिखाने वाले मसीहा, चिल्लाने में एक दूसरे के कान काटने और दर्शकों के कान खाने वाले एंकर और उनके गेस्ट दीवारों पर धींगा–मुश्ती कर रहे हैं। क्या–क्या देख रहा हूँ मैं इस दीवार पर? टीवी दीवार तक कैसे पहुँच गया? बिगूचन के कितने स्रोत दीवार पर...भय के कितने रंग दीवार पर...क्या करूँ? कहाँ जाऊँ?

रगों में खून की रफ्तार तेज...देह को ठेलती बेचैनी...चार कमरों का घर—जैसे पिंजरा...याद आता है वह तड़पता शेर, जिसे अपने शरीर के आकार से बस तीन–चार गुना बड़े बन्द पिंजरे में बेबसी से पैर पटकते देखा था...सुकेत को चाहिए विस्तार कि उसमें विचर कर मन को, शरीर को थका सके...नींद को बुला सके...लेकिन है कहाँ विस्तार? घर के बाहर? चला भी जाऊँ तो कितनी देर के लिए? कितनी दूर तक? कहाँ...कहाँ बचा है कभी थकान, कभी ताजगी नवाजने वाला विस्तार?...घर हो या सड़क, कॉलोनी हो या नगर; देश हो या काल, भीतर हो या बाहर—हर तरफ घुटन...सिकुड़न...कहीं कोई जगह नहीं, कोई गुंजाइश नहीं...विस्तार कहीं नहीं बचा, सुकेत...कहीं नहीं—न भीतर, न बाहर...कहीं नहीं!

ओफ्फोह...अब यह साला टीवी ऑफ क्यों नहीं हो रहा? सोफे पर अधलेटे–से पड़े सुकेत ने सीधे बैठकर हाथ में पकड़े रिमोट को टीवी की ऐन

सीध में कर जोर से ऑफ बटन दबाया...बेकार...रिमोट में कोई खराबी या सेट में? वह उठा, टीवी के करीब पहुँच पावर स्विच ऑफ किया...अरे, कमाल है, पीछे से स्विच बन्द कर देने पर भी ऑफ नहीं हो रहा...टीवी से निकलती, दीवार पर चिपकती तस्वीरें भी जस की तस...हर दीवार जैसे भीमकाय टीवी स्क्रीन में बदल गई है, कह रही है सुकेत से, 'वह एक टीवी बन्द कर भी दोगे, प्यारे...तो क्या...हम तो हैं न...'

क्या हो रहा है यार, यह सब? क्या मुसीबत है...वाकई दिमाग में खलल के लक्षण हैं। ऐसी-तैसी शम्स की और उसकी चुटकुलेबाजी की...मिलना चाहिए किसी सायको-एनेलिस्ट से...।

टीवी भी चल रहा है...और दीवारों पर रंगों के थक्के भी लगातार नाच रहे हैं...सुकेत फिर से टीवी के सामने के सोफे पर वैसा ही बेजान...उसने दोनों हाथों को जोर-जोर से झटके दिये, जैसे सब कुछ को झाड़कर अपने जिस्म और वजूद से दूर कर रहा हो!

सुबह, उठते ही सबसे पहला काम तो, बस...मनोविश्लेषक से मुलाकात का वक्त...पक्का.. सुबह? उठते ही? घंटे-डेढ़ घंटे से तो उठा ही बैठा हूँ, और कब होगी सुबह? साढ़े चार बज ही गए होंगे...और, हाँ, टीवी सर्विस वालों को भी फोन करना होगा। कम्पलेंट कैसे समझाऊँगा? लोगों के सेट चलकर नहीं देते, यह सेट साला टलकर नहीं दे रहा। टीवी ऑफ करने के लिए भी कोई हाई फंडा लगाने की नौबत आ गई है क्या?

सुकेत ने घड़ी पर निगाह डाली। अंदाजा सही था, चार बजकर चालीस मिनट हो रहे थे...नींद आ नहीं रही...टीवी बन्द हो नहीं रहा...क्या किया जाए? अर्ली टू बेड, अर्ली टू राइज वाले सर रघु रूबेन को गुड-मॉर्निंग कहा जाए तो? योग-फियोग तो रघु पाँच बजे के आसपास शुरू करता है, इस वक्त पाँच मिनट उससे बात करूँ, कुछ राहत तो मिलेगी...सुकेत ने रघु का नम्बर पंच किया...

रघु के पिता ने उसे बचपन से ही अनुशासन सिखाया था। योग और ध्यान का अभ्यासी भी वह तब से ही था जब सैकड़ों टीवी कैमरों के सामने हजारों लोगों द्वारा लाइव योगा परफारमेंस का जमाना नहीं आया था। नैष्ठिक ईसाई, रामायण-महाभारत के जानकार प्रेमी ब्रिगेडियर रूबेन ने राजा रघु की दृढ़ता और उदारता से प्रभावित होकर इकलौते बेटे में वैसे ही गुण देखने की कामना से नामकरण किया था...'अर्ली टु बेड एंड अर्ली टु राइज...' की ट्रेनिंग दी थी।

नम्बर पंच करने की कोशिश कई बार...नतीजा एक ही—'टिक... टिक...टिक...' —एकाएक डिसकनेक्ट। मैसेज छोड़ने का सन्देश तक नहीं आ रहा था। मामला क्या है...साला, हो क्या रहा है...टीवी बन्द नहीं हो रहा...रघु का सेलफोन नहीं मिल रहा, यही हाल लैंडलाइन का भी...शम्स को फोन करने की तो सुकेत की हिम्मत ही नहीं थी। बारह बजे दोपहर को सुबह मानने वाला शम्स इस वक्त फोन करने वाले को भँभोड़ ही डालता, चाहे वह फिर सुकेत ही क्यों न हो...

भँभोड़? मगरमच्छ? हाथी?

नहीं बाबा, नहीं! दिमाग में भरी थकान को नींद में बदलो...जरा भी नहीं जाने देना है दिमाग को इधर-उधर...सुबह देखेंगे...और, हाँ, भन्नाते सर को हाथों के बीच दबाता सुकेत खुद से कह रहा है, "हकीकत में लौटो, सुकेत...फेस दि ट्रुथ...न तो यह जॉर्ज ऑरवेल के '1984' की दुनिया है, न एल्डुअस हक्सले के 'दि ब्रेव न्यू वर्ल्ड' की। तुम्हारे आस-पास न काफ्का की कल्पना साकार हो रही है, न कुंदेरा की...वही रूटीन दुनिया है...आराम से चल रही है, बल्कि मस्ती में दौड़ रही है...पुराण, बाइबल और क़ुरान में बताई प्रलय, कयामत डिल्यूज जैसे सीन जो अपने मन में गढ़ते रहते हो, वे सब सिनिकल बेवकूफी के सिवाय कुछ नहीं...गेट रिड ऑफ ऑल दिस नानसेंस...साले, चुग़द...दुःस्वप्नों की बिरादरी के सदस्य कहीं के—'सुबह होती है, शाम होती है, उम्र यूँ ही तमाम होती है'...कुछ ही देर में दिन खुलेगा, जैसे कल खुला था। उसी ढर्रे गुजरेगा, जैसे कल गुजरा था। वैसे ही रात उतरेगी, जैसे कल उतरी थी। सबके लिए सब ठीक-ठाक है, तो तुम्हीं में कौन-से सुर्खाब के पर लगे हैं, कि हर वक्त पिनपिनाते रहते हो? विकास के पथ पर तुम भी लपक लो। साले, कब तक अपनी ऐसी की तैसी कराते रहोगे...

...सत्य का बोध प्राप्त करो, सहेजकर रखो—'उत्तिष्ठ जाग्रत, प्राप्य वरान्निबोधत...'"

हाँ, ये बात...यही तो है वक्त की माँग, सुकेत, गुड, वेरी गुड...उद्धरण बोलो 'उठो, जागो' का और, तैयारी करो सोने की...दैट एक्चुअली इज दि स्प्रिट ऑफ दि टाइम्स...गुड, उठो, कोशिश करो, नींद शायद आ जाए...आमीन!

कुछ ही घंटे तो बचे हैं अब, सुबह होने को है, थोड़ी देर में बात करते हैं रघु से, शम्स से—अपनी नींद के गायब होने के बारे में, दुनिया की नींद लम्बी

होती जाने के बारे में...धत्तेरे की, फिर वही दुनिया का रोना...अबे, काजीजी, छोड़ शहर का अंदेशा...सो जा चुपचाप...!

एक बार फिर टीवी बन्द करने की नाकाम कोशिश...एक बार फिर झल्लाहट...बत्ती गनीमत, कि बन्द हो गई...एक बार फिर रघु को फोन करने की कोशिश...यहाँ गनीमत काम नहीं आई...वही, 'टिक...टिक..टिक' और डिसकनेक्ट...।

जितनी आ रही थी, सुकेत ने जोर लगाकर, उससे बड़ी जम्हाई ली; जरूरत से ज्यादा बदन फैलाकर अँगड़ाई...'सुबह होती है, शाम होती है' याद करते-करते अपने-आपसे कहा, "कोई चारा नहीं नींद को बुलाने का, सिवा इसके कि जबरन खुद को सुलाया जाए..."

बेडरूम में बिस्तर पर लेट, आँखें मूँदी ही थीं कि किसी ने झकझोरा, "चलो..."

हद हो गई यार...फुल पगला गया हूँ क्या मैं? शाम को सोफे पर पैंट फेंक दी थी, वहाँ कोई पहलवान बैठा दिख रहा है; दूसरा यहाँ सर पर सवार, बाँह झकझोर रहा है, "चलो..." भद्दे ढंग से लम्बा-चौड़ा। लम्बा कम, चौड़ा ज्यादा...नाम चौड़ासिंह के अलावा और कुछ हो ही नहीं सकता...।

"चलो..."

"अबे, यमदूत हो क्या? सींग वहीं यमलोक में छोड़ आए?" सुकेत ने आँखें मिचमिचाते हुए पूछा, "तुम्हारा वो सोंटा...गदा कहाँ है? वो पाश...फंदा कहाँ है? कैसे यमदूत हो यार? धोती की जगह स्लैक्स और उत्तरीय की जगह स्वैट-शर्ट...यूनिफॉर्म कब बदल गई तुम लोगों की?"

"चलो, हमारे साथ।"

"ना जी, चलेंगे तो हम बस निन्नी के साथ...बड़ी मुश्किल से तो पटी थी, यार, अब भगाओ मत निन्नी...नींद यू नो, पोस्ट-मॉडर्न यमदूतजी..."

"बकवास बन्द, चलो, चुपचाप...वक्त कम है..."

कुछ ऐसा था, पथरीले चेहरे से निकलती, केवल काम से काम रखने वाली आवाज में कि सुकेत के मुँह से भी बरबस निकल ही गया, "कहाँ चलें?"

"नाकोहस।"

"नाकोहस?"

"हाँ, नाकोहस...नेशनल कमीशन ऑफ हर्ट सेंटिमेंट्स..."

हो क्या रहा है? वहाँ साला टीवी बन्द नहीं हो रहा, यहाँ बेडरूम में गुंडे घुस आए हैं...कब कैसे...नेशनल कमीशन ऑफ हर्ट सेंटिमेंट्स... नाकोहस...क्या बकवास है...हो क्या रहा है?

"हो कुछ नहीं रहा, सुकेत...तुम्हें सचमुच इलाज की जरूरत है। बाकी और जो भी हो, तुम्हारे दिमाग में खलल तो पक्का आ गया है। पागलपन की भी स्टेज होती हैं, जरूरी नहीं कि शुरुआत में ही आप पत्थर फेंकने लगें, कपड़े फाड़ने लगें। हाँ, लापरवाही जारी रखी, तो वह स्टेज भी बस आई समझो...सुबह होते ही पहला काम—सायको-एनेलिस्ट से एपाइंटमेंट...

"नेशनल कमीशन ऑफ हर्ट सेंटिमेंट्स...आहत भावना आयोग..."

आवाज में रोबो जैसी एकतान गूँज नहीं, अपने खतरनाक होने के प्रति आश्वस्त सहजता थी। दूसरा बाहुबली सोफे पर इत्मीनान से बैठा था, चुपचाप। उसकी भी सारी देह अपने खतरनाक होने का आत्मविश्वास झलका रही थी।

यकीनन मैं अभी भी सपने में ही हूँ...वह क्या कहते हैं, चिकोटी काटूँ खुद को...!

"बचपना छोड़ो, सपना नहीं, नाकोहस का बुलावा है...चलना होगा।"

बाप का राज है क्या बे, चौड़ासिंह के बच्चे?

डर तो सारी उम्र इतना कुछ झेले हुए सुकेत को क्या लगता, बस झल्लाहट कि ये बेहूदे बेडरूम तक आ धमके हैं। कहीं ये दोनों वे मगरमच्छ ही तो नहीं जो सपने में हाथी को भँभोड़ते रहे, अब मुझे भँभोड़ने चले आए हैं? ऐसी की तैसी इनकी...उसने मोबाइल उठाया,पहले सिक्योरिटी? पुलिस? रघु या शम्स?

या करुणा? यमदूतों के सामने किया जा रहा फोन भी नहीं लेगी क्या? रघु और शम्स करुणा का फोन नम्बर सुकेत से छिपाकर नहीं रख पाए थे...लेकिन करुणा ने कह जो दिया है—'सुकेत फोन न करे...'

सुकेत बिना शीशे के ही अपनी मुस्कान भी देख पा रहा था, मुस्कान के नीचे खिंची दर्द की रेख भी।

...कोई है नहीं कमरे में। चक्कर वही है...यादों का दुःस्वप्नों में, और जिन्दगी का दुःस्वप्नों की जगार में तब्दील होकर रह जाना...जिसकी आदत पड़ गई थी, उस देश-काल का यों उलट-पुलट हो जाना।

समझ गया...पिटाई, अपमान...रोज मिल रहीं धमकियाँ। बाहर, हर तरफ शोर, भीतर हर कोने सन्नाटा...ऐसी हालत में मन के डर तन धारण कर सामने आ ही खड़े होते हैं...वहम है बस.. ओके ओके, रिलेक्स, रिलेक्स; पद्मासन

बाँधो...गहरी साँस लो, ध्यान में जाने की कोशिश करो...आँखें मूँद लो...गहरी साँस...अनुलोम-विलोम...साँस लेते हुए 'ओ...', छोड़ते हुए 'म...'

'ओम-ओम' करके आँखें खोली सुकेत ने। कुछ नहीं बदला था। चौड़ासिंह जस-का-तस सिर पर खड़ा था, और उसका साथी सोफे पर ही जमा हुआ था। इस बार बहुत ठहरी, ठंडी आवाज थी चौड़ासिंह की। सुकेत की बाँह पर स्पर्श भी झकझोरती हड़बड़ाहट का नहीं,आत्मीयता का था, "अब उठ भी लें सुकेतजी...ध्यान-व्यान से कुछ नहीं होना...आपके दोस्तों—रघु और शम्स—की भी पेशी है, हो ही जाएगी मुलाकात, चलिए।"

सुकेत ने सुना था कि नाग डँसते वक्त अपने शिकार को आँखों से बाँध लेता है। पद्मासन में बैठे-बैठे ही गर्दन घुमाकर चौड़ासिंह की तरफ देखते ही उसे इस किंवदंती की सचाई मालूम पड़ गई। चौड़ासिंह की इत्मीनान से मुस्कराती आँखों की ओर देखते ही सुकेत ने चौड़ासिंह का आदेश अपनी रगों में बहता महसूस किया। उसने बोलना चाहा...असम्भव। चीखना चाहा...नामुमकिन। अब तो सुकेत अपनी मंत्रविद्ध देह को उन्हीं के आदेश का पालन करता देख रहा था, जिन्हें उपहास और झल्लाहट से बरकाने की कोशिश उसने की थी।

सुकेत ने अपनी देह को चुपचाप उठते देखा। घर के दरवाजे तक पहुँच चौड़ासिंह को अपने आगे, उसके साथी को अपने पीछे होते देखा। उन दोनों के बीच खुद को चुपचाप लिफ्ट की ओर बढ़ते देखा।

अगले पल सुकेत उन दोनों के बीच कार में था, और कार रफ्तार में।

दो

तेरी आँख के कोने में ठिठक गई
इस एक बूँद में नमक सारी पृथ्वी का

स्लैक्स, स्वैट-शर्ट धारण किये नाकोहस-दूत सुकेत के दोनों ओर जम गए थे। कार तेजी से दौड़ रही थी। ड्राइवर ने एक बार भी पीछे मुड़कर नहीं देखा था। पीठ से अंदाज लग रहा था कि वह चौड़ासिंह का सगा नहीं, तो मौसेरा भाई जरूर है। चौड़ासिंह की कोबरा आँखों का आदेश सुकेत की रगों में प्रवाहित था, फिर भी, अजीब बात थी कि सुकेत का सोचना भी जारी था, याद करना भी। मोबाइल फोन हाथ में ही चला आया था। उसने फिर से नम्बर डायल करने की कोशिश की... ग़नीमत, उँगलियाँ भी साथ दे रही थीं। नाकोहस-दूत ने यादों और सोच के साथ -साथ शायद उँगलियों को भी छूट दे रखी थी।

'रघु, शम्स बाद में, सबसे पहले तो पुलिस' सुकेत ने सोचा, 'डायल हंड्रेड...बेहद फुर्ती से...वरना यह यमदूत का बच्चा चौड़ासिंह नाकोहस फोन भी हाथ से छीन ही लेगा।'

लेकिन यह क्या...स्मार्टफोन के स्क्रीन पर तो टीवी चल रहा था। सुकेत कभी-कभार देखता था मोबाइल पर टीवी। लेकिन, इस वक्त? मेरे चाहे बिना? मेरे चलाए बिना? अपने-आप ही?

किसी के साथ होना, किसी से बात करना इन्सान की मजबूरी है। किसी सूरत निजात नहीं मिलती इस मजबूरी से। इन्सान ऐसा जानवर है जो खुद अपने शिकारी से भी बात किए बिना नहीं रह पाता।

फोन पर टीवी चलता देख सुकेत की अचरज-भरी, सवाल पूछती निगाह खुद-ब-खुद चौड़ासिंह की ओर उठ गई। अब तक लापरवाही से खिड़की के बाहर देखता चौड़ासिंह जैसे इन्तजार ही कर रहा था। उसी पल उसने अपनी निगाह सड़क से हटाकर सुकेत पर टिका दी थी। उसकी आँखों में थी बेवकूफ बच्चे को समझाते, धीरज-भरे मास्टर की कोमल दृष्टि...होंठों पर थी बुद्धू प्रेमी से प्यार करती समझदार प्रेमिका की उदार मुस्कान!

"सुकेत सर, आप समझ नहीं पा रहे न। खैर, समझाने ही तो ले जा रहे हैं...असल में क्या है सरजी, आप नाकोहस-काल में प्रवेश कर चुके हैं, अब टीवी भी हर पल आपके साथ रहेगा...और हम लोग भी...बाकी आप खुद समझदार हैं...आपको क्या लगता है, मोबाइल आपके हाथ में हमारी जानकारी के बिना ही रह गया है?"

चौड़ासिंह बाहर देखने लगा।

सुकेत ने फिर से कोशिश की, टीवी हटाकर स्क्रीन पर नम्बर-पैड ले आए, कॉल कर सके। सवाल ही नहीं...टीवी चल रहा था, टीवी चलता रहा...।

खुद को न जाने किस नाकोहस का दूत बताने वाले ये दोनों सज-धज और हाव-भाव से तो बाउंसर ही लग रहे थे। जिस जगह आपकी जरूरत नहीं, वहाँ से आपको उठाकर बाहर उछाल देने वाले—बाउंस कर देने वाले ताकतवर, पहलवान लोग...चौड़ासिंह इंच-इंच खतरनाक बाहुबली था...सख्त चेहरा, मोटे होंठ...घनी भँवें...सख्त बरसाती आँखें...उसका साथी उतना तगड़ा नहीं था, लेकिन उसके चेहरे की मांसपेशियाँ किसी भी तरह की हरकत करना भूल चुकी थीं। चौड़ासिंह की आँखों में कोबरा सरीखे वशीकरण के साथ-साथ कभी-कभी ऊष्मा भी झलक दिखा रही थी, लेकिन उसके साथी की आँखें तो मुर्दे की आँखें थीं...चौड़ासिंह के मोटे होंठों पर मुस्कान सुकेत ने अभी-अभी देखी थी, उसके साथी के लकीर जैसे पतले होंठ एकदम बेहरकत, बेजान थे।

किस प्रेत-कथा में फँस गया हूँ मैं...?

सुकेत को पहली बार डर लगा, डर पर हँसी भी आई। हर हाल में अपने-आपको देखते रहने, खुद पर हँसते रहने की आदत थी। इस आदत की वजह से खुद पर गर्व करने के मौके भी आते थे। हालाँकि ज्यादातर तो सुकेत खुद को खोदता और कोंचता ही रहता था। किसी का मजाक उड़ाता था, तो खुद से पूछता, 'इसकी जगह मैं और मेरी जगह यह होता या होती तो?' दोस्तों से ही नहीं, दुश्मनों से भी झगड़ा करते-करते खुद से कहता जाता, 'यार, कोशिश तो करो, बिना झगड़े के बात करने की।' पढ़ता था तो सोचता था कि मैं लिखता तो ऐसे लिखता; लिखता था तो सोचता था कि इसे ऐसे पढ़ा जाए तो? वैसे पढ़ा जाए तो? और पढ़ा ही न जाए तो? और तो और, सेक्स भी करता था, तो सारे आवेश के बीच कल्पना कर लेता था खुद से कहने की, 'बन्दर की

तरह उछल रहे हो प्यारे...' पूछने वाले खुद को खुद ही जवाब देने का मजा भी लेता था, 'तुझे क्या पता बे, बन्दर कैसे करता है? देखा है कभी?'

डर भी तो भूख, प्यास, सेक्स की तरह मनुष्य की बनावट का हिस्सा है। भूख, प्यास, सेक्स पर हँसें, तो डर पर कैसे नहीं? सुकेत ने खुद से कहा, 'सपने से जब तक नहीं निकलते, तब तक की ही बात है, बेटे...फिर बस ज्यादा से ज्यादा—हैंग-ओवर, सिर में थोड़ा भन्नाटा, झल्लाहट...कोई बात नहीं, दारू ज्यादा पी ली है, तो झेलनी भी पड़ेगी...'

यह चौड़ासिंह अन्तर्यामी है क्या? मन में यह बात आने की देर थी कि इसकी गर्दन मेरी तरफ घूमी, होंठों पर शहद की लिपस्टिक लगाए हुए मुस्कान; शुगर-क्यूब घुली आवाज, "हाँ, सोचने में क्या हर्ज है...सोचो, सोचो। और भी अच्छी-अच्छी बातें सोचो, कुछ ही वक्त की तो बात है। नाकोहस में पेशी होने की देर है, बस...सही ढंग से सोचना भी सीख ही जाओगे..."

कहना क्या चाहता है, यह अजीब आदमी? और, इसका साथी? इसके मुँह में जबान नहीं है क्या? उसके चेहरे पर खामोश सपाटपन स्थायी रूप से चिपका हुआ था। देख भी सिर्फ नाक की सीध में रहा था। साँस न चल रही हो, तो लगे कि कार की सीट का हिस्सा है।

"तुम्हें क्या पता, मैं क्या सोच रहा हूँ? सचमुच यमदूत हो क्या यार? अन्तर्यामी?"

"अन्तर्यामी जैसी बड़ी बातें करने की जरूरत क्या, सुकेतजी?" चौड़ासिंह उसी शहदिया आवाज में बोला, "आप कोई पहले आदमी तो हैं नहीं, न जाने कितनों को पेश कर चुका हूँ...और न जाने कितनों को पेश करना है..."

आखिर के दो-चार शब्दों में ग्लानि सचमुच है या मेरे कान खामखा सुन रहे हैं? आँखों में पछतावे की छाया सचमुच उतर आई है, या मैंने ही खामखा देख ली है? चौड़ासिंह मुँह फेरकर कार के बाहर झाँकता हुआ कुछ छुपाने की कोशिश सचमुच कर रहा है, या मेरा मन खामखा ऐसी कोशिश मानने की कोशिश कर रहा है?

कहीं ऐसा तो नहीं कि अपनी पुरानी ख्वाहिश पूरी हो रही हो कि मरने के बाद महसूस कर सकें, लिख सकें, दूसरों की यादों में बसा सकें कि मरने के बाद लगता कैसा है? होता क्या है? अरे...वाह, अपनी असम्भव फैंटेसी साकार हो रही है, और बात अपने पल्ले ही नहीं पड़ रही...।

मौत अन्त है,...और, अन्त के बाद?

यही एक सवाल है जिसका जवाब जितना अनपाया हजारों साल पहले था, उतना ही आज भी है। लेकिन मनुष्य का स्वभाव...बाज कैसे आए? अन्त के बाद यदि कुछ होता है तो क्या होता है? अतिप्रश्न भले हो, लेकिन है शाश्वत प्रश्न...अच्छा, अपने जैसे खुराफातियों के लिए भी जन्म-जन्मांतर, आवागमन से मुक्ति का कोई चांस बनता है क्या? पूछूँ चौड़ासिंह से?

फोन पर टीवी जारी था...टीवी यहाँ टीवी वहाँ...टीवी बिना जीना कहाँ!

सुकेत उत्तेजना से थरथरा रहा था, बिल्कुल यही हुआ है...मैं मर चुका हूँ...मरणोपरांत जीवन में चल रहा हूँ...वाह, यार, क्या बात है...चलता रहे टीवी, न लगे फोन...फायदा क्या रघु और शम्स को फोन करने की बात सोचने का? मुर्दे जिन्दों से कहाँ बात करते हैं? धत्तेरे इंटेलेक्चुअल की...इस वक्त भी मोंतेस्क्यू के शातो की लाइब्रेरी में लिखा वाक्य याद आ रहा है—'हिक मोरतुस लोकी एड विवम'—यहाँ मृतक जीवितों से संवाद करते हैं...पढ़ा था बरसों पहले। जब बेरेनिस के साथ, दक्षिण फ्रांस के बोर्दो नगर गया था। सत्य वचन, मोशिए मोंतेस्क्यू! किताबों के जरिये मृतक जीवितों से संवाद वाकई करते हैं। लेकिन, फिलहाल अपन किताबों में बैठे मृतकों के सत्संग में नहीं; परम आदरणीय चौड़ासिंह जी की गिरफ्त में हैं। चौड़ासिंह नहीं, इस समय तो मीठाराम कहना बेहतर है। इन्हें पटा लूँ तो शायद पता लगे कि यार लोगों ने शोक-सभा कैसी की? की भी या नहीं? श्रद्धांजलि में किसने क्या कहा? किसने सच्चे आँसू बहाए, किसने घड़ियाली...किसने आस्तीन से आँखें पोंछने के बहाने कलाई-घड़ी पर निगाह डाली कि भाषणबाजी खत्म हो, पिंड छूटे तो निकलें। क्या कहेगा शम्स? कैसे याद करेगा रघु? करुणा कितनी भी नाराज होकर गई हो...दो बूँद आँसू तो बहाएगी...शोक-सभा में तो आएगी...!

रचना?...शोक-सभा में आ मरी तो मर चुके सुकेत को भी गुस्से के मारे ब्रेन-हैमरेज हो जाएगा...अन्त समय किसी की याद आए और याद के साथ अपनी बेवकूफी पर नपुंसक क्रोध के अलावा कुछ आए तो बस मन में उबलती नफरत आए...ज्यादा दर्द मरने का, या वजूद निचोड़ते इस अहसास का?

काश, एक बार करुणा से माफी माँग पाता! काश, एक बार और रघु और शम्स के साथ गप्पें लगा पाता! कितनी जल्दी बीत गया वक्त!

सौ साल बाद मरते तो भी ऐसा ही लगता...वक्त कहाँ बीतता है, सुकेत, हमीं बीत जाते हैं...तृष्णाएँ नहीं जीर्ण होतीं, हमीं जीर्ण-शीर्ण हो जाते हैं...आयु

का अर्द्धकथानक लिख चुके सुकेत के भीतर कोई बच्चों की-सी बिलखती आवाज में भर्तृहरि के वचन बोलने लगा...क्या लेकर जा रहा हूँ, इन यमदूतों के साथ? पछतावा। अपने-आप पर गुस्सा...और क्या...रचना को क्या दोष दूँ? मैंने ही की है हर पल, हर सम्भावना की ऐसी-तैसी...रचना के लिए मैं एक नसैनी था...नसैनी पर अपना बोझ डाला जाता है, मंजिल चढ़ जाने के बाद नसैनी का बोझ कौन ढोता है?

पीछे क्या छोड़ आया हूँ? टूटे वादों, अधूरे इरादों और खंडित संकल्पों का ढेर...बस, और कुछ भी नहीं...सिर्फ टूटे वादे, अधूरे इरादे, खंडित संकल्प...और पछतावा...निष्फल पछतावा...सपना देख रहा हूँ? वहम का शिकार हूँ? सचमुच मर गया हूँ? बहुत जिज्ञासा रहती थी न मन में...बार-बार पूछता था न खुद से कि मरने के बाद कैसा लगेगा...

मरने के ऐन पहले का पल कैसा होगा?

...टूटे वादों, अधूरे इरादों, खंडित संकल्पों के ढेर पर पड़े जीवन को बिलखता देखने जैसा। और कैसा?

कुछ और वक्त...

जितना मिला था, उसी की तरह एक बार फिर से नाली में बहा देने के लिए? न मजाक है, न सपना। जीवन खत्म, मौत शुरू। वापसी हुई भी तो कहीं और, किसी और तरह। सुकेत नाम से किया गया सफर खत्म...करुणा को कभी न कभी फिर से देख पाने की गुंजाइश खत्म...!

"तुम आजकल हर चीज पर ऐसे निगाह डालती हो, जैसे वह किसी अँधे कुएँ में डूबने जा रही हो, जैसे उसे फिर कभी देखने का मौका ही नहीं मिलेगा..."

सुकेत ने करुणा से यह बात कही सच्ची चिन्ता के साथ ही थी, लेकिन करुणा का जवाब उसे चिढ़ा गया था। करुणा ने कहा तो बस इतना कि 'अकेली महसूस करती हूँ।' लेकिन सुकेत ने सुना, "हर चीज का तो पता नहीं, लेकिन तुम जरूर अँधे कुएँ में जा रहे हो, बिना सोचे-समझे।"

सुकेत और करुणा का सम्बन्ध सचमुच अजीब था...शब्द जो चाहें कहें, चेतनाएँ ऐसी जुड़ी थीं कि एक के मन में आ रही बात शब्द ही नहीं, चेहरे के उतार-चढ़ावों तक को पार कर दूसरे तक पहुँच जाती थी...ऐसे ही रिश्ते को तो कहते होंगे न आत्मा का सम्बन्ध...आत्मा के आपस में लड़ते-भिड़ते दो टुकड़ों का सम्बन्ध...यह रिश्ता सचमुच दो जिस्म एक जान का था, जिसमें दो

जिस्म अपनी एक साझी जान पर तीखे कटाक्षों, पैने वाक्यों की छुरियाँ चलाते रहते थे।

इस विचित्र सम्बन्ध की याद इस वक्त भले ही सुकेत के गले में रुँध रही थी, लेकिन बरसों पहले, दो जिस्म एक जान की इस जानलेवा सिफत से उसे चिढ़ ही होती थी, 'अकेली महसूस करती हूँ' कानों में, और 'तुम अँधे कुएँ में जा रहे हो' मन में सुनकर खीज गया था सुकेत...किसी तरह अपने-आप पर काबू कर, उसने सम स्वर में कहा था, "अकेली महसूस करती हो? मेरे रहते?"

करुणा की लम्बी चुप्पी सुकेत के काबू पर भारी पड़ी, "तुम मुँह से जो नहीं कह रही हो, वह मैं सुन पा रहा हूँ...अपने अकेलेपन का जिम्मेदार मुझी को मानती हो न?"

"यह सही सवाल नहीं।"

"तो क्या है सही सवाल?"

"सही सवाल यह है कि मेरे अकेलेपन से तुम्हें कोई फर्क पड़ता है या नहीं?"

इस पर सुकेत की चुप्पी पछतावे की नहीं, क्रोध और उपेक्षा की थी। जब करुणा अन्ततः उसके जीवन से चली गई, जब रचना सुकेत से ऊब गई, जब दो-तीन को छोड़, सारे दोस्त कन्नी काट गए, तब सुकेत के मन में करुणा का सवाल बार-बार गूँजा, 'अकेलेपन से कोई फर्क पड़ता है या नहीं?'

फर्क यह कि करुणा ने पूछ लिया था, सुकेत पूछने तक की हिम्मत नहीं जुटा पाता था। ऊपर-ऊपर जिन्दगी सबके साथ चलती रही—दोस्तियाँ, झगड़े, गतिविधियाँ, ग़म रोजगार के...लेकिन कहीं भीतर सुकेत का अकेलापन बढ़ता गया...बढ़ता गया...

किसी की पहुँच नहीं थी इस अकेलेपन तक। रघु और शम्स तक की नहीं। बाहर से मस्तमौला, कभी-कभी सिनिकल-सा लगने वाला सुकेत भीतर-भीतर ही अकेलेपन के तिलिस्म की हिफाजत के लिए बैठाया गया जिन्न बन चुका था। बचपन से लेकर अब तक की बेवकूफियों की यादें, दूसरों को दिये गए घावों के पछतावे, खुद खाई चोटों की टीसें, सफलताओं के अभिमान और विफलताओं की कुंठाएँ...यही सब जवाहरात थे उस तिलिस्म से बँधे खजाने में...और तिलिस्म खोलने का बीजक था स्मृति के पास।

स्मृति यह बीजक आखिरी बार पढ़ रही है।

जब बीत रहे थे, तब सुकेत जिन्हें कौड़ियों की तरह बरतता था, उन्हीं पलों को इस पल मणियों की भाँति सहेज रहा है।

वह रात...समुद्री हवा की थिरकन में लिखी वह रात, खिड़की से झाँकते चाँद की वह रात...पुष्ट, पृथुल पौरुष के अपनी संकुचित देह में प्रवेश की मधुर पीड़ा की मादकता से सिहर रही थी करुणा...सुकेत की कामना को अपने चेहरे पर उतरती लाली में अंकवार रही थी करुणा...अधरों से 'ओ..ओ..ओ...' ध्वनि...ओम सरीखी अर्थपूर्ण, रहस्यपगी ध्वनि...थिरक-थिरकक्कर पावन अनुष्ठान का आमंत्रण सुकेत की ओर बढ़ाते उभार...उन उभारों की उत्सुक उदग्रता को सराहती, सहलाती चाँदनी...प्यार की उमग में समेटने के लिए सुकेत को बुलाती देह...बुलावे पर गर्व करते सुकेत के पुष्ट आवेश की तीव्रता...ऐसी तीव्रता सम्भव करने वाली स्त्री का स्वयं पर अभिमान...उस अभिमान को देह के पोर-पोर में पिरोने वाला मद...सुकेत के बालों पर, पीठ पर फिरते करुणा के हाथ, अनजाने ही गड़ाए जाते नाखून...इन ध्वनियों, थिरकनों, स्पर्शों से लिखी कामना की अनन्त चाह...करुणा की जाँघों को अपनी जाँघों पर समेटते, तीव्रता को गहन से गहनतर में बदलते, आत्मविश्वासी पुरुष के आवेग का अनन्त आश्वासन!

करुणा...करुणा..कहाँ चली गई तू...क्यों चली गई...कुछ तो बोल, प्रिया मेरी...अपने नाम की लाज ही रखने को बोल...बहुत दुखती है तेरी चुप्पी...'व्यथति वृथा मौनं तन्वि...'

चुप्पी उसकी और व्यथा तेरी...वाह रे सुकेत, वाह...अन्त की ओर जाते जीवन के एकान्त में भी गुमान वैसे का वैसा...सच से मुँह चुराने की कायरता वैसी की वैसी...कब मानेगा कि व्यथा उसकी थी, चुप्पी तेरी...उसकी हर जिज्ञासा के सामने जिद्दी चुप्पी, उसकी जिजीविषा को निचोड़ती चुप्पी...करुणा तेरे जीवन से गई नहीं, धकेली गई है, सुकेत... पलायन उसने नहीं, तूने किया था...जाल में तू फँसा था, करुणा नहीं। जाल से मुक्ति के प्रयासों को छल और छल को सच्चा प्यार तूने समझा था, करुणा ने नहीं। 'कहाँ चली गई करुणा'—यह मत पूछ बेवकूफ... 'गीत-गोविन्द' ही याद आ रहा है तो पूछ यह कि कैसी गुजरी होगी करुणा पर!

किं करिष्यति किं वदियष्यति सा चिरं विरहेण
किं धनेन जनेन किं मम जीवितेन गृहेण...

'करुणा...मेरी दोस्त, मेरे प्यार...' दबी-सी सिसकी मुखर विलाप में बदल गई। विलाप के आँख से बहने और छटपटाते स्वर में गूँजने पर सुकेत को कोई संकोच नहीं। सुकेत की बिलखन में उम्र के पौढ़ेपन का अहसास बहा जा रहा था। पचास से ज्यादा जन्मदिन मना चुका सुकेत न जाने कितने जन्मों के पछतावे में रो रहा था। आँख और आवाज से बहते उसके पछतावे पर ध्यान केवल चौड़ासिंह ने दिया। उसका साथी कार की पिछली सीट का हिस्सा बना बैठा रहा, और ड्राइवर स्टीयरिंग व्हील का विस्तार।

सुकेत की रुलाई चौड़ासिंह ने देखी। चौड़ासिंह के मोटे होंठों पर दर्द में लिखी मुस्कान सुकेत ने देखी। मुस्कान के दर्द से आँसुओं को जोड़ने की कोशिश चौड़ासिंह ने सुकेत की आँखों में देखी। साँप की-सी आँखों में इन्सानी आँखों की वीरानी उतरती सुकेत ने देखी। बेबस पछतावे की साँवली छाया सुकेत के चेहरे पर चौड़ासिंह ने देखी। चौड़ासिंह की पहलवानी गर्दन, जैसे मजबूरी में फिर से सड़क की ओर मुड़ती सुकेत ने देखी।

कार में मौजूद तीनों नाकोहस वाले क्या सोचेंगे, इस बात से बेपरवाह सुकेत रो रहा था...जो बात करुणा से उस शाम नहीं कह पाया था, वह बात इस समय कहता सुकेत रो रहा था। सुकेत के बिलखने में वह शाम गूँज रही थी, जब करुणा ने आखिरकार सुकेत से मुक्ति चाही थी। जब उसने सुकेत की महानता क़ी शिला के नीचे से निकलने का फैसला लिया था...तब इतने लम्बे संग साथ में, सुकेत ने शायद बस तीसरी या चौथी बार करुणा की आँख के कोने में एक...बस एक, रुकी-सी बूँद देखी थी।

आँसू मुनाफा कमाने के लिए बनाए गए उत्पाद भी हो सकते हैं, शिराओं में बह रहे रक्त के आँखों तक चले आए कण भी...आँसू रचना के से भी होते हैं, करुणा के से भी।

"हर बात के लिए रचना को कोसते रहना बहुत आसान है, सुकेत...कभी खुद पर भी निगाह डालना..." उस शाम, आँख के कोने में ठिठक गई, आँसू की उस एक बूँद के साथ यही तो कहा था करुणा ने। सुकेत ने उस बूँद को देखकर जो कहना चाहा था...बस, चाहा था..अहंकार और अपराध के बोझ में कह नहीं पाया था...वह, वाक्य इस वक्त सुकेत के आँसुओं में घुलकर, ढलती रात के अँधेरे में, कार के सीमित आकाश में व्याप रहा था।

"तेरी आँख के कोने में ठिठक गई इस एक बूँद में नमक सारी पृथ्वी का..."

विदाई की उस करुण शाम के पछतावे का राग—यह वाक्य—गूँज रहा है, आशंका और भय की इस रात में। उस रोज तेरी आँख के कोने में ठिठक गई बूँद बह रही है, करुणा, आज मेरी आँखों से...नहीं, गंगा-जमना नहीं, चंबल और कर्मनाशा बनकर...पवित्र, मुक्तिदायिनी नदियाँ भला क्यों आएँ मेरे पास ? मेरी आँखों में तो रन्तिदेव के यज्ञ के बलिपशुओं के रक्त से बही चम्बल और धरती-आकाश के बीच उल्टे लटके त्रिशंकु की लार से बही कर्मनाशा ही आ सकती हैं...मेरे आँसू पाप और अपराध के, और...

...मेरा जीवन ढेर टूटे वादों का, अधूरे इरादों का। मेरा अन्त श्रीगणेश अनन्त पछतावे का।

चौड़ासिंह ने फिर सुकेत की ओर देखा। उसका ठंडा हाथ सुकेत ने अपने हाथ पर महसूस किया। ठंडे स्पर्श के बावजूद उस हाथ की थिरकन में ऊष्मा थी। यह चौड़ासिंह पहलवान, यह नाकोहस-दूत, यह यमदूत सुकेत के हाथ पर हल्की थपथपाहट के जरिये राहत पहुँचाने की कोशिश कर रहा है, या उस थरथराहट में वह भी किसी से कह रहा है, 'तेरी आँख के कोने में ठिठक गई इस एक बूँद में नमक सारी पृथ्वी का...'

क्या उसके जीवन में भी आया है, कोई श्रीगणेश किसी अनन्त पछतावे का ?

एकाएक हाथ हटा लिया चौड़ासिंह ने। उसका चेहरा भी अपने साथी की तरह भावशून्य हो गया। सपाट चेहरा लिये, कार की सीट का हिस्सा बने बैठे दूसरे नाकोहस-दूत की देह में जीवन के लक्षण आ गए थे। वह गर्दन घुमाकर चौड़ासिंह की तरफ देख रहा था। मुर्दे जैसी ठहरी आँखों में उतर आई हिंसक पशु की आँखों-सी चौकन्नी चमक चौड़ासिंह को निःशब्द चेतावनी दे रही थी, 'रोते इन्सान के आँसुओं से प्रभावित हो जाना नाकोहस-दूत की गरिमा के विरुद्ध है...'

सपाट चेहरे की चुप्पा झाड़ खाकर चौड़ासिंह ने अपनी हथेली सुकेत के हाथ से हटा ली है। अरे! यह सपाटचन्द बोलता भी है ? कमाल है...निःशब्द चेतावनी को शब्दों में भी ढालता सपाटचन्द चौड़ासिंह से मुखातिब है, "हम बौनैसर हैं, याद रहे...बड़ा काम है हमारा, खयाल रहे..."

आवाज में कोई खटास-मिठास नहीं...प्रिरिकॉर्डेड मैसेज बजाने वाली मशीन की आवाज।

मौत के बाद, और कुछ हो न हो, ज्ञानवर्धन जरूर होता है। अभी नाकोहस ही पल्ले नहीं पड़ा था, अब यह बौनैसर। ये दोनों बौनैसर हैं ? क्या होते हैं बौनैसर ?

''बौद्धिक नैतिक समाज रक्षक—बौनैसर।'' बौनेसर की व्याख्या का प्रि-रिकॉर्डेड सूत्र-वाक्य प्रसारित कर सपाटचन्दजी अपनी पूर्वावस्था को प्राप्त हो गए।

''बौद्धिक नैतिक समाज रक्षा? लोगों का अगवा करके?''

मर चुका हूँ, फिर भी जिज्ञासा...शायद मरा नहीं हूँ...शायद वहम... सन्निपात...वापसी की गुंजाइश...शायद यह भी सपना ही...शायद मर ही गया हूँ...जीवन की सीमा पार कर मृत्यु तक चली आई जिज्ञासा...साथ ले आई है जीवन की गुंजाइश भी साथ में...शायद... शायद...!

चौड़ासिंह ने सुकेत के कन्धे पर हल्की-सी थपकी दी। सपाटचन्द जरा-सा मुस्कराया। बोला दोनों में से कोई नहीं। सपाटचन्द की झाड़ खाकर चौड़ासिंह भी केवल चुप नहीं, सपाट भी हो गया था। सुकेत का ध्यान कार की खिड़की से झाँकता हुआ बाहर की ओर चल पड़ा। सड़कें वही, रास्ते वही। रोशनियाँ वही। इसमें कोई शक नहीं। बीच-बीच में कार की खिड़कियाँ जैसे टीवी स्क्रीन में बदल रही थीं, फिल्म चल रही थी यादों की। सिलसिला कोई नहीं। एकाएक कोई दृश्य उभरता, एकाएक गायब। बीच-बीच में दिख रहे थे—बड़े-बड़े होर्डिंगों पर, फ्लाई-ओवरों और अंडर-पासों की दीवारों पर लिखे हुए विज्ञापन और नारे।

सुकेत देख रहा है, छोटे-से शहर में बिताया गया बचपन...तब भी थे ऐसे नर-पुंगव, जो चौड़ासिंह और सपाटचन्द की भाषा में बौद्धिक नैतिक समाज रक्षक कहलाएँगे। सुकेत देख रहा है और झेंप रहा है कि नर-पुंगवों के हुजूम में कभी-कभी वह खुद भी शामिल है।

बात यह थी कि हम सभी युवा नर-पुंगवों के लिए लड़की दुनिया का सबसे बड़ा अजूबा थी। बाप-भाई को साथ लिये बिना, कई लड़कियों के झुंड को साथ लिये बिना सड़क पर निकली लड़की अजूबा थी...स्कूटर तो क्या, साइकिल चलाती लड़की अजूबा थी। सबसे बड़ा अजूबा था—यह फरमान कि हर लड़की को बहना और हर औरत को माता समझा जाए...कैसे समझा जाए, यार...फरमान जारी करने वालों को कोई अंदाज है हमारी मुसीबत का...उस जलन का जो दिव्य कुमारिका संस्थान में गीत-संगीत करती लड़कियों को देखकर होती है...उस महाजलन का जो इन लड़कियों के साथ हँसते-बोलते महापापी लड़कों को देखकर होती है...काश...काश...!

इस काश के पार जो था, वह याद करके आज सुकेत को हँसी आ रही थी, लेकिन जो कल स्मृति की खिड़की पर उतर रहा था, उसमें सुकेत और उसके जैसे अन्य किशोर-पुंगवों की जान इस काश के पार बसती थी...उस पार पहुँचने की हवस एक-एक को थी, पहुँच कोई नहीं पाता था...जो इक्का-दुक्का पहुँच जाता था, वह साथियों के कोसने के बावजूद सही-सलामत रह लेता था—यह तथ्य इस पुरानी कहावत का सबसे सबल दृष्टांत था कि 'कौवों के कोसे ढोर नहीं मरा करते'।

कार की खिड़की पर दृश्य उभर रहा है...

दिव्य-कुमारिका संस्थान ने घोषणा कर दी है कि प्रलय-काल सिर पर है। बस, दस ही साल बाकी हैं...किन्तु चिन्ता न करें, भगवान धरती को बचाने फिर से आएँगे। यह आश्वासन जिन तस्वीरों के जरिये शहर में सूचित किया गया था, उनमें बाल-गोपाल के हाथ में गोला था। माखन का नहीं, धरती का गोला। खाने के लिए नहीं, बचाने के लिए। हालाँकि फर्क करीब से देखने पर ही समझ आता था। दूर से तो यही लगता था कि होती रहे महाप्रलय, माखनचोर माखन खाने में मस्त हैं। कहने की जरूरत नहीं, धरती को माखन की तरह हाथ में उठाए, माखनचोर बचाएँगे उन्हीं दूरदर्शियों को—जो इसी समय दिव्य-कुमारिका संस्थान में आकर बचाव-एक्सप्रेस में सीट बुक कर लें। नर-पुंगवों ने इस प्रचार का भी घोर विरोध किया। घोर नहीं, घनघोर क्योंकि दिव्य-कुमारिका संस्थान में तो आगे-आगे औरतें ही थीं...पुंगव लोग गर्ल्स कॉलेज के दरवाजे पर घंटों ड्यूटी बजाते थे कि पल भर के लिए ही सही 'अपनी', अपनी न सही तो किसी और की ही सही, सुन्दरी के दर्शन तो हो जाएँ: और यहाँ कुमारिकाएँ चार तो कुमार एक...वो भी औरतों के पिछलग्गू, उन्हें अगुवा और गुरु मानने वाले...!

'मर्दानगी के नाम पर कलंक, साले...लुगमेहरे कहीं के!'...

कुंठित पुंसत्व ने कमर से फिसलते पाजामे में नैतिक चिन्ता का नाड़ा डाल लिया था...।

दिव्य-कुमारिकाओं के अनुसार प्रलय आने में अभी दस साल बाकी थे। नर-पुंगवों का विश्वास था कि मर्दों के साथ ही-ही, ठी-ठी करने वाली, दिव्य-दर्शन के नाम पर नयन-मटक्का करने वाली दिव्य-कुमारिकाओं का उपचार नहीं हुआ तो प्रलय कल आई धरी है। सो, पहुँच गए, जगत को प्रलय से बचाने के लिए बीस-पच्चीस की भीड़ बनाकर—नारे लगाते हुए।

सुकेत को सारा दृश्य हू-ब-हू दिख रहा है...वह खुद तो मौका-ए-वारदात पर नहीं था, वीणा के स्थान पर कन्धे पर ब्रेकिंग न्यूज का कैमरा धारण करने वाले नारद मुनियों का जमाना भी अभी भविष्य के गर्भ में था, लेकिन आखिरकार हर जमाने के अपने नारद मुनि तो होते ही हैं...सत्य के प्रति ऐसे मुनियों के चटखाराधर्मी समर्पण के कारण यह घटना अकेले सुकेत के ही नहीं, बहुतों के स्मृति-पटल पर जस-की-तस दर्ज थी।

जिस मकान में दिव्य-कुमारिकाओं का दफ्तर था, उसके नीचे ही थी पान की मशहूर दुकान, वहाँ मौजूद थे रामचरन पहलवान। पहलवान को देख नर-पुंगव परम प्रसन्न। अभी कल ही तो रामचरन भैया, हनुमान मन्दिर के चौंतरे पर शतरंज की बिसात जमाते-जमाते दिव्य-कुमारिकाओं की खिल्ली उड़ा रहे थे, "अबे, प्रलय दस साल बाद आए, चाहे लाख साल बाद...आती रहे ससुरी...सब मरेंगे हमहुँ मर लिंगे...इस बखत तो बाजी जम जाए..." और फिर थोड़ी देर बाद, बढ़िया चाल चलने की मस्ती में, "वैसे यार, भरोसीलाल, प्रलय जब आएगी तब आएगी...कयामत तो इन कुमारिकाओं के साथई चली आई है...नईं का...हिं..हिं..हिं...चल शह बच..."

"अब आएगा, मजा..." पुंगव लोग आश्वस्त हुए।

रामचरन भैया भी कौतुक से इन बीस-पच्चीस लौंडों को देख रहे थे। उनकी चिल्ला-चिल्ली सुनकर मजे से मुस्करा रहे थे।

"भैया, आज इन हरामजादिन को ठीक कर दिंगे अपन, आप बस देखते रहो..."

पुंगव-शिरोमणि ने अपने संकल्प की सूचना भैया को दी, और बढ़े चलो-चढ़े चलो का आह्वान करते सीढ़ियों की ओर लपके। लपके थे सीढ़ियों की ओर, किन्तु स्वयं को पाया आधा सड़क पर, आधा नाली में...गर्दन में पहलवानी जकड़ की वेदना, कमर में आकस्मिक पतन की पीड़ा और आँखों में दाँत पीसते रामचरन भैया के मुखमंडल के पीछे नीली-पीली आकृतियाँ दिखाता आसमान देखने की यंत्रणा!

रामचरन भैया की शैली यही थी—शब्द-घोषणा नहीं; त्वरित, प्रभावी मौन कर्म। पुंगव-शिरोमणि के नभ-दर्शन करते ही बाकी पुंगव धरा से जैसे चिपक गए थे, जीभें भी तालू से चिपककर रह गई थीं। अपने हस्तक्षेप के सन्तोषजनक फल पर दृष्टिपात करते हुए रामचरन भैया ने पुंगवों के साथ-साथ, दिनोंदिन बिगड़ते जा रहे वक्त के साथ भी घनिष्ठ शारीरिक सम्बन्ध

बनाने की इच्छा तो प्रकट की ही, व्यावहारिक आदेश भी जारी किया, "फूटो यहाँ से...अपने ढंग से भगवान का नाम लेती हैं बेचारी...तुम्हें क्यों खुजली हो रही है? कोई गलत काम होगा तो पुलिस देखेगी...तुम लबद्दर कहाँ से आए पंचायत करने...फूटो...साले बिल्ली के गू ढाई सेर—न लीपने के, न पोतने के...मैयो-बाप दिन-रात एक करें कि लौंडा पढ़े-लिखे, औ' जे भैंचो लुगाइयन कौं पीटवे निकले हैं, भागो..."

वाणी में बिल्ली का स्मरण करने के साथ-साथ, रामचरन भैया अपने कर्म के जरिए पारम्परिक मुहावरे में लिंगपरक संशोधन भी कर चुके थे...भीगी बिल्ली नहीं, वीर पुंगव भीगे बिल्ले बन गए थे...जगत को प्रलय से बचाने का अनुष्ठान त्वरित पलायन में परिणत हो गया था।

"उस जमाने में टीवी होता तो?"

सुकेत अपने आप से पूछे बिना रह नहीं पाया...उसका ध्यान एकाएक आई थिरकन के कारण हथेली में मौजूद मोबाइल पर गया...कमाल है, कुमारिका संस्थान वाली घटना का टीवीयुगीन सम्भाव्य दृश्य दिखाया जा रहा है...

टीवी वाले पुंगवों के साथ-साथ लगे हैं, सवाल पूछ रहे हैं, "क्या है आपकी माँग?"

जवाब तैयार है, "माँग-वाँग कुछ नहीं, हमारी धार्मिक भावनाओं को ठेस पहुँचाने वाली इन विदेशी एजेंटों के खिलाफ सरकार कार्रवाई करे, नहीं तो..."

"नहीं तो...?"

"नहीं तो...याचना नहीं, अब रण होगा, संघर्ष बड़ा भीषण होगा..."

पुंगव शिरोमणि का जवाब पुंगवों के कंठ से नारा बनकर निकलता है...लाइव टीवी पच्चीस-तीस कुंठित पुंगवों के स्वर को देश-भर में सारे समाज की आहत भावनाओं की चीत्कार बनाकर पहुँचाता है।

रामचरन भैया भी लाइव फुटेज में आते हैं, ज्यादातर चैनलों की रनिंग कमेंट्री में खलनायक की तरह, दो-एक में बिगूचिया गए—कन्फ्यूज्ड—चरित्र-अभिनेता की तरह। हर कथा का नायक तो पुंगवों का समूह ही है...रामचरन भैया की त्वरित, मौन कार्रवाई के बाद पुंगव-शिरोमणि से कोई रिपोर्टर पूछ रहा है, "पिटने के बाद कैसा लग रहा है, सर? दर्द नाली में गिरने से ज्यादा हुआ या सड़क पर लुढ़कने में?"

"दर्द, नहीं पीड़ा हुई है इस धर्मद्रोही रामचरन के पतन से..." पुंगव-शिरोमणि अपने सड़क-पतन के आँसुओं को आहत भावना के आँसुओं में बदलते कह रहे हैं, "हरामजादे (बीप-बीप) को हमने भैया कहा, यह तो इन रंडियों (बीप-बीप) का दल्ला निकला..."

"दल्ले को बीप-बीप किया जाए या चलने दिया जाए?" ऑनलाइन एडीटर्स आखिरकार तय करते हैं, "चलने दो यार, दीज डेज यह वर्ड तो पॉलिटिक्स तक में चलेबल हो गया है, सब एक दूसरे को कहते हैं...हमारा ही कोई क्या उखाड़ लेगा?"

कोई रिपोर्टर रामचरन भैया से पूछ रहा है, "सर, हमारे दर्शकों को बताइए, आपने इतनी एफेक्टिव पिटाई करने की एक्सपर्टाइज कहाँ से हासिल की?"

दूसरा अपने दर्शकों से कह रहा है, "हमारा चैनल रेस्पांसिबल चैनल है...गम्भीर घटनाओं का मजाक नहीं बनाता, भावनाओं से जुड़े मुद्दों पर स्मार्ट टॉक नहीं करता, हमलावरों को ग्लोरिफाई नहीं करता..." दर्शकों के सामने अपने क्रेडिंशल्स पेश करने के बाद, रामचरन भैया से सवाल, "संस्कृति की रक्षा के लिए निकले देश के भविष्य को, युवा समाजकर्मी को नाली में पटकते आपको बिल्कुल शर्म नहीं आई...कोई पछतावा नहीं आपको अपनी वायलेंट हरकत पर?"

रामचरन हकबकाए हुए हैं, "पटका कहाँ बे, पकड़कर खींचा ही तो था...बीप-बीप को, अब बीप-बीप का पाँव फिसल गया...नाली में जा पड़ा तो हम बीप-बीप क्या करें..."

बीप-बीप करते रामचरन भैया हाशिए पर हैं...युवा समाज-कर्मियों की सांस्कृतिक कार्रवाई जारी है...दिव्य-कुमारिकाओं के बाल खींचे जा रहे हैं, कपड़े नोंचे जा रहे हैं, बीप-बीप शब्द अत्यन्त उदारता से उच्चारे जा रहे हैं...कैमरे चल रहे हैं...ब्रेकिंग न्यूज--पुलिस चल पड़ी है, पहुँचने ही वाली है...कुमारिकाओं को उनके हिस्से का दंड मिल चुका है, पुंगवों को उनके हिस्से के फिफ्टीन सेकंड्स ऑफ फेम...प्रसिद्धि के चार पल...नहीं, नहीं, चार ही पल क्यों...अभी तो लाइव ही हुआ है, कुमारिकाओं का संस्कृति-द्रोह और पुंगवों का शौर्य; दिन-भर एक्सक्लूसिव में भी तो चलेगा...फिर शाम को प्राइम-टाइम में डिस्कसन...चिल्ला-चिल्ली का टूर्नामेंट...जैसा अभी कुछ देर पहले टीवी के परदे से निकलकर घर की दीवारों तक फैल गया था।

आज से नहीं, रायता बरसों से फैलता आ रहा है।

रामचरन भैया कोई 'प्रोग्रेसिव' आदमी तो थे नहीं...उनकी भावनाएँ इतनी कोमल क्यों नहीं थीं...रघु ठीक ही कहता है कि जिस देश-दुनिया में जीने की हम लोगों को आदत रही है, वह पूरी तरह बदल गई है...लेकिन क्यों...कैसे... ? एकाएक तो नहीं, रघु...एकाएक तो नहीं!

क्या बदलता जा रहा था, जिस पर हमारी निगाह नहीं गई...जिसके बारे में हमने सोचा नहीं...भावनाओं के छुई-मुईपन का और उनके रक्षकों के लंठ-लठैतपन का दौर अचानक आसमान से तो टपक नहीं पड़ा!

तेजी से दौड़ती कार की खिड़कियों पर इस पल बीते कल के अक्स नहीं, आज की ब्रेकिंग न्यूज की परछाइयाँ डोल रही थीं, बल्कि टूटी पड़ रही थीं।

"पहली बार..पहली बार...पहली बार..." सुकेत को लगा, तीनों नाकोहस-दूतों की आवाजें तो हैं ही...कार की खिड़कियों से...हाथ में थिरक रहे मोबाइल से आवाजें आ रही हैं...पहली बार...पहली बार...उसने बिगूचन में निगाहें इधर-उधर फिराईं।

पहली बार...पहली बार...खिड़कियों पर चल रही हर ब्रेकिंग न्यूज के नीचे चलने वाला टिकर यही था...पहली बार...पहली बार...खिड़कियों के परे, उपलब्धियों का बखान कर रहे या नागरिकों को दायित्व याद दिला रहे हर होर्डिंग पर अनिवार्य लिखा सन्देश यही था...पहली बार...पहली बार...ब्रेकिंग न्यूज उच्चारते चेहरे चीख रहे थे...पहली बार...पहली बार...।

ब्रेकिंग न्यूज है कि देश में पहली बार दिन हो रहे हैं, पहली बार रातें हो रही हैं...पहली बार सूरज निकल रहा है, पहली बार बारिश हो रही है...लोग जन्म पहली बार ले रहे हैं, पहली बार मर रहे हैं। पहली बार ही प्रेम कर रहे हैं, पहली बार ही प्रेमकथाएँ लिख रहे हैं...हर चैनल पर टिकर— 'केवल यहीं', वही खबर हर कहीं...देखिए एकदम ताजा गर्मागर्म ब्रेकिंग न्यूज...इतने चमकीले दिनों में, इतनी रुपहली रातों में लोग पहली बार ही 'योगा' कर रहे हैं, पहली बार ही सूफी बन रहे हैं...!

'सूफी' वाला टिकर देख, सुकेत को याद आई, शम्स की चिढ़ोक्ति... 'चिश्तिया, सुहरावर्दी...कई सिलसिले रहे हैं न सूफियों में, आजकल फैबिया सिलसिले का जोर है...साला, जिसे देखो, फैब इंडिया का कुर्ता पहन, गले में दुपट्टा डाल सूफी बना घूम रहा है...उल्लुओं की तरह आँखें नचाने लगो...दाएँ-बाएँ डोलने लगो...हो गए मंसूर...आँय-बाँय-साँय रटने लगो, गिलहरी की तरह फुदक-फुदक और कबूतरी की तरह गुटरगूँ-गुटरगूँ करने लगो...बस, हो

गईं राबिया...तसव्वुफ का तो अल्लाह मालिक, हाँ, यह सूफियापा साला...आलम यह है कि जिस भी लेखक-कवि-कलाकार पतीले का ढक्कन उघाड़ो, सूफियापे की कढ़ी उबल रही है...'

...कार के बाहर सुकेत को साथ-साथ दौड़ते बल्कि हवा में तैरते नजर आ रहे हैं, गैस के बने लग रहे आकार...ये बौनैसरों की ही एक और किस्म हैं...या, मुझसे पहले नाकोहस पहुँचाए गए लोगों के प्रेत? ये बौनैसरों के अभिनन्दन में हँस रहे हैं, या मेरी नियति पर रो रहे हैं?

गैस के बने प्रेत...विलीन हो रहे हैं...फिर से दिख रहे हैं...गा रहे हैं!

'जंगल-जंगल पता चला है, चड्डी फेंककर फूल खिला है, नंगई का अब टूल मिला है...पहली बार जी, पहली बार, पहली बार, पहली बार...'

एक भी पोस्टर, होर्डिंग या ब्रेकिंग न्यूज ऐसी नहीं जो भूलने दे...पहली बार...!

सुबह के करीब आ चली रात में भी इतनी स्याही? अँधेरा इतना चिकना और चमकदार...सुबह के करीब? और नहीं तो क्या? तीन बजे तो मेरी नींद ही खुली थी, मगरमच्छों द्वारा भँभोड़े जा रहे हाथी की चीखें सुनकर...अब तक तो पौ फट जानी चाहिए थी...शायद फट ही चुकी है...।

शायद सूरज काला होने जा रहा है...पहली बार! दिन में अँधेरा रात से भी घनेरा होने जा रहा है...पहली बार...!

सुकेत के मोबाइल-स्क्रीन पर भी वही चिकना अँधेरा छा गया, कम-से-कम इस तरफ से तो राहत महसूस की सुकेत ने...पहली बार...आसमान से बिजली का चमकारा गुमशुदा होने जा रहा है, गंगा सती...पहली बार...पहली बार...!

कार दौड़ी चली जा रही थी...जो अभी तेजी से पीछे छूटा, वह तो वही अंडरपास था, जिसकी दीवारों पर लिखे किसी प्रेमी के सन्देश सुकेत को सदा भावुक कर देते थे...वह सोचता था, इन सन्देशों को लिखने वाला उसे कभी, कहीं मिल जाए...जानता था, नामुमकिन है, लेकिन एक असम्भव फैंटेसी और सही...कभी मिले वह दीवाना...

क्या दीवानगी रही होगी जो इतने बड़े-बड़े हर्फों में अंडरपास की दीवारों पर उभर आई है...कैसे पुलिस की निगाह से बचकर...या शायद बीट-कांस्टेबल को पटाकर उस दीवाने ने इतने बड़े-बड़े हरूफों में अपना दर्द दीवार पर उकेरा होगा...रात में दीवार को अपने प्रेम से रँगता वह दीवाना दिन में क्या करता था...रात में कहाँ सोता था...शायद इसी अंडरपास की फुटपाथ पर...इसी

फुटपाथ से, हाथ में हाथ डाले कभी- कभार गुजरते होंगे वे दोनों...किसी शाम इसी अंडरपास की दीवार के सहारे टिककर जल्दी से पहला चुम्बन किया होगा, झेंपे होंगे...फिर सोचा होगा, इतनी तेजी से दौड़ती गाड़ियों में से किसी ने क्या देखा होगा...उस पहले चुम्बन की कभी न मिटने वाले याद में ही इस अंडरपास की दीवार पर लिखे होंगे उस दीवाने ने अपने आँसू, इतनी लगन से, मेहनत से, इतने बड़े-बड़े हर्फों में...!

कैसी मुहब्बत रही होगी जो अपने खोए प्यार को ऐसी गूँजती खामोशी में पुकारती रही है इसी जगह इतने दिनों से, 'वेटिंग...विल वेट एवर...इन्तजार इन्तजार...यू विल हैव टू कम वंस बिफोर आई लीव फॉर एवर...मैं सदा के लिए चल दूँ, इसके पहले एक बार...'

क्या तो इन्तजार, क्या तो वक्त, क्या तो प्यार...एक बार...एक बार...एक बार...

सुकेत देख रहा है...इस वक्त अंडरपास की दीवारों पर उस दीवाने की दर्द-भरी पुकारों का नामो-निशान तक बाकी नहीं...सुकेत के दिल में कसक उठी, लगा, दीवारों पर लिखे जो अक्षर मिटा दिये गए हैं, वे उसके अपने थे।

'मैं सदा के लिए चल दूँ इसके पहले एक बार...'

यही तो है मेरी भी पुकार...करुणा...यही है मेरी पुकार...और मैं तो चल दिया, दोस्त...मैं तो चल दिया इन यमदूतों के साथ...करुणा, बस, एक बार...यू विल हैव टु कम बिफोर आई लीव फॉर एवर...बस, एक बार...

यह पुकार अब कभी नहीं उभरेगी उस दीवार पर...दीवाने प्रेम के बिलखते निशानों की जगह दिशादर्शक नारों के सयानेपन ने ले ली है...

एक इसी अंडरपास की दीवार पर? या...या...शायद हर जगह...

पहली बार आए सुन्दर समय की घोषणाएँ हर तरफ दमक रही हैं : 'नाश हो इतिहास का/जिसने दही कर दिया दिमाग का', 'दस्तावेजों को जला दो, मिटा दो', 'डाउन विद मेमोरी', 'लांग लिव इग्नोरेंस', 'यादों को झोंकों भाड़ में/नाकोहस बोले लाड़ में', 'जो याद रखेगा वो मार खाएगा', 'कला वही जो दिल बहलाए', 'साहित्य वही जो मौज कराए', 'चिन्तन वही जो झट चेतन कर जाए', 'लेखन वही जो फट पल्ले पड़ जाए', 'बुद्धि वही जो नाकोहस दिलवाए...'

'ये घोषणाएँ एकाएक नहीं दमक पड़ी हैं, वक्त लगा है इन्हें सज-सँवरकर होर्डिंगों तक पहुँचने में...अब तो इनकी साज-सँवार के आगे कोई

सवाल नहीं खड़ा हो सकता, इनकी हुंकार के आगे कोई आवाज नहीं निकल सकती...'

सचमुच जिस दुनिया के हम आदी थे, वह बदल गई है सदा के लिए...

एकाएक नहीं, धीरे-धीरे...हौले-हौले...

बाहर दमक रहे होर्डिंगों के बीच ही, सुकेत को दिख रहा है, बचपन के उस नगर की सबसे व्यस्त सड़क पर लगा, किसी क्रीम का विज्ञापन करता होर्डिंग...उसमें दिखाई गई टू पीस बिकनी सज्जित सुन्दरी...उसके साथियों ने ही तो अभियान चलाया था, उस होर्डिंग में झाँकती अश्लील अर्द्ध-नग्नता के विरुद्ध...'बताइए भला, सड़क से गुजरते वाहन चालक ध्यान सड़क पर देंगे या बिकनी पहने बुला रही सुन्दरी पर...दुर्घटनाएँ होंगी...जिम्मेदार होगी नगरपालिका जिसने ऐसा होर्डिंग लगाने की अनुमति दी...'

दो-एक दिन के अभियान में ही नगरपालिका को अश्लील दुर्घटनाओं का खतरा समझ आ गया...सुन्दरी की जाँघों और बिकनी के दोनों टुकड़ों के बीच दिखते गोरे बदन पर काला रंग पोत दिया गया...होर्डिंग का विज्ञापन-सन्देश अनचाही चेतावनी में बदल गया कि इस क्रीम का इस्तेमाल किया तो, चेहरे और घुटनों के नीचे के हिस्से पर गोरा रंग छा जाएगा और कमनीय निमंत्रण देती देह के मध्य-क्षेत्र और जाँघों पर काला...

विज्ञापन लगाने वाली एजेंसी ने होर्डिंग हटा लेने में ही भलाई समझी।

'अश्लीलता के नाम पर, उस बेचारी सुन्दरी के शरीर को चितकबरा करने के पाप में योगदान देने की ही सजा पा रहे हो, बेटा, सुकेत, हालाँकि यह सजा पहली बार नहीं...बार-बार, बार-बार...'

स्मृतियाँ इतनी ज्यादा हो जाएँ और कल्पनाएँ इतनी कम तो समझो कि बुढ़ापा आ गया।

बुढ़ापा? बुढ़ापा काहे का बे...बुढ़ापे के पहले ही मौत आ गई है...यमलोक की यात्रा पर हो, यमदूतों की कम्पनी में हो...फिर भी बुढ़ापे को, स्मृति को, कल्पना को रो रहे हो!

सही कहते हैं लोग, मैं सिनिकल हो गया हूँ...इस वक्त भी या तो सपना देख रहा हूँ या बहुत ही तेज बुखार हो गया है मुझे...सन्निपात को सचाई समझ रहा हूँ।

अब इन्हीं दोनों नमूनों को लो...कहाँ के बौनैसर, काहे का नाकोहस...ये उन्हीं के तो भाई-बन्द हैं जो कभी मोहल्ले में दिखते हैं, कभी किसी टीवी

स्क्रीन पर। कभी किसी फिल्म-शो में पत्थर फेंकते नजर आते हैं; कभी पार्क में बैठे नौजवान जोड़ों को सताते। कभी किसी साहित्योत्सव में किसी लेखक के आने की सम्भावना-भर से वहाँ नमाज पढ़कर अपनी ताकत दिखाते। कभी लड़कियों को रेस्त्राँ से मार-पीटकर भगाते। कभी माथे पर सिन्दूर लगा लेने वाली लड़कियों के विरुद्ध तेजाबी मुहिम चलाते। कभी किसी फिल्म पर रोक लगाने को सामाजिक न्याय का प्रमाण बताते।

बचपन के दिनों के फन्ने खाँ लौंडे ही फैल-फूटकर नाकोहस के बौनैसर बन गए हैं।

ऐसे फैले फूटे हैं फन्ने खाँ कि सरकार किसी रंग की हो, मंत्रियों के मुँह से वे ही बोलते हैं। राज और समाज के नेताओं के मन में वे ही निवास करते हैं...कभी किसी लेखिका के लिए धर्माचार्यों के पाँव पड़ने का आदेश जारी करते हैं, तो कभी किसी पेंटर के लिए देशनिकाले का...लोकतंत्र के नेतागण पूछते हैं, ''लोगों की भावनाएँ आहत करने की ऐसी खुजली क्या मची रहती है तुम लेखकों-वेखकों को? ये तुम्हारी साली कला है या बला? लोगों को मिर्ची लगाने में मजा आता है क्या? समझो, यार, डेमोक्रेसी माने नम्बर गेम, और नम्बर किसके साथ? आहत भावनाओं के साथ...समझे? समझ गए तो दफा हो जाओ...नहीं समझे तो पहले हाथ-पैर तुड़वाओ, फिर दफा हो जाओ...''

राज और समाज में ही नहीं, अब तो आहत भावनाओं के बौनैसर कानून के राज तक में निवास करने लगे हैं...

'यही तो फर्क है यार,' सुकेत ने खुद से कहा, 'उस जमाने के फन्ने खाँ बस फन्ने खाँ होते थे...इस जमाने में गुंडागर्दी ने अपने लिए रेस्पेक्टेबल नाम खोज निकाला है—बौद्धिक नैतिक समाज रक्षक... बौनैसर...कमाल की बात है...'

''गुंडागर्दी? भावनाएँ आहत करने की हरकत की वजह से नाकोहस में पेशी होने जा रही है, और आप हमारी ही भावनाएँ आहत कर रहे हैं...'' चौड़ासिंह की आवाज में भी शरारत थी, और घनी भौंहों के नीचे चमकती आँखों में भी, ''आपके साथ क्या गुंडागर्दी की है हमने? किसी के भी साथ क्या की है? हम तो बस परसुएड करने की, समझाने-बुझाने की कोशिश करते हैं, सुकेत जी। सवाल गलत ढंग से हल करने पर मास्टर नहीं चपतिया देता क्या? तुम्हें तो खासा अनुभव है—सुरंगे साहब ने अल्जबरा के सवाल तुम्हारे गालों पर, बालों पर हल नहीं किये थे?''

'इस साले अन्तर्यामीपन की कोई लिमिट है या नहीं?' सुरंगे का नाम सुनते ही सुकेत को आग लग गई। गणित में अपनी कमजोरी का मजाक बनाने पर तो वह शम्स और रघु तक से भिड़ जाता था...'चौड़ासिंह की तो बात ही क्या! है क्या चीज! यह साला, खुद को बौनैसर कहने वाला बेहूदा...बौनैसर...लगता तो वाकई बाउंसर जैसा ही है...मेरी जिन्दगी के विफल गणित की सारी डिटेल्स इसकी चौड़ी खोपड़ी में दर्ज है क्या? जब जी चाहे, उगल दे...'

"अन्तर्यामीपन? क्या गई-गुजरी बातें...हम तो एक्युरेट इन्फो के जरिए सिक्युरिटी ए-श्योर करते हैं बस..." चौड़ासिंह की आवाज का शरारतीपन बरकरार था।

"क्या कहने...सिक्युरिटी...किसकी सिक्युरिटी बे, चौड़ासिंह के बच्चे? मेरी प्राइवेसी में, यादों तक में टाँग अड़ा रखी है तुम लोगों ने...चू..."

न तो चौड़ासिंह के शरीर में कोई हरकत हुई थी, न सपाटचन्द के, लेकिन सुकेत को लगा ऐसा कि उसके गाल पर झन्नाटेदार चाँटा पड़ा है। ऐसे ही चाँटों से तो गणितावतार सुरंगे साहब लिंग-भेद के प्रति उदासीन रहते हुए, पूरे समतावादी बनकर सारी क्लास को नवाजते थे—लड़का हो, या लड़की। गाल की जलन से सँभल भी नहीं पाया था कि उसके बाल बेरहमी से खींचे गए थे, ऐन वैसे ही, जैसे सुरंगे सर खींचते थे। छटपटाते सुकेत की व्याकुल आँखें इधर-उधर घूम गईं। चौड़ासिंह और सपाटचन्द एकदम स्थिर बैठे थे। सपाटचन्द तो फिर से कार की सीट का हिस्सा लग रहा था, एकदम निस्पंद था उसका शरीर। चौड़ासिंह की आँखों में फिर से वही कोबरा-निगाह थी, होंठों पर फिर से वही खिल्ली उड़ाती मुस्कान!

चौड़ासिंह ने इन्तजार किया कि सुकेत के होश ठिकाने आ जाएँ, फिर वचन उचारे। सुकेत 'आप' से 'तुम' के दर्जे में तो पहले ही आ चुका था, चौड़ासिंह की आवाज में सख्ती भी थी।

"प्राइवेसी? सुकेत, तुम रहे इडियट के इडियट...न जाने किस बर्फ में जमे बैठे हो तुम लोग...माई डियर, प्राइवेसी की बात तो अन्तर्यामीपन से भी ज्यादा पिछड़ी बात है। ठीक से समाज चलाने के लिए आवश्यक है कि चलाने वालों के पास चलने वालों की सारी जानकारी मौजूद रहे—एकदम साइंटिफिकली अपटुडेट...जाने कब यह जरूरी बात पल्ले पड़ेगी तुम्हारे, न जाने कब अपने समय से जुड़ोगे तुम पिछड़े लोग! न

जाने कितनी बार परसुएशन टेक्नीक्स इस्तेमाल करनी पड़ेंगी तुम जैसे लद्धड़ लोगों पर...''

अजीब बात है, यह चौड़ासिंह बोलना शुरू करता है क्रुद्ध पवित्रता की ऊँचाई से, लेकिन बात खत्म होते-होते इसकी आवाज इन्सानी हमदर्दी की जमीन पर उतर आती है!

सचमुच? या मैं खामखा वहम पाल रहा हूँ...कौन जाने...हाँ, गाल की जलन और बालों की खींचन ने सुकेत को इतना जरूर जता दिया था कि अबे-तबे करना खतरे से खाली नहीं।

''सॉरी, लेकिन थोड़ा बहुत फिजिकल हो जाना तो परसुएशन टेक्नीक का हिस्सा ही है,'' चौड़ासिंह की आवाज अब सम पर थी, ''बीमार होने पर कड़वी दवा देनी पड़ती है या नहीं? चीर-फाड़ करनी पड़ती है या नहीं? डॉक्टर, हकीम, वैद्य पर तो आप गुंडागर्दी या जबर्दस्ती का इलजाम लगाते नहीं।''

''ओ...तो आप लोग चिकित्सक हैं, बीमार समाज के?''

''हाँ...खासकर बुद्धिजीवियों के, इंटेलेक्चुअल्स के...कितना तो गन्द मचा रखा है आप जैसे इंटेलेक्चुअलों ने देश में, दुनिया में...''

बुद्धिजीवियों के मचाए गन्द का नाम लेते ही चौड़ासिंह तो जोश में आ ही गया, सपाटचन्द के चेहरे की मांसपेशियों में भी सुकेत ने ताईद करती हरकत देखी...सपाटचन्द का सिर चौड़ासिंह के समर्थन और बुद्धिजीवियों के तिरस्कार में हिलने लगा।

चौड़ासिंह इस पल सुकेत को नहीं, सपाटचन्द को सम्बोधित कर रहा था, ''हर वक्त गन्द ही मचाते रहे हैं, ये साले बुद्धिजीवी, हर जगह मचाते रहे हैं...नहीं?''

''पूछने की जरूरत है क्या?'' इतना कह, सपाटचन्द पुनः अपने स्वाभाविक मौन में।

चौड़ासिंह का ध्यान सुकेत पर, ''समाज को विकास के पथ पर ले जाने वाले हर विजनरी को तुम जैसे बुद्धिजीवियों की बुद्धि ठिकाने लाने के लिए इलाज करना पड़ा है...जहाँ चाहो, देख लो...जर्मनी, इटली, रूस, चीन, ईरान—सब जगह एक ही कहानी है...बुद्धिजीवी बनते हैं...बुद्धि का इस्तेमाल नहीं करते...बुद्धिमत्ता इसमें है कि वक्त के साथ बदलें...आहत भावनाओं के कोरस में सुर मिलाएँ...ज्यादातर लोग कितनी तेजी से सुधर रहे हैं...लेकिन आप लोग हैं कि बस...''

चौड़ासिंह ने निराशा में सिर हिलाया, मोटी उँगलियों से माथा सहलाया, जैसे कोई मास्टर नालायक विद्यार्थी से तंग आ गया हो! मास्टरों की तरह ही उँगली उठाकर बोला, "बस्स, इसीलिए परसुएड करना पड़ता है...अब देखिए न, जरा-से ही परसुएशन से खुद आपको कितना फर्क पड़ गया!"

सच बात थी। परसुएशन का प्रसाद पा चुके सुकेत को बात समझ में तो आ ही रही थी, वह चकित भी था। बन्दा कोरा बाउंसर नहीं है, भई...काफी कुछ जानता भी है।

'ऐसा आदमी नाकोहस का बौनैसर बन कैसे गया?' सुकेत सोचे बिना न रह सका, 'इससे बात करने का, इसके मन को, जीवन को जानने का मौका मिलेगा क्या?'

इधर सुकेत के मन में यह जिज्ञासा, उधर चौड़ासिंह के होंठों पर भेदभरी मुस्कान...आवाज में तुर्शी की जगह फिर से मीठी समझाइश, "ठीक समझ रहे हो, बाउंसर नहीं, बौनैसर हैं हम..."

सुकेत को ताज्जुब नहीं हुआ...बौनैसर महाराज अन्तर्यामी ठहरे...!

और भी सवाल पूछ ही लूँ, बौनेसर मास्साब ज्ञान-दान के मूड में हैं!

"यह चौबीसों घंटे का चिपकोल टीवी भी ट्रीटमेंट का हिस्सा ही होगा?"

सवाल सुनकर सपाटचन्दजी के सपाट चेहरे पर थोड़े-से सन्तोष की मुस्कान पसर गई। बोलने की जिम्मेदारी फिर से चौड़ासिंह की ही थी, "आप खुद ही देखिए, जरा-से परसुएशन से ही कितने समझदार हो गए न, आप सुकेत सर। इस नाकोहस-काल में आप टीवी नहीं देखेंगे, टीवी आपको देखेगा...सोचने का अपराध करने से बचाएगा...चौबीसों घंटे साथ रहेगा...जागते-सोते, खाते-पीते, चढ़ते-उतरते, हगते-मूतते, अपनी मर्जी चलेगा, अपनी मर्जी रुकेगा, जैसे अभी तुम्हारे मोबाइल पर रुक गया...हर वक्त टीवी का साथ... मस्त एकदम..."

"और कोई यह साथ न चाहे तो?"

चौड़ासिंह के चेहरे पर कुछ ऊब, कुछ झुँझलाहट...सपाटचन्द के चेहरे पर पल-भर को चमकी मुस्कान की जगह फिर से पथरीली उदासीनता...चौड़ासिंह की तरफ देखती हुई एक धिक्कार-भरी धीमी-सी मुस्की, मौन कथन, 'समझा लिया? बहुत भाषण दे रहे थे...'

चौड़ासिंह के चेहरे पर सुकेत अभियुक्त के साथ हमदर्दी से बात करने का अपराध करते रँगे हाथ पकड़े जाने की झल्लाहट!

...सुकेत को फिर से बाल खिंचने का अहसास...आँखों में पीड़ा के आँसू और आवाज में दर्द-भरा खिंचाव!

"ओह...आह...उसे तुम लोग देख लोगे...आह...है न?"

दबे-पाँव भेजे दर्द के जरिये, नाकोहस का सन्देश अभियुक्त तक पहुँचा देने की कामयाबी पर दोनों नाकोहस-दूतों की खुशी का इजहार हुआ—कुछ अक्कड़-बक्कड़-सा गुनगुनाने में। ड्राइवर की गर्दन भी अक्कड़-बक्कड़ खुशी से थिरकने लगी।

सुकेत अब मृत्यु-विलाप छोड़ जीवन-प्रलाप में आ चुका था...नाकोहस? आहत भावनाओं का राष्ट्रीय आयोग? अन्तर्यामी बौनैसर? गाल पर झन्नाटा, बालों में खिंचाव...जाहिर है कि यह बस नमूना था...और न जाने क्या-क्या है, इन यमदूतों के परसुएशन भंडार में! अनिवार्य टीवी? ठीक तो है। टीवी पर भी जो रोज दरस दिखाते हैं, वे किन यमदूतों से कम हैं?

हमें वहम था कि टीवी का रिमोट हमारे हाथ में रहता है। अब मालूम पड़ा कि असली रिमोट, हर चैनल का मास्टर रिमोट तो किसी और के हाथ में है। और, वह हाथ हमसे इतना दूर...इतना रिमोट है कि देख तक नहीं सकते...बढ़िया, बहुत ही बढ़िया!

...इतनी बेकरारी से जिसका इन्तजार था, साइंस और टेक्नॉलॉजी से दमकती उस इक्कीसवीं सदी में यमराज क्यों न बदलें? यमदूत क्यों न बदलें? क्यों न हाई-टेक बनें?

"सुकेतजी, बात समझिए, प्लीज...यम के दूत नहीं हम...अपन बौनैसर हैं, और आप जा रहे हैं नाकोहस..." चौड़ासिंह अक्कड़-बक्कड़ की मस्ती में अपना अन्तर्यामीपन कैसे भूल जाए?

बात तो सही लग रही है, बाउंसर, बौनैसर चौड़ासिंह नाकोहस-दूत की। वही सड़कें, वही फ्लाई-ओवर, वही अंडर-पास...इन्हीं से तो मैं रोज गुजरता हूँ...इस तेज रफ्तार कार जैसे ही तेज रफ्तार वाहनों में। कभी-कभार पैदल भी, पैदल चलते वक्त कई बार लगता है कि जहाँ जाना है, उसकी जगह वहाँ न पहुँच जाऊँ जहाँ आखिर में जाना ही जाना है।

खैर, अभी तो मैं वहाँ नहीं जा रहा। सुकेत को राहत महसूस हुई कि जीवन को टूटे वादों, अधूरे इरादों के ढेर से अलग कोई शक्ल देने का मौका शायद अब भी मिल जाए। राहत के साथ ही चिन्ता भी कि यह यात्रा अन्तिम गंतव्य की नहीं, नाकोहस की है!

...मौत का डर और चीज है जिन्दगी की फिक्र और। मौत पलक झपकते गुजर जाती होगी, जिन्दगी के पल-पल का खयाल रखना पड़ता है...धत्तेरे की, ताउम्र गलत साबित होती रही जिन्दगी में अपन एक बार फिर गलत साबित हो गए। कोई फैंटेसी पूरी नहीं हो रही, कोई अवसर नहीं मिला—मौत के बाद का हाल-चाल जानने का। अपन जिन्दा हैं...गाल-बाल पर नाकोहस के दस्तखत लिये जिन्दा हैं।

यह नाकोहस है क्या बला? क्या करने जा रहे हैं मेरे साथ ये बौनैसर?

इतनी रात गए सड़क पर आवाजाही बहुत कम होनी चाहिए थी...लेकिन यहाँ तो बढ़ती दिख रही है...लगता है, कुछ घंटों पहले के पीक-ऑवर ट्रैफिक की छाप समय के कागज पर छूट गई है, और भोर की तरफ बढ़ती रात में जिद करके उभरी चली आ रही है...गैस के बने जो प्रेत सुकेत को कार के साथ-साथ दौड़ते-उड़ते दिख रहे थे, उनकी और तेजी से चलते वाहनों की छवियाँ आपस में घुल रही थीं...आकार-प्रकार ठीक से दिखे, इसके पहले ही साँय-साँय करती वह छवि तेजी से किसी और तेज रफ्तार छवि में समा जाती थी...क्यों है इतनी तेजी? कहाँ जाने की है इतनी जल्दी? किस तरफ भाग रहे हैं सब-के-सब—इतनी चमकीली रोशनी में, इतने चिपचिपे अँधेरे में? इन्सानी आकार हों, या वाहनों के...एक दूसरे में गुत्थम-गुत्था क्यों हो रहे हैं? इनकी थकान और हँफनी तक इनकी अपनी-अपनी न रहकर एक दूसरे में डिजॉल्व क्यों हो रही हैं?

पता नहीं, चौड़ासिंह ने आदेश दिया था, या सपाटचन्द ने, या ड्राइवर के अपने मन ने...कार में तेज-रफ्तार गाना गूँजने लगा!

कार के भीतर और बाहर भी, हर तरफ गूँजते तेज-तर्रार गाने की रफ्तार तेज रफ्तार ट्रैफिक के साथ ताल दे रही थी...यही गाना तो ये तीनों अभी थोड़ी देर पहले गुनगुना रहे थे। इस अंदाज के गाने सुकेत ने दो-एक बार मॉल्स में या नौजवानों के पसन्दीदा हैंग-आउट्स में सुने थे :

अक्कड़-बक्कड़ बंबे बौ, अस्सी नब्बे पूरे सौ
सौ में लगा धागा / विकास निकलकर भागा /
इसके संग-संग तू भी दौड़ / बाकी सबको पीछे छोड़
बुद्धि को तू रख पकड़ / मुट्ठी में कसके जकड़
जो न माने तेरी बात, खुपड़िया उसकी फौरन फोड़
बाकी सबको पीछे छोड़
बम-चिक बम-चिक बम-चिक...

चौड़ासिंह तो चौड़ासिंह, सपाटचन्द भी अपना सपाटपन छोड़ गाने के असर में मस्त था। दोनों सुकेत के कन्धों पर हथेलियाँ ठोकते हुए, टेक में टेक मिला रहे थे, 'खुपड़िया उसकी फौरन फोड़ / बाकी सबको पीछे छोड़...बम-चिक बम-चिक बम-चिक।' चौड़ासिंह के साथ संवाद की सम्भावना गायब हो चुकी थी। उसका पूरा ध्यान 'बम-चिक बम-चिक' गाने पर था, खासकर एक पंक्ति वह जोर देकर दोहरा रहा था, 'जो न माने तेरी बात, खुपड़िया उसकी फौरन फोड़ / बाकी सबको पीछे छोड़...'

सुकेत की चिढ़-भरी निगाहों या अपने शरीर को सिकोड़ने का उन दोनों पर कतई कोई असर नहीं पड़ रहा था। सुकेत से बात करने या अन्तर्यामीपन के साथ उसके मन में विचरने में चौड़ासिंह की अब कोई दिलचस्पी थी। सुकेत की देह पिस रही थी, दोनों बौनैसरों के थिरकते जिस्मों के दबाव में, दिमाग पिस रहा था, 'अक्कड़-बक्कड़' के ताबड़तोड़ थपेड़ों की मार में!

उसका दम घुट रहा था, लेकिन...

किया क्या जा सकता है...सिवा आँखें मूँदकर इन्तजार करने के...न जाने क्या होने जा रहा है इस अजीब नाकोहस रात में!

सुकेत ने आँखें मूँदी ही थीं कि कार रुक गई।

थक-हारकर आँखें मूँद लेने वालों पर थोड़ी-सी मेहरबानी कर देने का प्रावधान भी है क्या नाकोहस के प्रोटोकॉल में?

दरवाजा खुला, दोनों बौनैसर उतरे। सुकेत भी किसी से कुछ कहे बिना ही उतर पड़ा...भले ही जहन्नुस पहुँचे हों, इस कार से बाहर तो निकलूँ। उसने देखा, जहाँ उसे लाया गया है, वह कोई थानानुमा इमारत नहीं, कई मंजिलों वाली एपार्टमेंट टावर है। इसके आसपास सिर्फ अँधेरा...नहीं, सिर्फ अँधेरा नहीं, आसमान की ओर उचकते, लपकते कुछ और विस्तार भी...ऐन इस इमारत जैसे ही...या, सारे स्याह विस्तार सामने खड़ी एपार्टमेंट टावर की परछाइयाँ भर हैं?

'परछाइयाँ? अँधेरे में परछाइयाँ? जमीन पर पसरने की बजाय ऊपर आकाश की ओर उठ रहीं परछाइयाँ... ?'

कार से उतारकर, चौड़ासिंह और सपाटचन्द उस इमारत के जिस फ्लैट में सुकेत को ले गए, उसे देखकर लगता नहीं था कि अन्दर इतनी ऊँची दीवारों वाला, इतना बड़ा गोल कमरा होगा। सामान्य घर, सामान्य दरवाजा...कदम रखने के पल तक सुकेत को किसी सामान्य ड्राइंग-रूम में ही पाँव पड़ने की

उम्मीद थी, लेकिन दरवाजा खुला डरावनी, असामान्य विशालता से भरे गोल, नीम-अँधेरे कमरे में।

जिस सर्वव्यापी बम-चिक बम-चिक शोर से गुजर कर सुकेत आया था, उसने इस कमरे में दीवारों से उधार लेकर चिकना सन्नाटा पहन लिया था। जिस घुटन से परेशान होकर वह कार से निकलकर कहीं भी जाने को राजी था, वह कमरे की विशालता में, अनन्त गड्ढे में गिरने जैसे अहसास में बदल रही थी।

"तुम तो कह रहे थे, रघु और शम्स भी मिलेंगे..."

जवाब कौन देता?

चौड़ासिंह और सपाटचन्द दरवाजे तक ही सुकेत के साथ थे। उसके बाद सुकेत था, स्मृतियाँ थीं...सन्नाटा था...और था समय!

जो समय बीत चुका था, उसके टुकड़ों का मोंताज सुकेत की यादों के सन्निपात में अब भी बन-बिगड़ रहा था। जिस वक्त को बीतना था, वह समय सुकेत की आँखों के सामने अबूझ, अँधेरी सुरंग बनकर पसरता जा रहा था।

तीन

जिससे भय होता है,
उस पर करुणा नहीं होती...

यादों का मोंताज रघु के सामने भी बन रहा था...आने वाला कल अबूझ, अँधेरी सुरंग की तरह रघु की आँखों के सामने भी पसर रहा था...रात आधी से ज्यादा काफी देर पहले बीत चुकी थी...अब तो भोर की तरफ खिसक रही थी।

सुकेत और शम्स को पीते-खाते, गप्पें लगाते छोड़ वह सुकेत के घर से आठ बजे ही चल दिया था। इससे ज्यादा रुकता तो ताज्जुब की बात होती। शम्स ने छेड़ा भी था, ''कभी तो फौजी डिसिप्लिन से बाहर निकल आया कर, यार...एक दिन देर से सो जाएगा, तो क्या आफत आ जाएगी...अच्छा, चल, एक पेग ही लगा ले जाते-जाते...''

''क्यों बदमाशी कर रहे हो, शम्स, उसे ड्राइव करना है...शराब पीकर ड्राइव करें...अपने सर रघु रूबेन...सवाल ही नहीं...'' सुकेत ने कहा था।

''यार, वैसे, डायनासॉर की सवारी करते लगते बहुत धाँसू हैं, अपने सरजी...एकदम पोस्ट-मॉडर्न एंजेल...काले डायनासॉर पर गोरा फरिश्ता...''

डायनासॉर का जिक्र सुन सुकेत को तो हँसी आ ही गई, रघु भी मुस्कराए बिना न रह सका, ''ऐसा है प्यारे, इस जुरासिक जगत में तुम जैसे जीवों को झेलते हुए जिन्दा रहने के लिए डायनासॉर की सवारी जरूरी है...''

''ठीक है बेटा, देखते हैं, कब तक हमें झेल पाते हो! तुम्हारे मरने के बाद हमीं तुम्हें देवदूत से फुलफेज्ड देवता बनाकर पूजेंगे। तुम्हारा वाहन होगा डायनासॉर...जैसे लक्ष्मीजी के वाहन—उल्लू हम तीनों हैं ही, गणेशजी का वाहन सारा देश हुआ ही जा रहा है...अब देवताओं के वाहन का आइडिया थोड़ा चेंज होना माँगता...'' सुकेत ने उठकर बाकायदा रघु को प्रणाम किया, ''कृपा बनाए रखें, प्रभु रघु रूबेन, देव डायनासॉरारूढ़! चलिए, आपको विदा करते-करते आपके डायनासॉर को भी प्रणाम कर आएँगे हम दोनों तुच्छ प्राणी...''

तीनों नीचे आए। रघु के 84 मॉडल, काले डायनासॉर ने स्टार्ट होने में नखरा किया, शम्स ने इस बार गम्भीरता से कहा, "यार, बेच-बाच दे इसे, बहुत पुरानी हो गई है...कभी स्टार्ट होने में नखरा, कभी दरवाजा खुलने में...शहर में ट्रैफिक का जो हाल है...कहीं फास्ट ट्रैफिक में एकाएक रूठकर बैठ गई तो..."

शम्स की आवाज में चिन्ता थी। रघु को दर्जनों बार दी गई सलाह में सुकेत ने इस बार भी अपना सुर मिलाया था...

सलाह सुनकर रघु मुस्कराया, "अब दोनों मशविरा हुसैन बन ही रहे हो तो, कुछ मेरे मोबाइल के बारे में भी हो जाए..."

तीनों हँस पड़े थे। शम्स ने बनावटी गुस्से में कहा, "जाओ साले भाड़ में अपने इसी डायनासॉर पर बैठकर, किसी गुफा में क्यों नहीं ठिकाना खोज लेते...साथ में रबर-बैंड्स का पैकेट ले जाना मत भूलना, वरना तुम्हारे मोबाइल का अगवाड़ा आगे भागेगा और पिछवाड़ा पीछे..."

रघु ने खिड़की से हाथ निकालकर शम्स को प्यार-भरा घूँसा दिखाया, डायनासॉर से पुनः निवेदन किया कि स्टार्ट हो जाए। इस बार उसने सुन ली, और अपनी वयोवृद्ध गुर्राहट के साथ स्टार्ट हो ही गया...

"दोस्तों की बहुत डाँट खाता हूँ, तुम दोनों के चक्कर में..." गीयर बदलते, मोबाइल डैशबोर्ड पर रखते रघु ने अपने डायनासॉर और मोबाइल को एक साथ सम्बोधित किया।

सब जानते थे कि बात कंजूसी की नहीं...करुणा तो कहती थी, 'इन दोनों मशीनों के साथ रघु का वैसा ही दोस्ताना है...जैसा ऋत्विक घटक की 'अजांत्रिक' के नायक का उसकी टैक्सी से था...सो...यह दोस्ती हम न तोड़ेंगे, यह साथ हम न छोड़ेंगे...है न रघु?'

घर आकर, रघु ने झटपट खाना खाया, और इंटरनेट खोल लिया। वह सुकेत की तरह टीवी-एडिक्शन का मरीज नहीं था। उसके सूचना-स्रोत अखबार और इंटरनेट ही थे। इन्हें भी रघु अनुशासित ढंग से ही बरतता था। दस-साढ़े दस तक उसे सो ही जाना था।

रात भोर की तरफ खिसक रही थी...रघु जाग रहा था।

नेट पर वह खबर...वह तस्वीर...वह शब्दशः रक्त में नहला दी गई स्त्री...रक्तस्नाता किन्तु अपराजिता खड़ी थी वह कम्प्यूटर के परदे पर... उसके चेहरे पर दृढ़ता थी, और चेहरे पर भय के प्रति अवज्ञा।

ऐसी खबर पढ़कर, रक्तस्नाता, अपराजिता छवि देखकर कोई बैठा कैसे रहे! रघु के छटपटाते कदम उस एक कमरे में ही नहीं, सारे घर में बेचैनी के निशान छोड़ रहे थे...वह छवि भी हर जगह साथ-साथ ही चल रही थी...।

बेचैनी में वह कॉलोनी के पार्क का चक्कर भी लगा आया था। बेंच पर कुछ देर आँखें मूँद बैठा भी रहा...आँखें जब खोलीं तो अँधेरा भी था, थका-सा दिख रहा चाँद भी...स्लेटी आसमान में इक्का-दुक्का बादलों का फीका साँवलापन...सामने पेड़ों की कतार ऐसी, जैसे किसी ने काले की तरफ बढ़ते गहरे हरे रंग के ताकतवर स्ट्रोक से कैनवास पर चौड़ी-सी रेखा खींच दी हो!

अँधेरे की इस रेखा पर बीच-बीच में गाढ़े लाल रंग के कुछ थक्के भी दिख रहे हैं जो शायद घर पर रखे कम्प्यूटर के परदे से उड़कर यहाँ तक चले आए हैं...।

रघु इस पार्क में रोज सुबह व्यायाम करता था। व्यायाम करते समय रघु को कौवों की सतत काँव-काँव और सामने वाले बँगले के एल्सेशियन की उतनी ही सतत भौं-भौं से चिढ़ होने लगती थी...इस वक्त सन्नाटा-सा हो रहा था...इतनी रात हो गई क्या कि कॉलोनी के पार्क में कब्रिस्तान का-सा सन्नाटा छा जाए...कौवे तो चलो, रात में क्या काँव-काँव करेंगे...यह एल्सेशियन का बच्चा क्यों मौनासन साध रहा है?

सुबह की ताजी हवा में पेड़ों की फुनगियों की थिरकन कितनी प्यारी दिखती है...इस समय कहीं कोई थिरकन नहीं...

'पेड़ हैं कहाँ, यह तो निर्जीव कैनवास पर खींच दी गई अँधेरे की रेखा है...' रघु ने हाथ में पकड़े मोबाइल की देह को बिखरने से रोक रहे रबर-बैंड को ठीक करते हुए अपने-आपसे कहा। रघु की उँगलियों में अपने लिए चिन्ता महसूस करता मोबाइल निश्चिन्त होकर रघु की हथेली में दुबक गया।

तुम सुबह के अलावा इस पार्क में आते ही कब हो रघु...जो यहाँ की आवाजों को पहचानो, सन्नाटे को जानो?

मन के बेचैन सन्नाटे को ही लो...यहाँ आकर बैठ जाने से कहाँ मुक्ति मिल गई!

उठो, प्यारे, वापस घर ही चलो...!

...बेचैनी से मुक्ति पाने की कोशिश में विफल रघु घर की ओर चल पड़ा। मुश्किल से पाँच ही मिनट तो लगते हैं, लेकिन आज एक-एक पल भारी हो रहा है। गम्भीर से गम्भीर परिस्थिति में धीरज न खोने वाला रघु झल्ला रहा है,

'यार, कितनी देर लगेगी घर पहुँचने में...खामखा निकल पड़ा मैं...ऐसे निकल आने से कितने लोग बेचैनी से निकले हैं कि मैं ही निकल आऊँगा...'

सड़क पर पार्क से ज्यादा रोशनी है, बल्कि टुकड़े हैं—कहीं ज्यादा, कहीं कम रोशनी के टुकड़े... ? टुकड़े ही तो उस छवि में भी थे।

रघु तेज कदम उठा रहा है कि जल्दी से वह वापस घर पहुँचे और...

और ? क्या करोगे घर पहुँचकर रघु ? जो कुछ भी करोगे, उसका मानी-मतलब क्या ?

ऐसे सवालों के जवाब रघु ने कभी निराशा की स्याही से नहीं लिखे हैं।

पहले दिमाग़ ठंडा करूँगा, शांति से सोचूँगा...फिर सुकेत और शम्स से बात...खबर देख तो उन्होंने भी ली ही होगी।

सभी जानते हैं कि रघु में गजब का धीरज है...बेचैन होता है...लेकिन, व्यवस्थित ढंग से काम में लगा रहता है...निराशा या सिनिसिज्म को पास नहीं फटकने देता...इस मामले में अपने दोनों दोस्तों से अलग है...सच तो यह है कि उनके लिए प्रेरणास्रोत है।

शम्स का मानना था कि पारिवारिक धार्मिक पृष्ठभूमि को टालने की कोशिश कितनी भी करे, मिशनरी स्प्रिट का आशावाद रघु के डीएनए में है, "भटकी हुई भेड़ों, बल्कि बन्दरों, भालुओं, सभी जीव-जन्तुओं को, यहाँ तक कि सबसे ज्यादा टेढ़े जन्तु—इन्सान—तक को सीधे रास्ते पर नहीं लाएँगे तो फादर रघु रूबेन जिएँगे कैसे ? यह बात जुदा है कि जिस रास्ते रघु बॉस जीव-जन्तुओं को ले जाते हैं, वह न आसमानी बाप और उसके बेटे को रास आने वाला है, न जमीनी बाप-बेटों को..."

सुकेत भी रघु को कभी सन्त रघु रूबेन कहता था, कभी सीधे जीसस क्राइस्ट।

रघु कहता था, "यार, मैं ईसाई घर में जन्मा जरूर हूँ, लेकिन तुम लोग जानते हो, ईसाई हूँ नहीं।"

"ईसा मसीह भी कहाँ ईसाई थे, सन्त रघु रूबेन," सुकेत ने कहा था, "पोंटियस पाइलेट ने तो सलीब पर उस यहूदी को ही चढ़ाया था जो यहूदियों का दैवीय राजा—प्रामिस्ड किंग—होने का दावा करता था, उधर यहूदी उस पर धर्मद्रोह का आरोप लगा रहे थे, सो चल भई ब्लासफेमस मानव, तुझे सलीब पर लटकाया जाए...नजरथ निवासी ईसा, यहूदियों का राजा—इसीस नजीरेन रेक्स इयूदिन...आईएनआरआई..."

"वैसे, बेटा रघु," शम्स ने टोका था, "उस दिन तो खट से अपने ईसाई क्रेडेंशल पेश कर दिये थे, उन बेचारे भाईजी को सताने में बहुत मजा आ रहा था न..."

"ग़लत बात। उस दिन भी मैंने यही कहा था, पिताश्री ईसाई हैं...बस.."

यह कोई पार्टी थी। रघु का परिचय पाते ही एक सज्जन उसको सामान्य ज्ञान परीक्षा लेने के मूड में आ गए थे। पार्टी के माहौल, रघु की और अपनी उम्र का लिहाज किये बिना पूछ बैठे, "नाम ही नाम के रघु हैं, या कुछ ज्ञान भी है महाराज रघु के बारे में?"

पास ही खड़ा शम्स इस बदतमीजी पर कुछ कहने को ही था कि रघु ने उसे आँखों-आँखों बरज दिया। शम्स जानता ही था कि सन्त रघु रूबेन उद्दंड मूर्खताओं को झेलने का अपार धीरज लेकर धरा-धाम पर अवतरित हुए हैं, साथ ही, ऐसों को सबक सिखाने की उत्कृष्ट कला भी...बस, चुपचाप सन्त रघु द्वारा उद्दंडाचार्य के कलात्मक उपचार का रूपंकर प्रदर्शन देखा जाए।

"जी, अधिक तो नहीं, किन्तु इतना ज्ञात है कि कालिदास के रघुवंशम् के तीसरे सर्ग के अनुसार महाराज दिलीप ने रघि धातु के आधार पर बेटे का नाम रघु रखा था कि बेटा इतना पराक्रमी होगा कि न तो शास्त्रों के व्यूह उसे कभी रोक पाएँगे, न शस्त्रों के...हर बाधा को पार करना उसका स्वभाव होगा..."

रघु नामकरण-कथा सुनकर उद्दंडाचार्य का मुँह कुछ ऐसा खुला कि शम्स को हनुमानजी की सुरसा-मुख प्रवेश-कथा याद आने लगी...इस भौंचक खुले मूर्ख-मुख में कोई हनुमानजी जैसी हरकत कर दे...तो कैसा रहे? काश, अपन ही बजरंग बली बनकर इस सुरस के मुख को एक्सप्लोर कर पाते!

उधर, रघु के शब्द उद्दंडाचार्य सुरस के खुले मुँह से होते हुए उनके साष्टांग चकित शरीर में न जाने कहाँ-कहाँ प्रविष्ट हुए जा रहे थे, "रघु ने अपना नाम सार्थक भी किया...इंद्र के वज्राघात से भी बस पल-भर के लिए ही अचेत हुए...वरतन्तु के शिष्य कौत्स को गुरु-दक्षिणा के लिए चौदह करोड़ स्वर्ण-मुद्राएँ दान में देने के अभिप्राय से कुबेर पर हमला करने का मन बनाया तो समाचार पाते ही कुबेर की तो फट...मेरा मतलब... कुबेर की घबराहट इतनी बढ़ गई कि उसने एक रात पहले ही महाराज रघु के कोष में स्वर्ण-मुद्राओं की वर्षा कर दी..."

"वाह, वाह, क्या बात है...हें...हें...हें माईसेल्फ नन्दनन्दन शुक्ल...आप भी...?"

"जी नहीं, सेवक न शुक्ल है, न मिश्र, न वाजपेयी, न भार्गव...रघुवंशी तक नहीं...सेवक का जन्म तो म्लेच्छ वंश में हुआ है..." रघु ने कहा, "मेरे पिता ईसाई हैं—ब्रिगेडियर रूबेन..."

"हें..हें...हें...यह तो और भी अच्छा है, ईसाई होकर भी भारतीय संस्कृति से इतना प्रेम...ऐसा ज्ञान...अपन हिन्दुओं तक में नहीं मिलता जी..." नन्दनन्दन शुक्ल उद्दंडाचार्य ने शम्स को अपने झेंपे, हिनहिनाते हिन्दुत्व में शामिल करने की कोशिश की।

"अपन जैसे समावेशी शब्द का प्रयोग यहाँ अनुचित है, मान्यवर, सेवक भी म्लेच्छ ही है...शम्स नाम है मेरा...मैं इस क्रिस्तान की तरह संस्कृत पांडित्य का तो नहीं, हाँ, भदेस ज्ञान का प्रदर्शन इतना बढ़िया कर सकता हूँ कि मुँह तो खुले ही खुले, और भी न जाने क्या-क्या...बस, हुक्म का इन्तजार है..."

तब तक सुकेत भी पार्टी में पहुँच चुका था। होस्ट को हलो कर, एक-दो लोगों से हाथ मिलाता वह इन दोनों की तरफ बढ़ा।

"हें, हें, हें..." उद्दंडाचार्य रघु और शम्स के शब्द-व्यूह से निकलने की कोशिश कर रहे थे..."अरे, नहीं, नहीं, काहे का हुक्म, काहे का आदेश...आप लोग बुरा न मानें...वैसे भी नाम में क्या रखा है जी, हैं तो सभी इन्सान, उसी एक भगवान की सन्तान..."

"जी, वो तो है ही, लेकिन अपने जमीनी, कलजुगी बाप लोग जनरली कम-से-कम चलेबल तो होते ही हैं...और आपके ये आसमानी पापा जी...परम-पिता परमात्मा...एकदम अनझेलेबल...कैसी-कैसी तो अझेल चीजें पेल रखी हैं दुनिया की छाती पर, है न रघु?...ये अपने नीली छतरी वाले पापाजी तो आदिकाल से दुनिया को नरभसाए हुए हैं...अन्तकाल तक नरभसाए रहेंगे...ऊपर से, बड़ी ही पार्शियल किस्म की हरकतें करते हैं जी...कुछ सन्तानों पर लाड़ की बारिश किए रहते हैं और कुछ की..."

"ऐसी-तैसी किए रहते हैं," वाक्य पूरा रघु ने किया। उसे डर था, शम्स कहीं लाड़ की तुक मिलाने के लिए भदेस ज्ञान-प्रदर्शन का वादा पूरा कर नन्दनन्दनजी की शुक्ल धवल भावनाएँ आहत न कर दे...लेने के देने न पड़ जाएँ...

शुक्लजी अलग पछता रहे थे कि परीक्षा लेने चले थे महाराज रघु के बारे में, चढ़ गए राक्षसों के हत्थे!

"अरे, नारंग साहब...हलो..." नारंग साहब न जाने उस कोने मौजूद थे भी या नहीं...शुक्लजी तो उनके नाम को डूबते का तिनका बनाकर लपक लिये...।

"रघुवंशम् वाले रघु के डर से कुबेर को मजबूत धागे की जरूरत पड़ गई थी," शम्स ने सुकेत को सूचित किया, "यह साला सुकुलवा कुछ देर और अपने सेंट रघु रूबेन के सामने रुका रहता तो इसे भी सिलनी पड़ जाती..." शम्स ने चटखारा लिया।

"ऐसी अश्लीलता-व्यंजक वार्ता सर्वथा अनुचित है, तात...विशेषकर एक सामूहिक भोज-आयोजन में..." सुकेत ने अपने खास लहजे में कहा।

"वार्ता को तेल लेने भेजें, आर्य," शम्स ने सुकेत की नकल उतारी, "मधुशाला आपकी प्रतीक्षा में है...किमाश्चर्यम्, कदाचित कोई मधुबाला भी कृपा-कटाक्ष लिये प्रतीक्षारत हो! रघु प्यारे, तुम भी कालिदास को चलता करो। कहीं कुमारसम्भव वगैरह कोट करने का दौरा पड़ गया तुम्हें और मान्यवर सुकेत को, तो यहाँ इस साली पार्टी में धागे की कई घिर्रियाँ भी सिलाई के लिए कम पड़ जाएँगी..." शम्स ने रघु का हाथ पकड़कर बार-काउंटर की तरफ चलते हुए कहा, "सारी जनता का और हम तीनों का न जाने क्या-क्या कहाँ-कहाँ से फटने की नौबत आ जाएगी...तुम दोनों ज्ञानियों के चक्कर में यह गँवार भी मारा जाएगा..."

"अच्छा, आपको बड़ी परवाह है न पिटाई की, सरजी," रघु बोला, "अभी उस संस्कृति-पुरुष के सामने लाड़ की तुक किस लफ्ज से मिलाने वाले थे?"

"तुक मिलाने कहाँ दी, आपने महाराजाधिराज रघु...तुक की तो जैसी-तैसी कर दी ऐसी-तैसी की आड़ लेकर...लाड़ की सही तुक मिलती...शुक्लजी झाड़ की आड़ में जाते...मजा आता...बहुत फिक्र रहने लगी है, फादर रघु, आपको शरीफों की जबान बोलने की..."

"क्या कहने हैं, आप ही दोनों के कन्धों पर तो टिकी है दुनिया-भर की शराफत..." सुकेत बोला, "खैर, चलिए, शरीफ लोग बार की तरफ तशरीफ ले ही चलें..."

"करुणा नहीं दिख रही..." शम्स ने सुकेत से पूछा। तीनों बार तक पहुँच चुके थे। सुकेत अपनी प्रिय व्हिस्की तलाश रहा था; शम्स की बात का जवाब देने के बजाय धीरे से बोला, "क्या यार, सिंगल माल्ट तो क्या, ब्लेंडेड स्कॉच तक नहीं है..."

पास ही खड़ी सुन्दरी के कान सुकेत की बात पड़ गई, मुस्कराकर बोली, "ग्लेन है क्या आपका फेवरिट ड्रिंक.. ?"

"ग्लेन-फ्लेन नहीं, बन्दा ला फाए लेता है..."

सुकेत को पता ही नहीं लगता था कि लापरवाह अंदाज उसकी आवाज में कब रूखा अक्खड़पन बनकर आ गया है। शम्स का ही नहीं, दो-एक और दोस्तों का भी आकलन था कि यह 'एरोगेंस' सुकेत की शख्सियत को महिलाओं के बीच अजीब-सा आकर्षण देती थी।

इस सुन्दरी ने भी सुकेत की बात पर नाराजगी नहीं, मुस्कान ही दिखाई, "कल्टीवेटेड टेस्ट है आपका...आल दि बेस्ट..." और अपना ड्रिंक लेकर हट गई।

"कोई बात नहीं, हुजूर-ए-आला..." इधर शम्स ने सुकेत को छेड़ा, "ला फ्राये नहीं है, न सही, ला मादमोजेल तो कल्टीवेटेड टेस्ट की तारीफ कर ही गईं...हिंट पकड़ो प्यारे...लपक लो...साबित कर दो, कल्टीवेटेड टेस्ट दारू तक महदूद नहीं...लपको प्यारे...चीयर्स..."

"छोड़ो यार, शम्स...बात को खींचो मत..." अपना ड्रिंक बनाते रघु ने कहा, "सुकेत, करुणा कितनी देर में पहुँचेगी? कहाँ है?"

"मेरी जेब में रखी है करुणा...निकालूँ? कमाल है, यार... करुणा कहाँ है...करुणा कहाँ है...करुणाजी व्यस्त हैं, इंडिपेंडेंट पर्सनैल्टी है उनकी...खुद्दार शख्सियत हैं...आ जाएँगी, जब आना होगा..."

सुकेत की चिढ़ शब्दों और आवाज में ही नहीं, कदमों में भी बोल रही थी, जो इन दोनों से तनिक दूर किसी और ग्रुप की तरफ बढ़ चले थे।

जानते थे, शम्स और रघु कि करुणा और सुकेत के बीच सब-कुछ ठीक-ठाक नहीं है...छिपाने की कोशिश दोनों ही बहुत करते हैं, फिर भी, सिलवटें दिख ही जाती हैं।

सुकेत और करुणा ने शादी नहीं की थी। मकान भी दोनों के अलग-अलग ही थे। दोनों कभी साथ रहते थे, कभी अपने-अपने मकानों में। विवाह के प्रति दोनों का रवैया यही कि 'कर लेंगे यार, जब मन से लगेगा कि कर लेना चाहिए...'

लेकिन फिर भी दोनों की पहचान एक ही इकाई के तौर पर थी। यह पहचान कभी-कभी दोनों को ही चिढ़ा भी देती थी, जैसे इस वक्त सुकेत को।

आगे बोलना बेकार था...लेकिन रघु और शम्स के मन में सवाल तो फिर से एक बार बोल ही उठा, "करुणा इस सम्बन्ध के प्रति जितनी गम्भीर है, क्या सुकेत भी उतना ही?"

...दावा तो यही करता था, लेकिन सुकेत के दावे में कहीं कुछ झोल तो था...भले ही उसकी नवैयत बहुत साफ न हो...कहीं सिलवट थी जरूर।

रघु घर पहुँच चुका था, फिर से कम्प्यूटर के सामने था।

'अब तो सिलवट जैसे कभी न खुलने वाली मार-गाँठ बन गई है...' करुणा सुकेत से बात तक नहीं करना चाहती, रचना के चक्कर में सुकेत जिस तरह लगभग खुदकुशी के रास्ते चला...'वैसे, यार, देखा क्या था सुकेत ने उस मगरूर, बेवकूफ, सेल्फ-ऑबसेस्ड औरत में...' रघु कई बार सोचता था...सुकेत से पूछ कभी नहीं पाया...हालत यह थी कि सुकेत बाहर से मजबूत चट्टान-सा दिखने की कोशिश कितनी भी कर ले, रघु और शम्स जानते थे कि चट्टान के नीचे से कितनी मिट्टी बह चुकी है...बस, किसी तरह टिकी है चट्टान अपनी जगह पर।

'किसी दिन एकाएक कुछ...'

आगे सोचने तक में रघु को डर लगता था...सुकेत से दो-एक बार बात की थी। उसने और शम्स ने...दोनों डर गए थे सुकेत की आँखें देखकर, जो रचना का जिक्र सुन, एक पल किसी को फाड़ खाने को आमादा हिंसक पशु की तरह धधकती दिखती थीं...और अगले ही पल वधस्थल पर बँधे बेबस बलि-पशु की व्याकुल आँखों-सी!

कोई चारा नहीं, इन्तजार के सिवा...वक्त सँभाल लेगा सब कुछ...यही सोचकर मन समझाते थे रघु और शम्स...फिर से इस बात को याद कर रहा था रघु।

रघु मददगार स्वभाव के साथ-साथ अपने अनुशासित जीवन के लिए भी मशहूर था...दोस्तों को खाने पर बुलाता तो खुद आठ-साढ़े आठ बजे तक खाना खा लेता, दोस्त चाहे जब खाएँ। दस-साढ़े दस बजे सो जाता, दोस्त जब चाहें अपने-अपने घर जाएँ, या ड्राइंग-रूम, स्टडी जहाँ जी चाहें, पसर जाएँ। सुबह जब मन हो, उठें, लेकिन रघु का दिन पाँच बजे शुरू। योगासन, ध्यान...हद से हद तक आठ बजे तक नाश्ता कर अपने वर्क-स्टेशन पर।

फौजी पिता के सिखाए अनुशासन को तितर-बितर करती यह रात भोर की तरफ बढ़ रही थी...रघु जाग रहा था...पार्क से लौटे भी घंटों बीत गए, उसके बाद ध्यान, योगनिद्रा...सब तो करके देख लिया...किसी तरह नींद आ जाए...दिमाग थोड़ा शान्त हो, तो मसले पर सोचा जाए...कुछ करने की

योजना बनाई जाए...सुकेत और शम्स आदतन देर से सोए होंगे, खबर देख ही ली होगी...इस वक्त क्या डिस्टर्ब करना, सुबह बात करता हूँ दोनों से।

कोने में खड़ी ग्रैंड-फादर क्लॉक नाम की ही नहीं, सचमुच रघु के दादा द्वारा स्पेशल ऑर्डर देकर बनवाई गई शानदार, कद्दावर घड़ी थी...डायल पर बीचोबीच क्यूट-सा क्यूपिड...रोमन अंकों में लिखे समय-संकेतों को छूते काँटों की शक्ल तीर जैसी...घंटे-मिनट बताने के साथ ही ग्रैंड-फादर क्लॉक यह भी बताती चलती थी कि बीतते जा रहे वक्त में एक मिनट भी ऐसा नहीं जिसे कामना के बाण ने निशाना न बनाया हो!

इस समय क्यूपिड का छोटा तीर तीन और चार के बीच था, बड़ा छह पर।

नींद का अता-पता नहीं...जगार है लेकिन कोई सोच नहीं, कोई योजना नहीं, कोई कार्यक्रम नहीं; बस, बेचैनी...यादें...आशंकाएँ...चिन्ताएँ...बेचैनी... बेचैनी...ध्यान वगैरह के साथ सायको-एनेलिसिस ने भी पिछले दिनों बड़ी मदद की थी, इस तरह की बेचैनी से मुक्ति में...इसीलिए तो सुकेत को भी सुझाया था...लेकिन इस वक्त सब बेकार।

रघु कम्प्यूटर के सामने बैठा था।

आदत के मुताबिक उसने इधर कम्प्यूटर खोला था, उधर साउंड-सिस्टम में तीन सीडी लगाई थीं। वह काम करता रहता था...ईमेल, फेसबुक, ब्लॉग... पृष्ठभूमि में संगीत चलता रहता था...घंटों बीत गए, सीडी अपने-आप बदलती रहीं, बार-बार खुद को दोहराती रहीं...रघु को खबर ही नहीं...इस समय ध्यान गया...अफ्रीकी संगीत चल रहा है...उस वाद्य के तारों के खिंचने से बिखरता दर्द आत्मा में, और ड्रम से आती, धीमी-धीमी थप-थप चेतना में पैठ रही है...यह उन लोगों का पारम्परिक अंत्येष्टि संगीत है...मानव-कंठ के शब्देतर स्वर संगीत की ध्वनियों को मृत्यु की आहट में बदल रहे हैं...उदासी और उल्लास की लहरों का यह अनोखा संगीत-संगम रघु को बेहद प्रिय था...ज्ञानियों, पहुँचे हुए पीरों-फकीरों की बात बताता था—मृत्यु सहज समाप्ति है...विलाप का विषय नहीं, उसे जीवन के नये पड़ाव का उल्लास मानना चाहिए...

लेकिन रघु की तरह, यह संगीत भी जानता था कि बताते रहें बताने वाले मृत्यु को सहज समाप्ति का उल्लास, असल में तो मृत्यु कहानी के असमाप्त छूट जाने का, बहुत कुछ बीच में ही छिन जाने का दुख है, अनन्त दुख!

इस अफ्रीकी संगीत में गूँजने वाली मानव-कंठ की ध्वनि में रघु को ठेठ हिन्दुस्तानी 'हाय...हा...हाय' सुनाई पड़ रही थी...

दर्द की आवाज आखिरकार सभी भाषाओं में एक-सी हो जाती है...

सामने कम्प्यूटर स्क्रीन पर थी वह—अपने साथी के ताजे, ऊष्ण रक्त में नहला दी गई...उसकी अपनी चोटों से बह रहा रक्त उसके साथी की देह से उड़े रक्त के छींटों में घुल-मिल गया है। उसने उनका सामना करने की कोशिश की है, जो अपने रहमान और रहीम खुदावन्द करीम की शान में चार चाँद लगा रहे थे। जिन्होंने आहत भावनाओं का हिसाब चुकता करने के लिए, एक इन्सान के टुकड़े-टुकड़े कर दिये थे। खुदा की खुदाई में रहम की जगह कितनी है, खुदा जाने, बन्दे बखूबी जानते हैं कि कारोबार दुनिया का हो या दीन का, रहम के नहीं, खौफ के ही बूते चलता है। खौफ के इस कारोबार का खौफ बनाए रखने के लिए ही तो जिबह किया था उन्होंने इस हकीर शख्स को, जिसने इसलाम कबूल किये बिना, काफिर रहते हुए ही मुसलमान से शादी करने की जुर्रत की थी। इतना ही नहीं, यह खतरनाक शख्स खौफ के कारोबार को चुनौती भी दे रहा था। आस्था को तर्क के पड़ोस में आ बसने का गुस्ताख न्योता दे रहा था।

पूरब-पश्चिम-उत्तर-दक्खिन के कोने-कोने में, गोशे-गोशे में ऐसे खतरनाक, बेअदब गुस्ताखों को सबक सिखाना उनका मिशन था। यह पल उनके सुर्खरू होने का पल था। उनकी कामयाबी, उस देह के टुकड़ों में दर्ज की जा चुकी थी। उसकी साथिन के जिस्म पर सब तरफ फैल गए खून में मुजाहिदों का सबाब चमक रहा था। दो देहों का रक्त वैसे ही एकमेक हो रहा था, जैसे इन देहों में स्पंदित सत्त्व सारे जीवन एकमेक रहा था...

एकमेह ह्वै सेज न सोवें तब लग कैसा नेह रे...

लाल रंग शृंगार का रंग माना जाता है। शृंगार, प्यार, मनुहार, प्रतीक्षा और मिलन के क्षणों में केशों को सजाने वाले जवाकुसुम की लाली अपने साथी के जीवन के लिए लड़ती नायिका ने सारी देह पर पहन ली है। बिछोह के पल को मिलन के शाश्वत क्षण में बदल दिया है। तन-रत और मन-रत को एकमेक कर दिया है। उसकी देह पर लिपटी लाली में इस रेंगते वक्त में अपने पाँव खड़े रहने की कीमत चुका पाने की चमक है। रक्तस्नाता वह खड़ी है...आँखों में याचना के आँसू नहीं, मुकाबले की आँच लिये...उसके होंठ चीख के लिए खुले नहीं, बहुत भीतर पैठे इरादे में भिंचे हुए हैं...तस्वीर में कुछ लोग भी दिख रहे थे...रक्तस्नाता से सुरक्षित दूरी पर। हक्के-बक्के? डरे हुए? या टुकड़े-टुकड़े करने वाले उन वीरों की शान में मन-ही-मन कसीदे पढ़ते कि जो हम मन में करते रहे, तुमने असल में कर डाला।

वह रक्तस्नाता थी...वह अकेली थी...वह अपराजिता थी।

बीच सड़क पर गोश्त के टुकड़ों में बदल दिये गए उसके साथी ने जो किया, वही अपराध तो रघु भी सुकेत और शम्स के साथ मिलकर कर रहा था...आस्था की परख को अधिकार मानने-मनवाने का अपराध...राइट टु ब्लासफेमी की माँग करने का अपराध। इस अपराध का दंड थोड़ा-थोड़ा तो बरसों से झेलते आ रहे थे। अब दंड की बारम्बारता भी बढ़ रही थी, और तीव्रता भी...

...दुनिया-भर में हम जैसे लोगों पर हमले बढ़ते जा रहे हैं...यह लड़की खड़ी है अपने देश की राजधानी की सड़क पर...अपने साथी की देह के टुकड़ों के साथ। यहाँ हमारी राजधानी के पड़ोस में जिन्दा जला दी गई थी वह लड़की जिसने 'छोटी जात' के लड़के से प्रेम करने का अपराध किया था। अपनी करुणा पर ही हमला हुआ था क्योंकि उसने अपनी उस सहेली का साथ दिया जो अफसर चुनी गई थी : और जिसने अपनी 'छोटी जात' छोड़ 'गैर जात' के दोस्त से विवाह कर लिया था। करुणा के माँ-बाप पर हमला हुआ था क्योंकि उन्होंने अपनी बेटी का साथ दिया था। इस लड़की का अपराध यह था कि अफसरी का रौब-दाब, सुख-साज अपनी जात को देने की बजाय गैर-जात को देने चल दी थी।

कितनी दूर रह गए हैं हम इन्सानी देह से मांस के लोथड़ों में बदलने से?

ऐसे कैसे बदल गई वह दुनिया, कहाँ छूट गया वह देश जिसमें हम जन्मे थे, जिसमें हम मरना चाहते थे?

कम्प्यूटर के पास ही मेज पर रखे मोबाइल में कुछ हलचल हुई। काम करते वक्त जैसे हमेशा होता था, मोबाइल मौन मोड में था। आवाज नहीं, बस, उसकी देह कुछ कह रही थी...मैसेज? इस वक्त?

'श्री रूबेन, आपसे अपेक्षा की जाती है...'

होगा यार, किसी सरकारी महकमे का कुछ...भेजा गया होगा दिन में, डिलीवर हो रहा है अब...ये साले सर्विस प्रोवाइडर भी न...देखा जाएगा।

रघु ने मैसेज की बस पहली ही लाइन पढ़ी, और मोबाइल एक तरफ सरका दिया। कुछ देर पहले तक रघु की हथेली में निश्चिन्त, दुबके बैठे मोबाइल की रबर-बैंड से सधी-बँधी देह कसमसा रही थी, रघु से कुछ कहना चाह रही थी...'रघु, प्लीज, देखो मेरी तरफ...इट्स इम्पोर्टेंट...प्लीज...'

समझदार लोगों ने समझदार चुप्पी की आदत डाल ली है, आपसे अपेक्षा की जाती है कि आप भी डाल लें...सुधर जाएँ। क्यों लोगों की भावनाएँ आहत

करते रहते हैं...क्यों विकास की राह में रोड़े अटकाते हैं...क्यों अपनी-अपनी पहचानों का उत्सव मना रहे समाजों के मंगल-कार्य में छींकें मारते हैं...क्यों पवित्र परम्पराओं की खिल्ली उड़ाते हैं...ऐसी गंदी आदतें नहीं छोड़ सकते, चुप रहकर दिनों का फेर देखने की आदत नहीं डाल सकते तो...फिर एक ही रास्ता है...पिटने की आदत डाल लें।

कोई क्या करे, मिस्टर रघु रूबेन...आप और आपके दोस्तों सरीखे पिटोकरों का कोई क्या करे!

'रघु, मेरी तरफ देखो, प्लीज...यह मैसेज इम्पोर्टेंट है...ध्यान दो इस पर...'

मोबाइल ने मौन देह को हिला-डुलाकर फिर से रघु का ध्यान खींचने की कोशिश की।

देखते-देखते कैसी बदल गई दुनिया...हमले होते हैं, हमले के शिकारों से ही जवाब भी तलब किया जाता है...खबर के बजाय हमले आदत बनते जा रहे हैं...खबर वह वारदात है, जो कभी-कभार हो...रोज-ब-रोज होने वाली बात की बतौर खबर के क्या औकात?

अभी, उस दिन सुकेत को टीवी स्टूडियो से निकलते ही चाँटे पड़े थे। टीवी पर चल रही बहस में उसने पूछ लिया था कि "भई, वेदों में मंगल ग्रह तक पहुँचाने वाले विमान खोज लेने वाले लोग घर से दफ्तर तक पहुँचाने वाली द्विचक्री—साइकिल—क्यों नहीं खोज निकालते? अब, यह तो कॉमनसेंस की बात है कि तकनीक सरल से जटिल की ओर चलती है। विमान द्विचक्री के पहले कैसे आ जाएगा? लेकिन हाँ, सवाल तो आर्यों की शान का है न...विमान की शान के सामने साइकिल की औकात क्या?"

इस बात से भारतीय परम्परा और हिन्दू धर्म के प्रेमियों की भावनाओं को जो चोट पहुँची, उसका हिसाब सुकेत के चेहरे पर पड़े अपमान-भरे थप्पड़ों में दर्ज हुआ। गनीमत कि थप्पड़ ही पड़े, टुकड़े नहीं हुए। लेकिन कब तक? थप्पड़ों के टुकड़ों में बदलने में कितने दिन बाकी हैं...कितने दिन की बात रह गई कि हम तीनों में से भी कोई या तीनों ही इसी तरह टुकड़े-टुकड़े हुए सड़क पर पड़े हों...!

"तीनों?" अपने-आपसे बात करते रघु ने स्वयं को टोका, "तीनों? करुणा क्यों नहीं याद आती तुम्हें, रघु? औरत है, इसलिए? तुम तीनों मर्दों की लड़ाई की कहानी ही असली कहानी है...करुणा की लड़ाई तुम्हारी पुंसत्व-भरी वीर-गाथा का परिशिष्ट? या वह भी नहीं, सिर्फ फुटनोट?"

सचमुच शर्म की बात...लेकिन, इतने बरसों से करुणा से कोई सम्पर्क भी तो नहीं। पिछली खबर यही तो थी कि किसी आदिवासी इलाके में है...बस ही गई है वहाँ...अपने इस महानगर से दूर...अपने इन दोस्तों से दूर...इन दिनों कभी अबूझमाड़ में होती है, कभी गढ़चिरोली में...कभी ओडिशा में, कभी झारखंड में...कितनी बुरी हालत होती जा रही है वहाँ...राजधानी के मीडिया के हिसाब से चौबीसों घंटे की खबर होती है किसी फिल्म-स्टार को जमानत मिलना...कोई फाइव स्टार मर्डर मिस्ट्री...उन इलाकों में किसी इन्सान की जिन्दगी की कोई जमानत नहीं...दस-बारह साल के बच्चे उग्रवादी कहकर उड़ा दिये जाते हैं...यह कैसा समाज बनता जा रहा है, यार!

कैसा क्या? अब जी, विकास के जो आड़े आएगा...वह धक्का तो खाएगा न...जो रोड़े अटकाएगा, वह ठीक तो किया जाएगा न...मंगल-कार्य में जो छींक मारेगा, उसकी नाक तो तोड़नी पड़ेगी न...

हमारे नहीं हुए, इसका मतलब यह नहीं कि किसी के टुकड़े किए नहीं जा रहे...हम जीवित हैं, इसका मतलब यह नहीं कि सबको जीवित रहने की छूट है...वक्त सबके लिए एक-सा नहीं है, इसकी अलग-अलग परतें हैं, रघु...तुम कम-से-कम सलामत तो हो...बहुत-से लोग हैं जिनकी जिन्दगी मौत से बदतर है, और मौत जिनकी जिन्दगी के किसी भी पल का नाम है।

रघु की निगाह कम्प्यूटर से फिसलकर बुक-शेल्फ पर रखी तस्वीर पर चली गई। माँ बड़ी-सी सोफा-चेयर पर बैठी मुस्करा रही थी, पीछे सोफा चेयर की पीठ पर हथेली छुआते, रौबीले ब्रिगेडियर रूबेन होंठों में सिगार दबाए गम्भीर मुद्रा में खड़े थे, "लकी है, तुम्हारा बेटा, मॉम, डैड," रघु ने तस्वीर से कहा, "मेरी गुस्ताखी इन्सान की शान में थी, खुदा की शान में होती तो शायद मैं भी...या शायद खुदा की शान में गुस्ताखी करके भी बच जाता, आखिरकार इतने साल बीत गए, तब शायद भगवान की भावनाएँ भी इतनी कोमल नहीं हुई थीं..."

भाग्य ही तो था कि रघु टुकड़े-टुकड़े नहीं, पूरे शरीर के साथ जिन्दा था; भले ही टाँगों में लोहे की रॉड्स पड़ी हुई थीं...बरसों बीत गए...उसे भरी दोपहर, भरी सड़क, मोटर-साइकिल से गिरा दिया गया था; डंडे, लोहे की चेनें और ठोकरें बरसाई जा रही थीं...वह भी इस रक्तस्नाता की तरह अकेला था...चिल्लाने में शर्म आ रही थी। देह पर पड़ती चोटें चीखों में ढलकर गले से निकल रही थीं, उन्हें रोकने में बेबस था। चोटों और चीखों के वे तीन-चार

मिनट रघु की चेतना में बार-बार हरे हो उठने वाले सवालों के घाव बनकर ठहर गए थे। पिटाई जहाँ हुई, वह चलती सड़क थी। इतनी जल्दी में चलती सड़क कि कोई भी रघु की मदद करने को तो क्या, तमाशा देखने तक को रुका नहीं था!

कम्प्यूटर के परदे पर तमाशबीन तो दिख रहे हैं...इस तमाशे में मौत की ताकत जो है...तमाशा देखने के लिए लोग शायद वहाँ भी रुकते, अगर मेरे भी टुकड़े किये जा रहे होते...

मैं इनमें से किसी को जानता तक नहीं, इनका इरादा मुझे लूटने का भी नहीं, क्यों पीट रहे हैं मुझे? क्यों खयाल रखे हुए हैं कि सिर पर चोट न करें? चाहते हैं कि मैं जिन्दा रहूँ। इस पिटाई को याद रखूँ, सुधर जाऊँ। इनके आड़े आना बन्द कर दूँ। हैं कौन ये लड़के? क्यों इतने गुस्से में हैं? इनके मुँह से निकलती गालियों में नफरत जैसे उँगलियों से छुई जा सकती है...इस पिटाई में सन्देश है मेरे लिए—पिटूँ और जिऊँ, जिऊँ और पिटूँ...ठेठ गुंडे तो हैं नहीं, स्टूडेंट्स ही हैं...क्या पता, अपने ही कॉलेज के हों...पढ़ाई की जगह पिटाई में क्यों लगा दिया गया है इन्हें?

हम भी तो बस कुछ ही बरस पहले पढ़ाई छोड़कर वर्ग-शत्रुओं का सफाया करने निकल गए थे!

क्या बेकार की तुलना...गलत ही सही, लेकिन वह हिंसा बड़े उद्देश्य के लिए थी...ये लौंडे टुच्ची मारपीट कर रहे हैं।

यह तो तुम्हें लग रहा है न रघु...इन्हें भी तो अपना उद्देश्य बड़ा ही लगता होगा। उसकी सिद्धि के लिए खून में हाथ डुबोना जरूरी लगता होगा। तुम्हारे साथी क्रान्ति के लिए रक्त बहा रहे थे, हो सकता है, ये लोग देश-धर्म के लिए, अपने ढंग की सांस्कृतिक क्रान्ति के लिए तुम्हारा रक्त बहा रहे हों... ?

सड़क पर अपने ही खून में लिथड़ते, मन के एक कोने में उभरी मुस्कान अपने खून में लिथड़े, बेहोशी की ओर बढ़ते रघु के होंठों पर हल्की-सी रेखा बनकर छा गई। उसे याद आ रहा था, क्रान्ति के नेता ने सच्चे क्रान्तिकारी की कसौटी तय की थी, 'कम-से-कम एक वर्ग-शत्रु के खून में हाथ रँगे बिना कोई अपने-आपको क्रान्तिकारी कह कैसे सकता है?'

रघु इतने लम्बे समय तक 'एक्शन' में नहीं रहा था कि खुद इस कसौटी पर खरा उतरकर दिखा सके...हाँ, रक्त का बपतिस्मा हासिल कर चुकी अनेक पवित्रात्माओं के सम्पर्क में आने का अवसर उसे जरूर मिला था...

इनमें से कई को अपनी पवित्रता पर उतना गर्व न होता...यदि पवित्रता खून-सनी न होती।

'वैसे ही, जैसे यह...सामने कम्प्यूटर के परदे पर...' रघु, एक पल के लिए, बीत चुके वक्त से बीत रहे वक्त में आ पहुँचा, 'फर्क यह है कि यह रक्त इसका अपना है...'

उस दोपहर, पिटते समय जो सवाल-जवाब मन में चल पड़ा था, वह रघु के मन में उसके बाद हर दिन, हर रात चलता रहा था।

'...कुछ भी कहो, वह बात और थी, यह बात और है...'

हाँ, बात बेशक और है...लेकिन रक्त का आकर्षण...'एक्शन' का रोमांच... बात अलग-अलग है, लेकिन विश्वास एक है कि सुनी तभी जाएगी...जब रक्त के मुहावरे में कही जाए...

मन में जो होता है, पलक झपकते होता है। वक्त लगता है उसे दर्ज करने में, उसे शब्द देने, फिर शब्दों से उसे वापस लेने में। रघु मोटर-साइकिल से गिराया जा चुका था, उसकी आँखों के सामने आसमान था। सीधे-सीधे निगाह में समाता आसमान नहीं, चोटों के बीच से चमकता दोपहर की धूप से भरा आसमान। ठोकरों, हॉकी स्टिकों, चेनों के आघातों के बीच से चमकता आसमान। बचपन से लेकर बस पिछले ही पल तक की यादों के बीच दमकता आसमान। सवालों के बीच कौंधता आसमान...अभिमान जिन्हें दबा रहा था, और पीड़ा जिन्हें बाहर ठेल रही थी, उन चीखों की आवाजों से सिहरता आसमान...रघु की चेतना को बेहोशी के दरवाजे तक सहारा देकर ले जाता आसमान... !

जीवन-भर जिस इन्सान को मजाक नहीं तो सन्देह की निगाह से देखा था...अचेत होते रघु के आसमान में उसी का प्रिय गीत गूँज उठा...'वैष्णव जन तो तेने कहिए...' माँ भी तो इसे गाती थी। जिस रूप में गाती थी, उसे सुनकर बेटा तब भी नहीं जानता था, आज भी नहीं जानता कि क्या सोचे, क्या कहे। तब, माँ के मधुर कंठ से सुनकर मुस्कराता था। इस वक्त भी, पिटाई के दर्द, अपमान की पीड़ा के बीच, बेहोशी में जाते वक्त वह धुन याद आई, गाती माँ का श्रद्धा-भरा चेहरा, करुणा-भरी आवाज याद आई, चेहरे पर फिर मुस्कान आई, 'क्रिस्तान जन तो तेने कहिए...'

माँ की जो आवाज रघु के चेहरे पर मुस्कान ला रही थी, उसे तो कोई कैसे सुनता, लेकिन मुस्कान पर जरूर रघु को पीटते लड़कों में से एक की

निगाह पड़ी, और ठिठककर रह गई। पिटे हुए, बेहोश होते हुए आदमी के चेहरे पर मुस्कान?

हमेशा काम आने वाले थानेदार साहब को सताने के अपराधी इस विदेशी एजेंट, ईसाई दुष्ट को ठीक करने का अनुष्ठान पूरा कर चुके उसके साथी निकलने की हड़बड़ी में थे, 'चल बे...इस क्रिस्तान कमीने का थोबड़ा कब तक निहारेगा? उसे बाद में बिगाड़ेंगे। तब निहार लियो, पेट भर के...अभी का काम तो हो लिया, निकल...मरवाएगा क्या?'

साथियों ने उस लड़के को मोटर-साइकिल पर खींच लिया था।

बाद में मालूम पड़ा था, ये उस एस.एच.ओ. के भेजे गण थे, साम्प्रदायिक दंगों में जिसकी भूमिका को उजागर करने में रघु ने अगुवाई की थी। मालूम पड़ने पर भी, उस एस.एच.ओ. का, उसी की शब्दावली में, रघु जैसे लोग 'उखाड़ कुछ नहीं पाए थे'...वैसे ही जैसे दंगा करने वालों का, और एस.एच.ओ. सरीखे उनके दीगर मददगारों का भी कुछ नहीं उखाड़ पाए थे।

सुकेत ने जो एक दिन कविता सुनाई थी, उस में आती थी न वह इमेज—'रक्तालोकस्नात पुरुष'—खून जैसी सुर्ख रोशनी में नहाया इन्सान। लेकिन खून में नहला दी गई इस लड़की को रक्तालोकस्नाता कैसे कहूँ? उस कविता में रक्त का रंग रोशनी में बदल रहा था। यहाँ अन्धकार का रंग रक्त में बदल रहा है। कम्प्यूटर के परदे से रोशनी की किरणें नहीं, अन्धकार के थक्के और रक्त की बूँदें उछल रही हैं।

कैसा लग रहा होगा, इस स्त्री को, अपने साथी के टुकड़े-टुकड़े होते देख? उसकी अपनी उँगली कट जाने का दर्द ज्यादा है, या अपने साथी का रक्त अपनी देह पर लेने का? पारम्परिक शादी चाहे न की हो, लाल जोड़े से जुड़ा रोमांच इस उपमहाद्वीप की कौन लड़की नहीं जानती? शादी के दिन लाल जोड़ा पहना हो, न पहना हो; आज जैसे लाल जोड़े का खयाल तो बुरे से बुरे सपने में इसे नहीं आया होगा।

जो इसे यह लाल जोड़ा पहना गए हैं, वे किसी भी काम की शुरुआत में अपने खुदा को दयालु, करुणापूर्ण कहकर याद करते हैं...करुणा परमात्मा का गुण हो तो हो, उसके लिए लड़ने वाले योद्धाओं का तो नहीं लगता!

विवेकमणि वंचित अश्वत्थामा के माथे से बहता रक्त, रघु को मनुष्य की वेदना और विडंबना का सबसे जबर्दस्त रूपक लगता था...रक्त बहाते माथे पर शापग्रस्त अमरता का नियति-लेख ढोता अभागा योद्धा इस पल भी याद आया।

साथ ही आई होंठों पर फीकी मुस्कान...हँसती हुई नहीं, माथा पीटती मुस्कान। यह फीकी मुस्कान, पहली पिटाई के बरसों बाद की उस घटना के बाद से, रघु की यादों में अश्वत्थामा के साथ स्थायी रूप से निवास कर रही थी।

एक लेख में रघु ने अश्वत्थामा के रूपक का उपयोग किया था। फिर कई भाषणों, चर्चाओं में। ऐसी ही एक चर्चा-गोष्ठी में उमानाथजी उठकर खड़े हो गए थे। उनका एतराज इस बात पर था कि ईसाई होकर भी रघु महाभारत के चरित्र को मनुष्य की अभिशप्त नियति का सबसे बड़ा रूपक बता रहा है।

"अपने नाम का तो, मैं मानता हूँ कि आप कुछ नहीं कर सकते..." यह कहना जरूरी था, बेचारे उमानाथजी स्वयं भी तो क्रान्तिनाथ नहीं बन सके थे, "लेकिन अपने सोचने, लिखने-बोलने में तो आपको मैजोरिटेरियन दबाव से बाहर आना चाहिए। अपनी ईसाई पहचान को रेखांकित करना चाहिए। महाभारत के पात्र का नाम लेकर तो आप हिन्दू साम्प्रदायिकता को वैलेडिटी ही दे रहे हैं। सॉफ्ट हिन्दुत्व को बढ़ावा दे रहे हैं..." दाढ़ी-मूँछ के मेघों से झाँक रहे मुखचन्द्र का ओजस्वी स्वर हॉल में विहार कर रहा था।

"ईसाई हूँ तो आएँगा, जाएँगा, मोना डार्लिंग, इधर आने का...राबर्ट क्या माँगता मैन—करता रहूँ?"...रघु अपनी खीज, चिढ़ वगैरह पर काबू पाने में बहुत निपुण था। लेकिन,आज, उमानाथजी उसका गुस्सा सातवें आसमान तक पहुँचाने में कामयाब हो गए थे। उसने बोलना शुरू किया, तो एक साँस में बोलता ही चला गया, "आप सन्तुष्ट होंगे अगर मैं खोज-खाजकर बाइबल से कोई मेटाफर या कहानी लाऊँ, और आपके कर-कमलों से हिन्दू मैजोरिटेरियनिज्म से मुक्त, सच्चा ईसाई होने का प्रमाण-पत्र प्राप्त करूँ? आप अश्वत्थामा का नाम लें तो चलेगा...क्योंकि आप हिन्दू हैं...मुझ 'ईसाई' के लेने से हिन्दू साम्प्रदायिकता को वैलेडिटी मिल गई? महाभारत का एक्सक्लूसिव इंटेलेक्चुअल प्रापर्टी राइट सॉफ्ट या हार्ड हिन्दुत्व के करकमलों में आपने कब सौंप दिया? बाप ने मेरा नाम रघु रखकर गलती कर दी...राइट? सुधारूँ, रघु से राबर्ट बनकर, राइट? बाइबल पढ़ी होने का प्रमाण देकर, राइट?...गास्पेल सुना-सुना कर...तब सेकुलरिज्म की सेहत ठीक रहेगी? वैसे, मैं तो, आप जितनी चाहें, बाइबल-कथाएँ सुना ही दूँगा लेकिन आपके पल्ले पड़ेगा हेरोद और सलोमी का किस्सा? सोलोमन और शीबा का रोमांस? फर्क मालूम है आपको 'मैग्डलीन मेरी' और 'वर्जिन मेरी' के बीच का? चले हैं सेकुलरिज्म का सर्टिफिकेट बाँटने..."

एक पल साँस लेने को रुका, और फिर अन्तिम प्रहार, "सुनिए जनाब, शोव एनी सच सर्टिफिकेट यू नो व्हेयर..."

उमानाथ ईसाइयत भले न जानते हों, इतनी अंग्रेजी तो जानते ही थे...

हंगामा मच गया...अब तो रघु हिन्दू मेजोरिटेरियनिज्म के साथ-साथ इलिटिज्म—कुलीनतावाद—का भी अपराधी साबित हो गया...सोशल मीडिया पर चल रही क्रान्ति के इतिहास में नाम दर्ज कराने के लिए तड़पते उमानाथ भला अनायास ही हाथ आए अवसर को हाथ से कैसे जाने दें? उन्होंने हिन्दू साम्प्रदायिकता की भाषा संस्कृत के साथ-साथ; इलिटिज्म और इसकी वाहिका अंग्रेजी की भूरि-भूरि निन्दा करते हुए प्रदीर्घ प्रवचन की भूमिका बाँधी—'फ्रेंड्स, कंट्रीमेन, रोमंस, लेंड मी योर ईयर्स' की मुद्रा बनाकर, मार्क एंटनी बनकर हॉल के बीचोबीच खड़े हो गए कि इन्कलाब के जूलियस सीजर की पीठ में छुरा भोंकने वाले ब्रूटस रघु का उपचार भीड़ के हाथों करवा दें। लेकिन, मुद्रा भले ही अपना ली, उमानाथ किस्मत मार्क एंटनी की लेकर नहीं आए थे...उनका ऐतिहासिक भाषण हो नहीं पाया। बाकी श्रोताओं ने उन्हें उनके दो-चार साथियों के साथ 'बाइज्जत' क्रिया-विशेषण की परवाह किये बगैर ही सभा-भवन से रुखसत कर दिया था।

मोबाइल एक बार फिर हिला...इस बार, बहुत बेचैनी से...'रघु, माई फ्रेंड, लुक हियर..'

'चुप कर यार, जो भी नोटिस होगा, सुबह देखा जाएगा...' रघु ने चिढ़कर मोबाइल को मेज की दराज के हवाले कर दिया।

खून में नहला दी गई वह स्त्री रघु की चेतना में सवाल बनकर अटक गई थी, "रहम...दया...मर्सी...हर धर्म गुण गाता है, हर परम्परा इनके गीत गाती है...हकीकत इतनी बेरहम...अपने-अपने भगवान को करुणानिधान सब कहते हैं...हकीकत में कहाँ घुस जाती है करुणा... ?"

रघु को याद आई कई बरस पहले की वह शाम...कई दोस्त और परिचित मौजूद थे...रघु उस पिटाई को याद कर रहा था...

"प्रफेशनल्स होते तो बात समझ में आती...यार, हम मिडिल क्लास टाइप्स को कितना भी अजीब लगे...उन लोगों के लिए सुपारी लेना, काम को अंजाम देना तो उनके धंधे का हिस्सा है, धंधे की अपनी एथिक्स भी है; लेकिन, ये लौंडे कोई प्रफेशनल नहीं थे..."

"वैसे, प्रफेशनल कंपीटेंस तो उन्होंने पूरी दिखाई थी, बॉस...देखो न, बस, टाँगें ही तोड़ीं...तुम्हारी जान नहीं ली...दे डिजर्व क्रेडिट फॉर प्रफेशनल एथिक्स..."

अपनी समझ से यह विटी रिमार्क करनेवाले सज्जन लोगों की निगाह में धिक्कार देखकर सकुचा गए, हालाँकि रघु को गुस्सा नहीं आया था। इस प्रसंग में आता ही नहीं था। वह इस पूरे घटनाक्रम की यादों में किसी तरह की कड़वाहट या आत्म-दया के साथ नहीं, दार्शनिकों जैसी दूरी के साथ ही जाता था।

'लरिकाई कौ प्रेम कहौ अलि कैसे भूले'—इस बात में दम है। ब्रज की गोपियों के अनुभव का ही नहीं, कवि के अपने अनुभव का भी दम!

जैसे पहली मुहब्बत, वैसे ही पहली पिटाई भी अलग ही मायने रखती है...जिन्दगी में कदम-कदम पर याद आती है...पिटाई तो रघु ने बाद में भी झेली थी...लेकिन वह सबसे ज्यादा लौटता पहली पिटाई की यादों में ही था...टाँगों में पड़ी स्टील की छड़ों को यदि छोड़ दिया जाए, तो पहली पिटाई के निशान शरीर से तो चले गए थे, लेकिन चेतना में लगातार उठनेवाले सवाल बनकर स्थायी रूप से निवास करने लगे थे...सबसे बड़ा सवाल—व्यक्तिगत से लेकर सार्वजनिक जीवन तक में हिंसा की भूमिका और महत्त्व को समझने का; हिंसा-अहिंसा के द्वैत को, परस्पर सम्बन्ध और संवाद को समझने का... !

जब वे सज्जन पिटाई करने वालों की प्रफेशनल एथिक्स की तारीफ कर रहे थे, उस वक्त भी इसी सवाल के पहलू रघु की चेतना को मथ रहे थे—कोई व्यक्तिगत दुश्मनी नहीं, मुझे पीटने की सुपारी उन्होंने ली नहीं...फिर क्यों...मेरे विचारों के कारण? मेरी पहचान के कारण?

"अच्छा, रघु, उनमें से एक लड़का तो जैन भी था न..." किसी को याद आया, "ये जैन लोग तो, यार, एकदम अहिंसावादी, घनघोर शाकाहारी होते हैं, उस लड़के से कभी बात हुई थी किसी की... ?"

बात तो स्वयं रघु की हुई थी। हमले के बाद, यूनिवर्सिटी में ही नहीं, सारे नगर, बल्कि देश भर में धिक्कार की जो आवाजें गूँजी थीं, रघु की सचाई और भलमनसाहत के जो किस्से अखबारों में छपे थे, उन्होंने उस लड़के के मन में पछतावा उपजाया था। पछतावा सच्चा था, डर के कारण किया जा रहा नाटक नहीं।

"आप चाहें तो अभी के अभी मुझे पुलिस के हवाले कर दें, सर," उसने घर में घुसते ही पाँव छूते हुए कहा था।

"अरे, यह सब मत करो, यार..." रघु को बहुत अचकचाहट होती थी, पाँव छूने और छुवाने से।

वह पहचान गया था, उस लड़के को, बेहोशी में जाने के ठीक पहले के पल में यही लड़का रघु का चेहरा गौर से देख रहा था।

उसे सामने देख, रघु के मन में सबसे पहली बात तो यही आई कि पाँव छूते इस पराक्रमी पुंगव के पार्श्व भाग पर पाद-प्रहार कर दे...'जो पाँव तू छू रहा है, बे, उसमें स्टील-रॉड तेरे और तेरे साथियों के ही कारण पड़ी है...अब डाल दूँ एक रॉड तुझमें भी?'

लेकिन, रघु आखिरकार रघु था, लड़के को बैठाया, पानी पिलाया...लड़के के सच्चे पछतावे के आँसुओं के साथ-साथ रघु की जिज्ञासा ने भी अपनी भूमिका निभाई, इससे पूछूँ तो...क्यों आया है...

"जानते हो, क्या कहा था, उस लड़के ने मुझसे..." रघु याद कर रहा है, "उसे बताया गया था, उन सबको बताया गया था कि मैं धर्मांतरण के जरिए ईसाइयों की तादाद बढ़ाकर हिन्दुओं को हिन्दुस्तान में ही माइनारिटी में बदलने की कांस्पिरेसी कर रहे मिशनरियों का एजेंट हूँ, इसीलिए उस धर्मरक्षक एस.एच.ओ. के खिलाफ अभियान चला रखा है मैंने..."

"एक्सक्यूज मी, रघु...आई डोंट वांट टु साउंड रूड, बट..." एक महिला बीच में बोल पड़ीं, "मैं उस हमले को जस्टिफाई नहीं कर रही, लेकिन ईसाई मिशनरीज की एक्टिविटीज हैं तो ऑब्जेक्शनेबल, इसे नहीं नकारा जा सकता...यू हैव टु कंसीड दिस प्वाइंट..."

इस बेमौका बात पर कुछ लोगों के चेहरे पर वितृष्णा जरूर आई थी, लेकिन कुछ लोग अपनी सहमति छुपा भी नहीं पा रहे थे, कुछ तो कोशिश भी नहीं कर रहे थे। सुकेत के चेहरे पर गहरी हिकारत उभरी, लेकिन वह अपनी ही तरंग में था, उलझने के मूड में नहीं...हाथ में लिये गिलास की ओट से ही उसने रघु की ओर देखा...उसकी आँखों में झलक रहा विद्रूप गिलास में झलक रहे सुनहले रंग में घुल रहा था..उसके चेहरे पर वह विशेषण पढ़ने में रघु ने कोई चूक नहीं की, जिससे सुकेत उस महिला को मन-ही-मन नवाज रहा था...रघु के चेहरे पर मुस्कान आए बिना न रह सकी...

उधर शम्स माथे और कन्धों पर दायें हाथ की हरकत से क्रॉस का निशान बनाने लगा था, बोला, "देखा सर, रघु रूबेन, रहेंगे आप ईसाई ही, फाँय-फाँय कितनी भी कर लें कि मैं बस, ईसाई घर में जन्मा था, हूँ नहीं..."

"मैडम," रघु ने इन दोनों से ध्यान हटाते हुए उन देवीजी की ओर देखा...स्वर की कड़वाहट छुपाने की कोशिश की, "वाय मी इन पर्टिकुलर हैव टु कंसीड दिस ऑर दैट प्वाइंट? मैं ईसाई घर में जन्मा, इसीलिए ईसाई मिशनरियों की हरकतों का जिम्मेवार भी हो गया? मैं तो नहीं कहता कि महज हिन्दू होने के कारण आप उन्नीस सौ चौरासी के लिए भी जिम्मेवार हैं, और दो हजार दो के लिए भी..."

कड़वाहट कुछ खास नहीं छुप सकी, बल्कि रघु की आवाज़ तो साफ तौर से ऊँची हो गई थी। पार्टी में जो लोग इधर-उधर हो गए थे, इसी तरफ आ गए। झगड़ा देखने का सुख होता ही इतना रोमांचक है, ध्यान दिये बिना रहा ही नहीं जाता—झगड़ा चाहे पार्टी में हो रहा हो, चाहे सड़क पर...जो लोग पहले से यहाँ मौजूद थे, रघु के किस्से में उनकी दिलचस्पी रघु-महिला संवाद के बाद और बढ़ गई...किसी ने रघु को टोका, "छोड़ो, यह आर्ग्यूमेंट, रघु, दि रियल प्वाइंट इज...खैर, आगे क्या कहा उस लड़के ने..."

रघु दो पल चुप रहा...अपना प्वाइंट कंसीड न करवा पाने से असन्तुष्ट देवीजी का, झाड़ खाया, क्रुद्ध चेहरा इस वक्त उसकी आँखों के सामने था...और उस लड़के का आँसू-भीगा चेहरा उसकी यादों के सामने। वह लड़का चकित था कि रघु के मन में उनमें से किसी के भी प्रति बदला लेने का भाव तो क्या, देर तक टिकने वाला गुस्सा तक नहीं है—'कैसा इन्सान है, यह मुझे पुलिस के हवाले करना तो दूर, गाली तक नहीं दे रहा...उल्टे, मेरे आँसू पोंछ रहा है...जिसे हिन्दू-विरोधी, मिशनरीज का एजेंट बताया गया था; वह प्रोफेसर तो मेरे भविष्य के बारे में पूछ रहा है, पढ़ाई-लिखाई में जो सम्भव हो, मदद करने का वादा कर रहा है...'

...रघु से विदा लेकर, दरवाजे तक पहुँच उसने रघु के रोकते-रोकते भी पाँव छुए थे, 'आप चाहें तो लात ही मार दीजिए, सर, लेकिन आपके पाँव तो मैं छुऊँगा...' रघु बस मुस्कराया था। उसकी मुस्कान देख लड़के के चेहरे पर भी भीगी-सी मुस्कान आ गई थी। उसने कहा, 'अब कभी आपको डिस्टर्ब नहीं करूँगा, सर, लेकिन बस, एक बात...कभी भी, बरसों बाद भी लगे कि आपके किसी काम आ सकता हूँ, तो प्लीज, सर...बस, एक फोन कॉल...जीवन सफल समझूँगा...'

एकाएक मुड़ा था वह लड़का और फुर्ती से सीढ़ियाँ उतर गया था, आस्तीन से आँखें अभी भी पोंछ रहा था।

"वह बॉडी-बिल्डिंग का शौकीन था," आस्तीन से आँखें पोंछते उस लड़के को सीढ़ियाँ उतरते देखता रघु, यहाँ आगे कथा सुनने को उत्सुक श्रोताओं के बीच वापस लौटा, "मोहल्ले के पार्क में सुबह-शाम जमा होने वाले लड़कों और अधेड़ों के साथ ध्वज-प्रणाम और व्यायाम तो करता ही था...जिम भी ज्वाइन कर लिया...साथ के लड़के टोंट करते थे, 'अबे जैनी...क्या करेगा बॉडी बिल्डिंग करके...एक तो तेरी घास-पात डाइट से बॉडी बननी नहीं, बन भी गई तो बेटा, बॉडी का इस्तेमाल करने के लिए गूदा कहाँ से लाएगा...साले, खून देखकर तुझे चक्कर ही आ जाने हैं...'

"तो, माई डियर भाई और बहन लोगो, मेरी पिटाई, मिशनरियों के एजेंट को सबक सिखाने के राष्ट्रवादी प्रोग्राम के साथ-साथ, जैन साहब का टेस्ट भी था कि खून देखकर उन्हें गश आता है या नहीं..."

रघु ने रिपोर्ट पूरी की...।

"जिसमें वो आधे पास हुए, आधे फेल," शम्स ने रिजल्ट सुनाया, "गश तो नहीं आया, लेकिन पछतावा आ गया..."

"जानते हो..." एक बुजुर्ग संकोच के साथ बोले, "मेरा परिवार भी शाकाहारी था...पार्टीशन के पहले की बात है...धर्मरक्षा, राष्ट्ररक्षा वाले हम बच्चों से जबरन मुर्गा कटवाते थे...ताकि वक्त पड़ने पर किसी के पेट में छुरा घोंपने में जी न कचिया जाए..."

"शाकाहार-वाकाहार; जैन-बौद्ध बेकार की बात है, रघु..." अब तक चुपचाप खड़े सुन रहे सुकेत की नजर हाथ में थमे गिलास से झाँकती ला-फ्राय की सुनहरी सूरत पर थी...लेकिन आवाज़ में उस सूरत पर निगाह होने का सुकून नहीं, कोई गहरा, डरावना भेद जान लेने का दर्द था...सुकेत की आवाज़ न जाने कितनी दूर से आ रही थी...

"असली चीज है डर...भय...फ़ीयर...वैसी ही बुनियादी, अपरिहार्य सचाई, जैसी भूख, प्यास और सेक्स...तुम्हारी टाँग तोड़ने वालों को डर था कि तुम उनके देश के, उनके धर्म के दुश्मन हो...मिशनरी एजेंट हो...धर्म और परम्परा को डँसने वाले साँप हो...साँप का नवजात बच्चा कितना सुन्दर लगता है...देखा है कभी? मैंने देखा है...इतना छोटा-सा...नन्हा-सा फन क्या ताव से, क्या शान से उठाता है...क्या दिलकश नजारा होता है, लेकिन हम उसे कुचल देते हैं क्योंकि साँप का बच्चा है...बड़ा होकर डँसेगा ही...अभी ही कुचलने में संकोच क्यों? मतलब यह...पहले मन में किसी पहचान के खिलाफ डर

बैठाओ...कोई भी पहचान...हिन्दू, मुसलमान, ईसाई...कोई भी...मन में बैठा दिये गए डर का जोड़ गुस्से के किसी खास पल के साथ बैठ जाए, फिर मन में बैठे डर को हमले का रूप लेने में देर कितनी लगनी है? बाद में वह जैन लड़का ही नहीं, रघु...हो सकता है, उसके साथी भी पछताएँ हों...लेकिन उस खास पल में न तो तुम्हारी चीखों ने उन्हें रोका, न सड़क पर बिखरते खून ने...डर है असली चीज...फीयर इज दि की, माई डियर सर...जिससे भय होता है, उस पर करुणा नहीं होती...''

सुकेत के मुँह से निकली इस बात की सचाई के सामने कौन क्या कहता? बतियाती शाम पर एकाएक चुप्पी छा गई थी...जब टूटी तो बात बिल्कुल बदलकर।

रघु को सुकेत की बात के साथ, वह शाम भी याद आ रही थी, जब सुकेत शरणार्थी वाली बात के कारण पिटकर आया था...जब एक पल के लिए सुकेत को लगा था कि रघु दीमकों के साथ सह-अस्तित्व की वकालत कर रहा है...

'मैं सिर्फ धीरज से काम लेने की वकालत कर रहा था, सुकेत, आखिर दीमकों का साम्राज्य भी तो एक दिन में नहीं छा गया है...हम जैसे लोग दीमकों को फैलते देख रहे थे...और, हमारे जैसे कई लोग तो कई बार तालियाँ भी बजा रहे थे...'

कम्प्यूटर पर उस रक्तस्नाता को देखते, निजी यादों में आते-जाते रघु को अचानक आज़र नफीसी की किताब 'रीडिंग लोलिटा इन तेहरान' भी याद आ गई...वह अविश्वसनीय रूप से डरावना प्रसंग...खुमैनी विरोधी लड़के का टीवी पर लाइव कनफेशन और उसकी माँ का कहना, 'तुझे मिली मौत की सजा ठीक ही है...अयातुल्लाह के विरुद्ध होने का सही दंड है यह...'

कलेजे को किस तरह निचोड़ते हुए कहा होगा उस माँ ने यह? क्यों कहा होगा? अपने दूसरे बेटे-बेटियों, खाविंद को बचाने के लिए?...खुद को बचाने के लिए?...टीवी कैमरों के सामने अपने बेटे को बाजिवुल कत्ल ठहराते किस तरह की बददुआएँ उसने अपने-आपको दी होंगी...किस खून के आँसू बहा रही होंगी उसकी आँखें पलकों के भीतर ही भीतर...!

विचारक लोगों द्वारा अयातुल्लाह की क्रान्ति को यूरोप के विरुद्ध सांस्कृतिक पहचान के रेखांकन का मानक माना जा चुका है...सलमान रुश्दी के विरुद्ध भावनाएँ आहत करने के आरोप में जारी किया गया अयातुल्लाह का फतवा

दुनिया के इतिहास का महत्त्वपूर्ण अध्याय बन चुका है...कुछ लोगों के अनुसार रुश्दी अभिव्यक्ति की स्वतंत्रता के प्रतीक हैं, तो कुछ के लिए इस्लामोफोबिया के प्रवक्ता...लेकिन हैं वे जरूर—विचार में भी...भावनाओं में भी...

अपने बेटे की फाँसी के लिए फंदा बुनने में हाथ बँटाने के लिए मजबूर की गई इस माँ की भावनाएँ? किस विचार में हैं वे? किस इतिहास में हैं वे?

उस माँ की तुलना में तो तुम भाग्यवान निकलीं...रक्तस्नाता... अपराजिता...एक वही नहीं...एक खुमैनी के ईरान में ही नहीं...न जाने कितनी माँओं को, किन-किन क्रान्तियों की वेदी पर अपनी सन्तानें खुद 'डिनाउंस' करनी पड़ी हैं...

तुम दोनों की तुलना में, अपराजिता, मैं भाग्यवान था, हूँ...

उन लौंडों की कोशिश मेरे जिस्म को गोश्त के टुकड़ों में बदलने की नहीं, सिर्फ मेरे चेहरे का नक्शा बदलने की थी ताकि मैं हालात का नक्शा बदलने के चक्कर से सदा के लिए दूर हो जाऊँ...सच कहा था, सुकेत ने...वे मुझसे डरते थे, इसीलिए मुझे डराकर मेरा स्वभाव बदलना चाहते थे...कुछ लोग खौफ के जरिये ही दुनिया बदलना चाहते हैं...कुछ बरस पहले तक ही मैं खुद भी तो यही चाहता था...

...और इस चाहने में न जाने कब ऐसा हो जाता है, अपराजिता कि बदलाव देखने से ज्यादा हवस खून देखने की होने लगती है...वह विचार फिजूल लगने लगता है जिसके लिए खून बहाने की शर्त न हो...वह सपना देखने लायक नहीं रह जाता जो रक्तरंजित न हो...क्या सचमुच नामुमकिन है ऐसा बदलाव जिसकी नींव में खौफ न हो?

हाँ, भई, हाँ, जानता हूँ, कितना भी राग अहिंसा क्यों न अलाप लो...मनुष्य हो या समाज...बदलाव हो या विकास...हिंसा के बिना कुछ होता है क्या...कहीं जाहिर, तो कहीं छिपी हुई...!

जानता हूँ, फिर भी पूछता हूँ—क्या कभी कोई ऐसी व्यवस्था बन पाएगी जिसके निर्माण में किसी इन्सानी पहचान से नफरत का गारा न इस्तेमाल किया गया हो?

"बहुत फुटेज खा रही हैं, यार, तुम्हारी यादें...अब उठ भी जाओ...सुकेत और शम्स तो पहुँच भी चुके होंगे अब तक..."

यह कौन बोला? कहाँ से बोला? ऐसी पींपनी-सी आवाज, जैसे कोई बच्चा गले से जबरन वयस्क आवाज निकालने की कोशिश कर रहा हो!

कौन बोलेगा? कोई नहीं...हेल्यूसिनेशंस सिर्फ देखने के नहीं, सुनने के भी तो होते हैं।

"ऐसी-तैसी तुम्हारी, और तुम्हारी फैंसी बकवास की..."

अरे, आवाज तो कम्प्यूटर से आ रही है...वाट दि हैल!

"हैल अभी देखा कहाँ है बेटा...मोबाइल तो बन्द करके दराज में घुसेड़ दिया..."

"ओ माई गॉड..."

यकीन नहीं हो रहा था...रघु ने आँखें मलीं, मूँदीं, फिर खोलीं...गुस्से का इमोटिकॉन लाल रंग के चेहरे पर सींग धारण किए कम्प्यूटर के पूरे परदे पर छा गया था। पींपनी-सी आवाज में बोल रहा था, "अब देखना, नाकोहस तेरे क्या-क्या कहाँ-कहाँ घुसेड़ता है..."

यह हैल्यूसिनेशन है...दुःस्वप्न है...थकी, परेशान चेतना पर बचपन में सुनी परी-कथाएँ हावी हो गई हैं...माजरा क्या है?

"तुम्हारा मोबाइल बार-बार कोशिश कर रहा था कि पढ़ लो नाकोहस का मैसेज...तुम तो साले...उठोगे नहीं न, अभी भी...बेइज्जती से ही चलोगे..." इमोटिकॉन का चेहरा और सुर्ख हुआ जा रहा था, सींग स्थिर रहने के बजाय फड़क रहे थे।

"नाकोहस? वाट नाकोहस?"

"तेरी तो...साले, अंग्रेज की औलाद...हमें क्या फालतू स्टूडेंट समझ रखा है, जो तेरे सवालों के जवाब देते फिरें...वाट नाकोहस?...आ जा बेटा...अभी पता चलता है, वाट नाकोहस एंड वाट नॉट नाकोहस..."

इमोटिकॉन ने फड़कते सींगों का फंदा बनाकर रघु की गर्दन जकड़ी और उसे कम्प्यूटर के भीतर खींच लिया।

चार

किस दुनिया के सपने देखे थे,
किस दुनिया में पहुँचे...

'ठीक कहता है, रघु...बिल्कुल ठीक कहता है सुकेत...यह ड्रिंक्स और ड्राइव मिक्स करना ठीक नहीं शम्स प्यारे...उम्र भी हो चली... अब तो थोड़ी सावधानी बरतनी ही चाहिए...'

शम्स ने गाड़ी सड़क के किनारे लगा दी थी, अपने-आपसे बात कर रहा था...

सुकेत की कॉलोनी से मुख्य सड़क तक तो आराम से आ ही गया था, उसके बाद भी वह गाड़ी बहुत धीमी रफ्तार में, बहुत सावधानी से चला रहा था। पीकर गाड़ी चलाते वक्त शम्स अतिरिक्त सावधानी बरतता ही था। थोड़ी देर में ही उसने महसूस किया कि उसकी गाड़ी भले ही धीमी रफ्तार में चल रही है, आस-पास आवाजें बड़े हड़बड़ाए हुए ट्रैफिक की हैं...केवल आवाजें ही... 'अजब बात है...अजब क्या? थोड़ी ज्यादा चढ़ गई है...कान बज रहे हैं...'

कुछ ही देर में उसे लगा कि बात कान बजने की नहीं, उसे अपने दायें-बायें तेजी से दौड़ती गाड़ियाँ तो नहीं, लेकिन उनकी कौंधें जरूर दिख रही थीं, आवाजें तो इतनी बढ़ गई थीं कि अपनी गाड़ी के शीशे पूरी तरह चढ़ा चुके शम्स को लग रहा था कि आज कान के परदे तो फटकर ही रहेंगे...श्यूँ...शाँय... श्यूँ...शाँय का शोर जान छोड़ ही नहीं रहा था, बीच-बीच में हौं...हौं...कीं...कीं करते हॉर्न...गाड़ियाँ फिर भी नहीं दिख रही थीं...बस, सफेद, पीली और लाल बत्तियाँ एक अनन्त सिलसिला बनाकर दमक रही थीं, जिसमें कभी कोई रंग हावी हो जाता था, कभी कोई...शम्स को तारकोवस्की की फिल्म 'सोलारिस' का डरावना ट्रैफिक याद आने लगा...

'ऐन यही कैफियत तो वहाँ थी...ऐसी ही आँखफोड़ कौंधों और कानफाड़ आवाजों से भरा था वह दृश्य...वह तो परदे पर था...यहाँ तो लग रहा है, कोई लम्बा...इतना लम्बा गिरगिट रंग बदलता, शोर मचाता ऐन मेरे आस-पास से गुजर रहा है...इतनी रात गए कभी लगता है, घनघोर ट्रैफिक है...कभी एकदम सन्नाटा...अपनी गाड़ी के पैरेलल न जाने और किन-किन गाड़ियों के भूत-

प्रेत दौड़ रहे हैं...कुछ नहीं बेटा...चढ़ गई है...और अपन बैठे हैं स्टियरिंग व्हील पकड़े...या तो खुद मरेंगे या दो-चार को मारेंगे...ठीक नहीं है यार...बस, आज घर पहुँच जाऊँ... उसके बाद तौबा...कभी पीकर गाड़ी नहीं चलाऊँगा...'

ड्राइव करना बहुत मुश्किल हो चला था। इधर से आती श्यूँ...शाँय से बचने के लिए गाड़ी उधर दबाता था तो फिर वही श्यूँ...शाँय...फिर गाड़ी काटता था, कहीं कुछ नहीं...सन्नाटा, वही आधी रात का, इक्का-दुक्का गाड़ी...'वहम हो रहा है मुझे...दुःस्वप्नों की बिरादरी के सभी बिरादरों को होते ही रहते हैं ऐसे वहम...'

फिर से गाड़ी चलाने की कोशिश...फिर वही आलम...तेज ट्रैफिक से गुजर रहे होने के वहम के कारण एक-दो बार तो शम्स का पाँव अनजाने ही एक्सीलरेटर पर दबाव दे बैठा कि कहीं तेज ट्रैफिक उसे टक्कर मारता आगे न बढ़ जाए!

सुकेत के घर से निकलने के दस ही मिनट के भीतर-भीतर तीन बार ऐसा हो चुका था...परेशान हाल शम्स ने थककर गाड़ी एक किनारे लगा दी...वह इस अजब मंजर को समझने की कोशिश कर रहा था...'नहीं, यार...ठीक नहीं यह बात...आगे से बिल्कुल नहीं, कतई नहीं...नो मिक्सिंग ड्रिंकिंग विद ड्राइविंग...' अपने-आपसे कह रहा था।

'पक्की बात, इस बार एक और मद्यप-संकल्प नहीं,...तात सुकेत...' शम्स ने मन-ही-मन सुकेत को, अपने और उसके खास लहजे में सम्बोधित किया, 'मद्यप-संकल्प नहीं, सत्य प्रतिज्ञा...'

शम्स दरवाजा खोल गाड़ी से बाहर निकला...रात के इस सन्नाटे में तो हवा में डीजल-पेट्रोल नहीं घुला होगा...कुछ राहत मिलेगी...नशा उतरेगा...वहम पीछा छोड़ेंगे...ली जाए बाहर की हवा में कुछ देर साँस...गाड़ी से बाहर पाँव रखते-रखते शम्स ने गहरी साँस ली...गाड़ी से दो-एक कदम दूर सरककर अंगड़ाई ली...दोनों बाजू आपस में लॉक कर तन पीछे, फिर आगे की ओर ताना...हाथ सिर के ऊपर कर पंजों के बल खड़ा हुआ...इस व्यायाम से बदन तो खुलेगा ही, दिमाग़ भी खुलेगा...फालतू का वहम खोपड़ी से बाहर, सड़क पर टपकेगा...शम्स ने एड़ियाँ वापस ज़मीन पर टिकाकर यों मसलीं, जैसे खोपड़ी से बाहर आ टपके वहम को निर्णायक रूप से कुचल रहा हो...फिर से गहरी साँस ली।

डीजल, पेट्रोल से मुक्त हवा की गंध नहीं, उसके नथुनों में महीनों से जमा हो रहे कचड़े की बदबू प्रवेश कर रही थी...ताजगी नहीं, उसके मन तक किसी मुर्दा तालाब के ठहरे हुए पानी की सड़ाँध पहुँच रही थी...

ऐन वैसी ही बदबू, जैसी सन चौरासी की उस मनहूस रात, उस शहर के गोशे-गोशे में फैल गई थी...यह हो क्या रहा है...मामला केवल ज्यादा चढ़ जाने का नहीं...कहीं इस शहर में भी तो कहीं कोई गैस...

"नहीं...खुदा के वास्ते नहीं..." शम्स के गले से निकली चीख मुर्दा तालाब के ठहरे पानी से जा टकराई, लगा, जैसे बदबू की और भी लहरें उठने लगी हैं...साथ ही, 'खी...खी...खी...' शरारती हँसी की आवाजें...

बाहर ये आवाजें, और भीतर, इस अजीब मंजर में पहली बार, डर के कदमों की आहट...शम्स के कदमों में लड़खड़ाहट...उसने गाड़ी का सहारा लिया, 'बेकार का वहम, बेकार का डर...इस शहर में है कहाँ वैसी कोई फैक्टरी...जो हवा में उस तरह की मौत घोल दे...'

'खी...खी...खी...' वाली शरारती हँसी की आवाजें वैसे 'हा...हा... हा...' नाटकीय अट्टहास में बदल गईं, जैसा पहलवान मामा मोहल्ले की रामलीला में रावण का रोल करते वक्त मुँह से निकाला करते थे। इस अट्टहास में भी नाटकीय बनावट के साथ शरारत मौजूद थी...

"आपको तो गोया इस शहर के गोशे-गोशे की, रग-रग की खबर है न शम्स म्याँ...पक्की खबर कि कहीं वैसा जहर नहीं बह रहा, जैसा उस रात, उस शहर में?"

पहलवान मामा की न तो आवाज ऐसी थी, न लहजा...यह तो लग रहा है, सचमुच के रावण का कोई दरबारी बोल रहा है!

नहीं, यह बिल्कुल ठीक नहीं...मजाक नहीं...बहुत ज्यादा पी गया हूँ मैं...अरे, यार...सुकेत के घर पर ही सो जाता...यह ठीक नहीं किया मैंने।

शम्स ने गाड़ी का सहारा लिया...इधर-उधर चैन खोजती निगाहें टिकीं सामने वाले विशाल होर्डिंग पर...ताज्जुब और डर से शम्स की आँखें फैल गईं, गर्दन को जोर से झटका दिया, पलकें भींचकर मूँदीं...खोलीं...सामने उस होर्डिंग पर वही डरावनी तस्वीर...उस बच्चे का मुर्दा सिर...आधी दफ्न लाश कब्र से बाहर झाँकती हुई!

इकतीस साल पहले की वह रात शम्स के सामने की इस रात के माहौल में घुली जा रही थी...इन तस्वीरों जैसी कितनी और तस्वीरें—ठहरी हुईं, दौड़ती हुईं, बेबस चीखों से आसमान भरती हुईं तस्वीरें...साथ में खी...खी... खी की आवाजें...नाटकीय ठहाके...कहीं दूर ऊँची आवाज में, जोर-शोर से चल रहीं बहसों के स्वर...जो शम्स के कानों तक किसी भुतहा दावत में चल रहे बैक-ग्राउंड म्यूजिक की तरह पड़ रहे थे, और...

और...वह बदबू जिसके आगे बचपन के शहर में चौतरफा बहने वाले नाले की बदबू सुगंध-सी बनकर याद आ रही है...वह बदबू जो 1984 की उस ठंडी रात उस गुलजार शहर पर छा गई थी...जैसे मौत अपना प्रिय परफ्यूम धारण किये पार्टी में चली आई थी...उस पार्टी में इन्सानी जिन्दगियों को शराब की तरह पिया और बहाया जा रहा था...वही पार्टी इस रात तक जारी है...श्यूँ...शाँय...श्यूँ...शाँय करती गाड़ियों में भागते भूत, प्रेत और चुड़ैल उस पार्टी में पहुँचने की हड़बड़ी में ही हैं...शम्स को मुँह चिढ़ाते दौड़े जा रहे हैं...ओह...अब तो ठहाकों के बीच कुछ गाना-सा भी सुना जा सकता है...साफ नहीं, टुकड़ा-टुकड़ा...'अक्कड़-बक्कड़ बंबे बौ, अस्सी नब्बे पूरे सौ...'

बच्चों का यह गीत आधी रात में कौन गा रहा है, क्यों गा रहे हैं इतने सारे लोग यह गीत...शम्स ने ध्यान से सुनने की कोशिश की...'सौ में लगा धागा'...और आगे, 'विकास निकलकर भागा'...क्या मतलब? हम तो गाते थे, 'चोर निकलकर भागा'...उसकी जगह विकास ने कब ले ली? तमाशा क्या है यार? अच्छा, यह आगे क्या गूँज रहा है...'न माने तेरी बात, खुपड़िया उसकी फौरन फोड़...'

'हद है, वाकई हद है, अब भूत, प्रेत और चुड़ैलें भी खोपड़ी फोड़ने के धन्धे में लग गए...'

डर और बिगूचन के बीच भी शम्स आखिर शम्स था, मन-ही-मन रघु को छेड़े बिना उससे रहा नहीं गया, 'लीजिए सेंट रघु रूबेन...अब डेविल्स ने यह काम भी शुरू कर दिया...चलिए, सुनाइए इन्हें भी देवी अहिंसा और करुणा का गॉस्पेल...'

जिन्दादिली की ताईद करती मुस्कान शम्स के मन से चेहरे तक पहुँची, उधर मौत की बदबू का असहनीय झोंका उस पर पोंछा लगाने को मुस्तैद था...मुस्करा नहीं सका शम्स का चेहरा, बल्कि बदबू के जरिए आ रही यादों के थपेड़ों से विकृत हो गया।

वह बदबू उस गुलजार शहर से फैलकर सारे देश के इतिहास, भूगोल पर छा गई थी...स्मृति से उसे पोंछ डालने की बेशर्म कोशिशें कामयाब हो चली थीं। अमेरिकी अदालतें फैसला दे चुकी थीं कि हिन्दुस्तानी या किसी भी गैर-अमेरिकी, गैर-यूरोपीय जान का भाव अमेरिकी-यूरोपीय जानों की तुलना में औना-पौना ही था। लोग मर गए थे। लोग अब तक मर रहे थे। लोगों की जिन्दगी और मौत के बीच की दीवार फुसफुसी हो चुकी थी।

वह सारा शहर गैस की मौतों के साथ इतने बरस बाद तक जी रहा था, मर रहा था।

...अक्कड़-बक्कड़ बंबे बो...अस्सी नब्बे पूरे सौ...

खेलने वाले अभी तक खेल रहे थे। उस बच्चे के सिर जैसे जाने कितने सिरों की फुटबॉल की तरह इधर से उधर लतियाते हुए किसी तरह विरोधी के गोल में पहुँचा देने का खेल...जिस स्टेडियम में यह खेल चल रहा था, उसमें प्रेत ही प्रेत थे—कभी रोते, कभी हँसते। जिम्मेवारी की फुटबॉल को लतियाते, खेलते, उत्तेजना में शोर मचाते प्रेत!

'हम लोग भावनाएँ आहत करने के कारण ठुकते-पिटते रहते हैं, ये प्रेत किसी की भावनाएँ आहत नहीं कर रहे?'

शम्स चीखना चाहता था, 'हरामजादो...'

शम्स पूरी ताकत से चीखा था...लेकिन चीख खामोश आँसू और हल्की-सी कराह में बदलकर रह गई...बदबू ही बदबू...और साथ में यादें...जोंकों, पटारों और साँपों के स्पर्श के गिजगिजे अहसास!

मेरी, हम सबकी, यादों में, अहसासों में बस यही सब बचा है क्या?

इन इकतीस बरसों में...सब कुछ कैसा बदल गया न...हम लोगों ने किस दुनिया के सपने देखे थे, किस दुनिया में पहुँचे...जिधर देखो उधर...सारे कुएँ में भाँग पड़ी है...हरेक खेत में अफीम बुवी है!

आस-पास शोर बढ़ता जा रहा था, लम्बे ट्रैफिक-गिरगिट की दौड़ती छाया सड़क पर और तेजी से लपक रही थी, शम्स किनारे खड़ी गाड़ी की ओट में था, लेकिन डर था कि किसी भी पल इस लपकती, चिंघाड़ती छाया का एक हिस्सा ठोस होकर आएगा, शम्स को और उसकी गाड़ी को टक्कर मारकर उड़ा देगा।

'सही कहते हैं, सेंट रघु रूबेन...' शम्स की आँखें मुँदी हुई थीं कि चित्त शान्त हो; वह सोच रहा था, 'मैं हर बात को खिल्ली में उड़ाता रहता हूँ...सुकेत भी तो डरावने सपनों से परेशान है...उसे मनोविश्लेषण का मशविरा देकर क्या गलत करता है, रघु...असल में तो हम तीनों...जरूरत हम तीनों को है...मैं तो साला जागते में, बीच सड़क पर, आधी रात में इस बेहूदा सपने से...या शायद दीवानगी के दौरे से गुजर रहा हूँ...वहम-फहम नहीं, बाकायदा खलल है दिमाग़ का...बस, किसी तरह घर पहुँच जाऊँ...फिर...सुबह होते ही...रघु, सुकेत...सायको-एनेलिस्ट...'

फैसला कर, आँखें खोलीं, एक पल के लिए यह अजीब रात सामान्य-सी होती लगी...वही इक्का-दुक्का गाड़ियाँ...अरे, नजर के ऐन सामने...नहीं, सामान्य तो नहीं रात लेकिन सामने इस समय जो दृश्य था, वह डर या चिढ़ नहीं, राहत देने वाला था...ऐन सफेद दाढ़ी, हरा चोगा...

शम्स नास्तिक था, अज्ञानी नहीं...पलक झपकते समझ गया कि वह ख्वाजा खिज्र के रू-ब-रू है...बुजुर्ग कुछ चिन्ता से, कुछ प्यार से मुस्कराते दिख रहे थे।

"हजरत, आप?" शम्स के मुँह से निकला, "मेरे जैसे मुनकिर को भी रास्ता दिखाने आ गए, बड़ी मेहरबानी..."

"एक तो, तुम खुद को मुनकिर कहते हो जरूर बेटा, हो या नहीं, यह फैसला हम पर छोड़ दो..." बुजुर्गवार मुस्कराते हुए कह रहे थे, "वैसे भी अल्लाह की रहमत एक ही किस्म के लोगों तक तो महदूद नहीं...और दूसरे, रास्ता तो तुमने चुन ही लिया है..." आवाज में इस वक्त हल्की-सी शरारत उतरी, "मान लो, मैं किसी और रास्ते पर चलने को कहूँ तो...मान जाओगे?"

शम्स के चेहरे पर भी मुस्कान आ गई, दार्शनिक तौर पर किसी सत्ता से इनकार करना और बात है, भटके हुओं को राह दिखाने वाले बुजुर्ग की बात से इनकार, उनके अपने मुँह पर कैसे करे? सकुचाहट-भरी मुस्कान को ही उसने, और हजरत खिज्र ने भी जवाब मान लिया। हजरत फिर से मुस्कराए, इस बार शरारत नहीं, दर्द और सरोकार की छायाएँ होंठों पर, आँखों पर लिये यह जो मुस्कराहट थी,शम्स के भीतर उतरती ही चली गई—दुआ की तरह, फ़िक्र की तरह...बिगूचन और डर की सुरंग में राह दिखाने वाली रोशनी की तरह।

"मैं तो, मेरे बच्चे, बस दुआएँ लेकर आया हूँ तुम्हारे लिए..." बुजुर्ग आगे कह रहे थे, "रास्ता तुमने चुन ही लिया है...खयाल बस यह रहे कि रास्ता तुमने खुद चुना है, इम्तिहान दूसरे चुनेंगे...हमेशा ऐसा ही होता आया है...दुआ यही कि तुम्हारी हिम्मत बनी रहे..."

"यानी, आपको भी सही लगता है मेरा चुना रास्ता?" पूछे बिना शम्स से रहा नहीं गया।

बुजुर्ग कुछ बोले नहीं, बस जरा-से मुस्कराए...शम्स को जवाब मिल गया...ऐसे सवालों के जवाब बाहर से पाने की उम्मीद ही क्यों?

हजरत खिज्र के हाथ दुआ में उठे हुए थे...उनके चोगे का हरापन धीरे-धीरे हवा में घुलता जा रहा था...ठहरे पानी की सड़ाँध कुछ कम होती लग रही

थी...पहली बार शम्स को लगा कि हवा में कुछ राहत भी है...हजरत के प्रति कृतज्ञ शम्स ने उनका अभिवादन किया...उनकी हौले-हौले विलीन होती मुस्कान में आशीर्वाद पढ़ा...आस-पास फिर से देखा।

'आखिरकार, आखिरकार...काले जादू की इस रात में आखिरकार... फिर वही रोज की ही सी स्ट्रीट-लाइट्स...थैंक गॉड...राहत मिली, निकला जाए, अब...शुक्रिया ख्वाजा साहब...'

मन में बात पूरी कर भी नहीं पाया था कि ख्वाजा की मीठी आवाज कानों में पड़ी, "राहत? शम्स म्याँ, इतनी जल्दी राहत? अभी तो बस शुरुआत हुई है...राहत नहीं, हिम्मत...हिम्मत...हिम्मत..."

शम्स चेतावनी सुनकर चौंका। डरते, झिझकते उस होर्डिंग की तरफ फिर से निगाह उठाई...बच्चे का मुर्दा सिर नहीं था...लेकिन...लेकिन...वहाँ पूरे होर्डिंग पर थे अजीब, पहले कभी नहीं देखे गए नारे...

'डाउन विद मेमोरी', 'लांग लिव इग्नोरेंस', 'यादों को झोंको भाड़ में/ नाकोहस बोले लाड़ में', 'जो याद रखेगा वो मार खाएगा', 'कला वही जो दिल बहलाए', 'साहित्य वही जो मौज कराए', 'चिन्तन वही जो झट चेतन कर जाए', 'लेखन वही जो फट पल्ले पड़ जाए', 'बुद्धि वही जो नाकोहस दिलवाए'...

होर्डिंग जैसे सिनेमा के परदे में बदल गया है। ये नारे उस पर चल रहे हैं। एक जाता है, दूसरा आ जाता है...साथ में सिनेमा जैसी ही चलती-फिरती तस्वीरें भी...किसी तस्वीर में किताबें जलाई जा रही हैं, किसी में इन्सान...किसी में लड़कियों के कपड़े फाड़े जा रहे हैं, किसी में लोगों के सिर...!

बुरी तरह चकराए, थर्राए शम्स ने आसमान की ओर देखना चाहा, इस विचित्र रात में चाँद, सितारे तो अपनी जगह पर ही हैं न, शायद हजरत ही फिर दिख जाएँ...या वहाँ भी...नजर उठाई ही थी कि एक विशाल चील झपट्टा मारती दिखी...शम्स को उठा ले जाने के लिए ही आ रही थी...शम्स फिर से चीख उठा...आँखें खुद-ब-खुद मुँद गईं...कानों में फिर से वही शोर...साथ ही चील की कर्कश, देर तक गूँजती आवाज, 'क्रैं...क्रैं...क्रैं...'

'तो, आखिरकार, वक्त-ए-सफर आन ही पहुँचा...अलविदा फलक...जहाँ हो, आबाद रहो...अलविदा...'

मुँदी पलकों के पल-भर में शम्स ने बहुत लम्बा अरसा देख लिया...फलक का आँसू-भीगा चेहरा देख लिया...उसके अब्बा और उनके दोस्तों की वह बात सुन ली, जिसके बाद सुनने को कुछ बचा नहीं था...

''एक तो, साहब, शिया...चलिए, किसी तरह दिल समझा लें, बर्दाश्त कर लें...लेकिन यह खंजीर तो मुनकिर भी है...लाहौल विला कुव्वत...अल्लाह पाक से ही इनकार करता है, हुजूर को पैगम्बर मानने को राजी नहीं...अरे, जनाब, मेरा बस चले तो इस बेहूदे का सिर अपने हाथों कलम कर जमीन को इसके नापाक वजूद से आजाद कर दूँ...मरदूद की हिम्मत तो देखिए...मेरी बेटी से शादी करने चला है...यहाँ वकार वाले इन्सान हैं...अल्लाह और रसूल सल्लेह सलालहू अल्लहेवसलाम की शान में गुस्ताखी करे तो खुद अपने खून को भी तलवार पर चमकता देखने में पलकें न झपकाएँ...मुनकिर को दामाद बनाने से बेहतर है बेटी को मार खुद मर जाएँ...

''अलहम्दुलिल्लाह...अलहम्दुलिल्लाह...''

फलक के आँसू शम्स की मुँदी पलकों के भीतर ही ठिठककर रह गए...फलक और शम्स...आकाश और सूरज—दोनों के ठिठके आँसू एक ही जोड़ी पलकों के भीतर!

आँखें जैसे खुद-ब-खुद मुँदी थीं, वैसे ही खुद-ब-खुद खुल भी गईं...शोर तो मौजूद है लेकिन चील नहीं...यानी डरावना वहम जितना भी हो, मौत की सचाई फिलहाल नहीं...मैं खुद ही नहीं, सभी मानते हैं कि आसानी से डरता नहीं मैं...बहादुर हूँ...हर हाल में मजाक सूझ ही जाता है मुझे...लेकिन इस अकेलेपन में जहाँ मेरी बहादुरी की तारीफ करने वाला कोई नहीं...बाद में भी इस क़िस्से पर यक़ीन करने वाला कोई नहीं...इसकी तारीफ़ में कसीदे काढ़ने वाला कोई नहीं...इस रात की क़ैफ़ियत जरूर खौफ़नाक़ है, लेकिन क़िस्सा मेरी जिन्दगी की एक रात का है...सुल्तान और शहजादी के बीच लगी शर्त की हजार रातों का नहीं...चील मुझे उठाने झपटी थी, सिन्दबाद जहाजी को नहीं।

शम्स का बदन पसीने-पसीने था...शराब का असर हो, या दिमाग़ी ख़लल का...बीमारी का दौरा हो या परेशानी का...इस वक्त अकेला हूँ...कोई नहीं यहाँ...रघु नहीं, सुकेत नहीं...

खड़े रहना मुश्किल हो गया था। कार का दरवाजा खोल वह ड्राइविंग सीट पर जा बैठा...हाथ स्टेयरिंग पर टिका लिये...खुद को सँभालूँ, हिम्मत से काम लूँ...।

हिम्मत ? बहादुर ? निडर ?

'सच्चा बहादुर अपने अकेलेपन में बहादुर होता है, मजमे में नहीं...' शम्स ने खुद को याद दिलाया, 'एक जोड़ी निगाहों तक में तारीफ देखने की

इच्छा के बिना अपने काम में, एकान्त में बोलती है सच्ची बहादुरी... हिम्मत बनाए रखूँ...कोई यकीन करे न करे, इस डरावनी रात से निकलकर अपने आपे में आ सकूँ, सलीके से सोच सकूँ, सही फैसला ले सकूँ...तभी खुद को हिम्मती कहूँ...किसी तरह घर तो पहुँचूँ...फिर देखते हैं...'

शम्स ने टाँगें थोड़ी फैला लीं...बाहर कुछ बदला नहीं लग रहा था...बस, आवाजें कभी कम हो जाती थीं, कभी तेज...सामने वाले होर्डिंग पर कभी डरावनी तस्वीरें उभरने लगती थीं, कभी तस्वीरों के साथ नारे भी चलने लगते थे...शम्स ने सिर सीट पर टिका दिया, बदन ढीला छोड़ दिया...वह खुद को सँभालने की कोशिश कर रहा था।

उसकी आँखें ही बन्द थीं...कानों में तो कभी फलक की हँसी और आवाज की मिठास घुल रही थी, कभी उसके बाप की जबान का तेजाब...कभी रघु और सुकेत के साथ की गई बहसें, गप्प-गोष्ठियाँ बोल रही थीं, कभी चुटकुले और शरारतें...कभी अम्मी-अब्बा का लाड़ उसे सहला रहा था, कभी स्कूल की बचकानी आवाजें।

आँखें मूँदकर आप सामने की दुनिया से ही नजर बचा सकते हैं, यादों की दुनिया से नहीं।

गूँज रहे हैं शम्स के कानों में पाकिस्तान या कब्रिस्तान के विकल्प... बाबर की औलाद होने के ताने, घर-वापसी के न्योते...साथ ही सेल्फ-हेटिंग मुसलमान होने, बहुसंख्यक संस्कृति के बहाव में बह जाने के आरोप... इस्लामोफोबिया का मरीज होने के निदान...

कैसे बचे शम्स कानों में बह रही इन यादों से? कार के भीतर तक चली आ रही ठहरे पानी की बदबू से?

उस दिन सुकेत कितना लज्जित था! कॉलेज के दिनों में सुकेत के साथ रहा था वह बड़ा सरकारी अफसर...सुकेत उसकी औकात जानता था इसीलिए मेरा परिचय खास बल देकर कराया था, 'मेरे दोस्त शम्सुद्दीन...' फिर भी वह बेधड़क कहे जा रहा था, 'गुजरात में सबक सिखाया गया इन डिस्टगस्टिंग इलीमेंट्स को...अच्छा हुआ...'

अपनी हिम्मत और बहादुरी का इतना आह्वान कर रहा हूँ मैं, और यादें इस तरह की...लपक-लपककर आ रही हैं...कहीं वास्तव में ही तो आखिरी वक्त नहीं...

"हू वाज़ दिस मिस्टर कबीर... ?"

भाषण दे रहे वक्ता के चेहरे पर हकबकाहट...सुनने वालों में से कुछ के चेहरों पर ताज्जुब...कुछ के चेहरों पर सवाल पूछने वाले की ही तरह की अवज्ञा...पूछने वाला कबीर की ही नगरी का है...नौजवान, साड़ियों का बड़ा कारोबारी...नाम में आगे हाजी, पीछे अंसारी!

यह सिर्फ सवाल है क्या? सवाल पूछने वाला अकेला है क्या?

"अहा...शम्सुद्दीन...कुछ शेरो-शायरी हो जाए दीन साहब...सुनाइए न कुछ।"

"सबसे पहले कि संक्षेपण करना ही है, तो दीन नहीं, शम्स कहिए दीनबन्धु...और दूसरी बात यह कि मुझे जो याद है..."

"हानजी, हानजी, जो भी आपको याद हो, हमें तो वक्त काटना है जी, लांग जर्नी है जी..."

"मुझे तो जी, दर्द याद है..."

"दर्द?"

"जी, दर्द...एक खाँचे में बैठा देने का दर्द...न बैठना चाहूँ तो हाथ-पैर तोड़े जाने का दर्द...जान से मार देने की धमकियों का दर्द...कब्रिस्तान या पाकिस्तान पहुँचा दिये जाने की घोषणाएँ पहले जन्मदिन से लेकर पिछले जन्मदिन तक लगातार सुनने का दर्द..."

"तुम खुद मुसलमान हो, लेकिन कितने इनसेंसिटिव हो, मुसलमानों के इशूज के बारे में..."

"मुसलमानों के इशूज? जो जाहिल मौलाना लोग और खुदगर्ज नेता लोग ऐश करते हैं, मुसलमानों के नाम पर...जो मुसलमान वोटों का टेंडर उठाते हैं...उनकी लगाई बोलियों में आप लोगों को मुसलमानों के इशूज की आवाजें सुनाई देती हैं... ?"

"दिस इज टू मच...तुम तो पूरी तरह मैजोरिटेरियनिज्म की गिरफ्त में आ चुके हो...ह्यूमैन राइट्स तक की परवाह नहीं रही तुम्हें..."

"इनका नारा है, 'आजादी का मतलब क्या? लाइलाहइल्लिलाह...निजाम-ए-मुस्तफा...' और आप इनका समर्थन करते हैं...आपको कोई मतलब नहीं कि आजादी के नारे के पैकेज के भीतर चीज क्या है, कैसी है...औरतों की क्या हालत होगी...मजदूरों, मेहनतकशों के क्या हक होंगे, या नहीं

होंगे...डेमोक्रेटिक राइट्स का क्या होगा...इस तरह के यूनिवर्सल इशूज की आपको परवाह नहीं...बात करते हैं यूनिवर्सल ह्यूमैन राइट्स की..."

"नानसेंस...किस कदर पिछड़े, बल्कि इललिटरेट हो, यार, शम्स... यूनिवर्सलिज्म का पाखंड तो कब का उजागर हो चुका...प्योर बकवास... बात यूनिवर्सल नहीं, आइडेंटिटी स्पेसिफिक ह्यूमैन राइट्स की है, इस मामले में इस्लामिक ह्यूमैन राइट्स की...माइनारिटी सेंटिमेंट्स को ठेस अब बर्दाश्त नहीं की जाएगी, पहचानों को और दबाया नहीं जा सकता...तुम जैसे लोग मैजोरिटेरियन माइंडसेट की गिरफ्त में आ चुके हैं...सच तो यह है कि तुम वेस्टर्न एस्टैबिलिशमेंट के एजेंट हो..."

"यानी आपके हिसाब से, अब मैं ह्यूमैन...मेरा मतलब...इस्लामिक हूयूमैन राइट्स से भी वंचित...सॉरी...मुझे 'वंचित' नहीं, 'महरूम' कहना चाहिए था..."

"जहन्नुम में जाओ..."

"वो तो खैर एक दिन जाना ही है...लेकिन, फिलहाल तो आपके या निजामे मुस्तफा वालों के हाथों अस्पताल पहुँचने का अंदेशा है मुझे..."

"अजब नालायक हो यार, माइनारिटीज की, उनके हमदर्दों की ही भावनाएँ आहत करके चले आ रहे हो...कैसे धर्मनिरपेक्ष हो..." सुकेत ने कहा था।

"छोड़ो यार, यह ससुरी धर्मनिरपेक्षता तो अपने देश में आहत भावनाओं की एंबुलेंस बनती जा रही है..." अपनी चिढ़ोक्ति याद कर, यातना और बिगूचन-भरे इस पल में भी शम्स के होंठों पर मुस्कान आ ही गई...

"आहत भावनाओं की एंबुलेंस और अक्ल की बात करने वालों के लिए मुर्दागाड़ी..." रघु ने टुकड़ा जड़ा।

चेहरे पर मुस्कान आई थी, मन में हिम्मत, शम्स ने आँखें फिर भी नहीं खोलीं, पल-भर को रघु और सुकेत को फोन करने का खयाल भी मन में आया था, उसे बरकाया, 'क्या फायदा बेकार में उन्हें परेशान करने से...चलना तो होगा ही...घर पहुँचूँ...फिर देखते हैं...'

उसने लीवर खींचकर सीट पीछे की तरफ पसार दी, 'यहीं दस मिनट झपकी लेता हूँ, बदन को राहत मिलेगी...दिमाग़ भी कुछ ठंडा होगा...फिर बस, धीरे-धीरे...'

पसरी सीट पर अधलेटा शम्स जल्द ही अध-नींद में पहुँच गया...

वह किसी ऑपरेशन टेबल पर है, पेट के बल लिटाकर उसे बाँध दिया गया है...सिर उठाकर ऊपर की ओर देखने की गुंजाइश बनी हुई है...ऊपर देखते ही शम्स की चीख निकल जाती है...गिलोटिन का लम्बा, चिकना ब्लेड है वहाँ, जो घिर्र-घिर्र...इत्मीनान से नीचे आ रहा है...शम्स की सारी देह छटपटा उठी है...असम्भव है ज्यादा हिल तक पाना...किन्तु मौत के सामने से जिन्दगी की तरफ भागने की कोशिश तो बलिपशु भी करता ही है...वही असम्भव प्रयत्न शम्स कर रहा है...गिलोटिन का ब्लेड निश्चित गति से, निश्चिन्त भाव से शम्स की गर्दन की तरफ आ रहा है...शम्स की देह की छटपटाहट और ब्लेड की सधी रफ्तार; शम्स की आतंकित चीखों और गिलोटिन की सधी आवाज के बीच आतंक और यातना की जुगलबन्दी रची जा रही है...जो भुतहा आवाजें रास्ते पर छाई हुई थीं, वे यहाँ भी पीछे कहीं गूँज रही हैं...

तड़पते शम्स की निगाह नीचे, मेज के जरा सामने, ऐन उसकी आँखों की सीध में जाती है...वहाँ एक टब है...उसमें कई इन्सानी सिर कटे पड़े हैं...उनमें से कुछ शम्स की ओर देखकर हँस रहे हैं, कुछ के आँसू बहते दिख रहे हैं...कुछ की आँखें मुर्दा...कुछ की जिन्दा, लेकिन मुँदी हुई...

शम्स को गर्दन पर ठंडे इस्पात का स्पर्श महसूस होता है। पल, नहीं, पल के छोटे-से टुकड़े के लिए...इस बार उसे चीखने तक का समय नहीं मिलता।

वह चीखता है...सपने और जगार की दहलीज पर वह चीखता है...अपना सिर कटकर टब में गिरता देखता है।

उखड़ी हुई साँसों के साथ...डर से इधर-उधर ताकती आँखों के साथ, पसीने से तर-ब-तर, काँपती अपनी देह को शम्स किसी चिकनी दीवार के सहारे स्थिर होने की कोशिश करते महसूस करता है...वह तो सड़क पर, कार में था...यह कहाँ?...वैसे, यहाँ इस कमरे की बहुत धीमी रोशनी में सुकून तो है...सपने में, सपने के बाहर सुनी गई अपनी आतंकित चीखों से निजात दिलाता सन्नाटा भी कितनी राहत दे रहा है...?

कमाल की बात, रघु और सुकेत के भी आस-पास मौजूद होने का बेवजह अहसास भी है...!

खुद पर काबू पाता शम्स इधर-उधर देखता है...बेवजह कहाँ? इस गोल कमरे की दीवार के एक बिन्दु से सटा सुकेत खड़ा है, और एक पर मौजूद है रघु!

पाँच

होमो-इनफोमेटिकस को करना यही है कि कंक्रीट के जंगल में निवास करे, सूचना के वन का विकास करे और मनोरंजन के उपवन में विहार करे...

"तुम तो कह रहे थे, रघु और शम्स भी मिलेंगे...'' सुकेत ने चौड़ासिंह और सपाटचन्द से यह अभी-अभी कहा था या घंटे-आधे घंटे पहले? वक्त अँधेरी सुरंग में ठिठक गया था। कमरे में रोशनी का कोई स्रोत नहीं दिख रहा था, न किसी तरह की बत्ती, न कोई खिड़की या रौशनदान। घुप्प अँधेरा फिर भी नहीं था। 'शायद दीवारों और छत के भीतर कोई हाई-टेक फंडा हो!' सुकेत टटोलते-टटोलते, नीम-अँधेरे, गोलाकार कमरे में एक जगह दीवार से सटकर खड़ा हो गया था। शायद अगले ही पल, शायद घंटों बाद, सुकेत को कमरे में और मौजूदगियों का अहसास हुआ। गर्दन इधर-उधर घुमाई तो अहसास हुआ—गोल कमरे में एक बिन्दु पर शम्स...बदन में कुछ कँपकँपी-सी है...दूसरे पर रघु...परेशानी में पहलू बदल रहा है...ठिठके वक्त की इस गोलाकार सुरंग में रोशनी इतनी नहीं कि तीनों एक दूसरे की शक्लें साफ-साफ देख सकें, अँधेरा इतना नहीं कि एक दूसरे को पहचान ही न पाएँ।

सुकेत ने चाहा, लपककर रघु और शम्स तक पहुँचे, असम्भव। उसने चाहा कि पुकारकर कहे, 'अबे, तुम दोनों भी आ मरे...' असम्भव। वह गर्दन हिला सकता था, हाथ भी; लेकिन पाँव फर्श से चिपका दिये गए थे, जबान तालू से। रघु और शम्स की देहों की हलचल से मालूम पड़ गया कि वे दोनों भी इसी हालत में हैं...तीनों दोस्त एक छत के तले...नीम-अँधेरे गोलाकार के अलग-अलग बिन्दुओं पर...अनबोले, अनसुने...इन्तजार—न जाने किस बात का, किस घटना का, किस इन्सान का...!

'गोल कमरे का नहीं, बल्कि ठिठके वक्त की अँधेरी सुरंग ने साँप की कुंडली का रूप ले लिया है, मैं साँप की देह से सटा खड़ा हूँ...' सुकेत को एकाएक लगा। उसने छुई कभी नहीं थी साँप की देह...उस छुअन की कल्पना तक डरावनी लगती थी, घिनौनी भी...दो कदम आगे सरकने की कोशिश की...असम्भव, पाँव फर्श से चिपके हुए थे...सर्प-देह के चंगुल में खड़ा है,

यह अहसास ही सुकेत की आत्मा के रेशे-रेशे में घिन, डर और बेबसी भरे दे रहा था। कमरे में व्याप्त नीली ठंडक के बावजूद शरीर से पसीना बह चला...

...अरे, कमरे के बीचोबीच यह मंच एकाएक कहाँ से आ गया? मंच भी है, उस पर मेज भी...मेज के पीछे कुर्सी और कुर्सी पर सिर्फ एक आवाज...!

"वेलकम, सुस्वागतम...नाकोहस के फ्रेंडली इंटरएक्शन—मैत्रीपूर्ण वार्ता-सत्र—में आप तीनों बुद्धिजीवियों का स्वागत है..."

शब्द स्वागत के, लेकिन 'बुद्धिजीवी' कहते समय स्वर में खिल्ली। ऐन वैसी ही, जैसी इन दिनों बातचीतों में, मीडिया में, सोशल मीडिया में सुनाई देती है...'मैत्रीपूर्ण वार्ता-सत्र'...जिसके लिए हमें आधी रात गुंडों से उठवा लिया गया है...यह नाकोहस है क्या बला... ?

"धीरज धरें, आप लोगों को यहाँ आने का कष्ट इसीलिए दिया गया है कि आप लोग सवाल-जवाब की बेवकूफी से छुट्टी पाकर भले लोगों की तरह जीवन के आखिरी दिन तक चैन से जी सकें। सुकेतजी, आप थोड़ा आगे सरक आइए न, प्लीज, हालाँकि आप खामखा परेशान हैं, पीछे दीवार ही है, और कुछ नहीं..."

'जब इसके गुंडे तक साले अन्तर्यामी हैं, तो डॉन को तो अन्तर्यामी होना ही है, मेहरबानी कर रहा है, मेरे पाँवों को हिलने की इजाजत देकर...' सुकेत दीवार से दो कदम आगे बढ़ता सोच रहा था...

रघु अलग हैरान था, 'किस जादूगर्दी में फँस गए हैं, यार, पहले तो इमोटिकॉन के सींगों ने खींच लिया कम्प्यूटर के भीतर, अब यहाँ यह कौन-सा जीव-जन्तु जमा बैठा है, प्लेटफॉर्म पर? इसकी आवाज भी वैसी ही पिंपियाती हुई निकल रही है, जैसे गुस्से के उस इमोटिकॉन की निकल रही थी...'

सपने के डरावने असर से धीरे-धीरे बाहर आता शम्स सोच रहा था, 'सपने में तो गिलोटिन से कटकर बस मेरा ही सिर टब में गिरा था, हम तीनों पूरे के पूरे किस मुसीबत में आ गिरे हैं?'

अन्तर्यामी आवाज फिर से बोल पड़े, इसके पहले ही सुकेत ने सवाल दाग दिया, "चक्कर क्या है...क्या जुर्म है हम लोगों का—जो गुंडे भेजकर..."

सुकेत के बोलते ही तीनों दोस्तों के शरीर में सनसनी दौड़ गई...सुकेत बोल सका, बाकी दोनों सुन सके...गूँगेपन, बहरेपन के आतंक से निजात मिली...बोलने-सुनने का अहसास पक्का करने के लिए रघु और शम्स लगभग साथ-साथ चिल्ला पड़े, "हाँ, क्या गुंडागर्दी है बे, यह..."

"इतनी हड़बड़ी से कैसे चलेगा, भई?"

आवाज एक चेहरे में बदल रही थी। 'आश्चर्यलोक में एलिस' के चेशायर बिल्ले की तरह धीरे-धीरे चेहरे का आकार खुल रहा था, लेकिन बिल्ले की नहीं, गिरगिट की शक्ल...सुकेत को सपने के मगरमच्छ याद आने लगे...निगाह के सामने लम्बोतरी थूथन खुल रही थी...डरावने दाँतों की कतार की जगह लपलपाती जीभ...देह इन्सान की ही, बाकायदा सूट-टाई डाटे बड़ा साहब...थूथन बिल्कुल गिरगिट की, जिस पर चेशायर बिल्ले जैसी दोस्ताना शरारत नहीं, सारे सवालों का हल हासिल कर चुकी अफसरी चेतना की चिकनी कठोरता थी, अटूट आत्मविश्वास की चमक थी। पिंपियाती आवाज में ताकत का इत्मीनान था, "आप तो जानते हैं सुकेतजी, गुंडे कहकर, आप जिनकी भावनाएँ आहत कर रहे हैं, वे नाकोहस के बौनैसर हैं...आपका यह सेवक भी कोई डॉन-वॉन नहीं, आहत भावना आयोग—नाकोहस—का प्रवक्ता है..."

सुकेत को समझाकर, गिरगिट रघु और शम्स से मुखातिब हुआ, "सुकेतजी को तो बौनैसरों ने लाते समय थोड़ा-सा सहला-बहला भी दिया था, मजबूरी हो गई थी...लेकिन मिस्टर रूबेन, आप तो खामखाह देर करके बौनैसर के सींगों में फँस गए...हमने तो कितना सिविल, पोलाइट एसएमएस भेजा था आपको...और शम्स मियाँ, आपको तो पता भी नहीं चला होगा...आप तो सोते-सोते ही यहाँ आ गए...फिर भी, आप लोग कहते हैं कि माइनॉरिटीज के साथ ज्यादती हो रही है...च...च...च...इजंट इट अनफेयर...?"

"वाह, क्या सेंसिटिविटी है माइनॉरिटीज के लिए! वाह, वाह, वाह!" शम्स ने कहा, "सपने में गर्दन काट दी, जागते में न जाने क्या काटने का इरादा है...धन्य हो गए, साहब, हम तो...बड़ी मेहरबानी, शुक्रिया..."

"थैंक गॉड फॉर स्माल मर्सीज, एंड...थैं...क...यू मिस्टर गिरगिट फॉर सच कंसिडेरेशन..." रघु ने गिरगिट को लम्बा-सा शुक्रिया देकर, बात आगे बढ़ाई, "अब यह भी बक दें कि चक्कर क्या है? आप तो गिरगिट दिख ही रहे हैं, बाकी यह नाकोहस किस जीव-जन्तु का नाम है?" गिरगिट की तरफ से निगाह सुकेत और शम्स की तरफ घुमाते हुए रघु ने बताया, "मुझे तो अभी तक यकीन नहीं हो रहा, वो साला सींग वाला इमोटिकॉन, पींपनी कहीं का...दि बास्टर्ड ड्रैग्ड मी इन टू दि कम्प्यूटर, और, अब यहाँ...तुम दोनों भी...चक्कर क्या है?"

"बौनैसर या बाउंसर?" गिरगिट की तरफ यह सवाल उछालकर सुकेत रघु और शम्स की तरफ मुखातिब हुआ, "जो सर लोग मुझे लेकर आए हैं, बॉडी से बौने नहीं, बाउंसर ही लग रहे थे, हाँ, शक्ल-सूरत इन्सानों जैसी ही थी, इन सरजी की तरह गिरगिट की नहीं..."

"न बौनै, न बाउंसर सुकेतजी, बौनैसर—माने बौद्धिक नैतिक समाज रक्षक..." गिरगिट ने अपनी शक्ल पर सुकेत की टिप्पणी की परवाह किये बिना कहा, "यू सी...बात यह है कि अब यह नहीं चलने वाला कि आत्म-घोषित बुद्धिजीवी तो भावनाओं को ठेस पहुँचाने वाली समाजद्रोही, राष्ट्रविरोधी या फॉर दैट मैटर, विचारधारा-विरोधी हरकतें करते रहें और समाज हाथ पर हाथ धरे बैठा रहे...बुद्धिजीवियों के सम्मान का तमाशा बहुत हो चुका, अब जरूरत है—अनुशासन की...इसीलिए बौद्धिक नैतिक समाज रक्षक—बौनैसर—ध्यान रखते हैं कि बुद्धिजीवी, गैर-बुद्धिजीवी सब औकात में रहें...इन समाज-रक्षकों के बारे में बकवास करना भी दंडनीय और संज्ञेय अपराध है...वैसे, यह अपमानजनक टिप्पणी भी तो आपने ही कुछ दिन पहले की थी न सुकेत सर...कि इन दिनों इमारतें ऊँची होती जा रही हैं, और मनुष्य बौने..."

"इसमें अपमानजनक क्या है? किसका अपमान किया है मैंने?"

"सारे मनुष्यों को बौने कहा, और पूछ रहे हैं कि अपमान किसका किया? कितने अहंकारी हैं आप! बस, खुद को कद्दावर समझते हैं, बाकी..."

"भाई साहब, मैं मनुष्य ही हूँ, आपकी तरह गिरगिट नहीं...'बौने' कहना अपमान अगर है, तो मैंने आत्म-अपमान भी तो किया..."

"आत्म-अपमान हो या आत्म-हत्या...आप ही कर लेंगे तो हम क्या करेंगे? हमारा काम हमें करने दीजिए..." गिरगिट अफसर की आवाज का ठंडापन बर्फ का-सा था, चुभन सुए जैसी...थूथन लाल हो गई थी। सुए जैसी चुभन के साथ, पिंपियाती आवाज में अजीब-सा भारीपन भी आ गया था—बर्फ की सिल्ली की तरह चारों तरफ से घेरता ठंडा भारीपन।

सुकेत को याद आया, बचपन में, फ्रिज—माँ के मुहावरे में बर्फ जमाने की मशीन—की पहुँच घर-घर तक नहीं हुई थी। गर्मी के दिनों में मुन्ना बर्फ वाले से किलो-दो किलो बर्फ लाने, माँ उसी को भेजती थी। मुन्ना सुए और हथौड़े की सहायता से बड़ी-सी सिल्ली में से बर्फ का टुकड़ा तोड़कर तराजू पर रखता था...क्या ऐसा ही कुछ...सुकेत की हिम्मत नहीं हुई, कल्पना करने की।

"तो फिर हमारा काम क्या है, डियर गिरगिटजी ?" यह रघु की आवाज थी—बर्फ के घेराव के बीच, सुए और हथौड़े की सम्भावना के बीच, कुछ राहत देती हुई।

"आह, आपका काम, यह है लाख टके का सवाल, बल्कि दस लाख टके का—दि मिलियन डालर क्वेश्चन..." गिरगिट गुस्से के लाल रंग से बाहर आता हुआ, उत्साहित स्वर में रघु से मुखातिब हुआ, "यू सी, मिस्टर रूबेन..."

गिरगिट की थूथन रंग बदलने के साथ ही, फैलने-सिकुड़ने का खेल भी करने लगी थी...उसका बोलना जारी था, "देखिए, आप लोग डार्विन के विकासवाद से तो वाकिफ ही हैं...बात यह है कि अपन होमो-सेपियन हैं...हैं न ?...बन्दर से मनुष्य बनने के सिलसिले का विकसित रूप, लेकिन अपनी मनुष्य प्रजाति को मुहावरे में होमो इकोनॉमिकस भी तो कहा जाता है...भई, समाज में आर्थिक गतिविधियों के मूलभूत महत्त्व के कारण...कहा जाता है न... ?"

गर्दन घुमाता, तीनों पर उचटती-सी निगाह डालता गिरगिट चुप हो गया था। क्लास पढ़ा रहे मास्टर की तरह पक्का कर लेना चाहता था कि विद्यार्थी बात समझ लें।

तीनों को खीज हो रही थी, 'यह साला रेप्टाइल बिरादरी का जीव...हमें होमो इकोनॉमिकस समझा रहा है, पींपनी कहीं का!'

"अब आप बोल नहीं रहे, दो मिनट पहले कैसे छटपटा रहे थे, बोलने के लिए...फिर से ढक्कन लगा दें आपकी आवाजों पर ?...ऊपर से, ज्ञान के मामले में यह कैसा कुलीनतावाद कि टीचर को रेस्पेक्ट देने के बजाय रेप्टाइल कह रहे हैं..." गिरगिट का लहजा जरूर मजाकिया लग रहा था, लेकिन फिर से लाल हो रही, सख्ती से सिकुड़ गई थूथन जिस तरह तीनों का जायजा लेती घूम रही थी, उससे जाहिर था कि ढक्कन आवाजों के अलावा और जगहों पर भी लगाया जा सकता है।

आँखें ठंडे अँधेरे की अभ्यस्त हो रही थीं...तीनों एक दूसरे की आँखों में उभरता सवाल देख सकते थे...जवाब भी तीनों ने पढ़ लिया, 'नाकोहस के बारे में जानना है, तो इस गिरगिट के बच्चे के खेल में शामिल होना ही पड़ेगा। ताकतवर लोग कमजोरों को अपने खेलों में शामिल होने के लिए मजबूर हमेशा करते ही आए हैं...ताकत इस वक्त गिरगिट के पास है; हमारी आवाजें, हरकतें फिलहाल इसके काबू में हैं...'

"जी, सर," तीनों कोरस में बोले, "समझ गए मास्साब...होमो इकोनॉमिकस...आगे बताने की कृपा करें..."

"दैट्स बैटर, आई लाइक इट..." गिरगिट ने थूथन का लाल रंग कम करते हुए आँख मारी, "वैसे, सचमुच समझने वाले होते तो यहाँ इस तरह बुलवाने की नौबत ही क्यों आती? खैर...तो मेरे लद्धड़ बुद्धिजीवी विद्यार्थियो, बात यह है कि हम होमो-सेपियन अब होमो-इकोनॉमिकस की अगली स्टेज—होमो-इनफोमेटिकस—में प्रवेश कर चुके हैं...अब हम सबको परिभाषित करने वाली एक्टिविटी है—इन्फार्मेशन और एन्टरटेनमेंट—सूचना और मनोरंजन—इक्कीसवीं सदी के मनुष्य—होमो-इनफोमेटिकस—को करना यही है कि कॉंक्रीट के जंगल में निवास करे, सूचना के वन का विकास करे और मनोरंजन के उपवन में विहार करे...मस्त, चकाचक...आप पूछ रहे थे न मिस्टर रूबेन, हमारा काम क्या है?"

मास्टरी लहजे में अपनी ताकत दिखा चुके गिरगिट की आवाज अब सहज थी। थूथन फिर से फैल रही थी, "यार, कितने तो साधन उपलब्ध कराए गए हैं इन्फोटेनमेंट के...मन करे तो दूसरों के रोने का रस लो, मन करे तो खुद ही टीवी पर रोकर दिखा दो, भगवान के नाम पर रो लो, देश के नाम पर रो लो...हर्ट सेंटिमेंट्स के नाम पर तो, रो क्या, रुला लो...अरे भई, सूफियापे..." अपनी बात बीच में रोक, गिरगिट ने शम्स की तरफ देखा, आपसदारी के ढंग से आँख मारी, "है न शम्स साहब...हाँ, और कुछ नहीं तो सूफियापे के नाम पर ही रो लो, भजनापे के नाम पर रो लो...बस, अपने एकान्त में रोने के चक्कर में मत पड़ जाना...वैसे तो, एकान्त नाम की बीमारी के कीटाणु पनपाने वाले गंद पर टीवी और स्मार्टफोन की मदद से काफी हद तक काबू पा लिया गया है, लेकिन, आप लोग, ओ गॉड...ओ गॉड..."

गिरगिट की आवाज में अब तक शरारत ही सुनाई पड़ रही थी, लेकिन 'एकान्त' शब्द उसके मुँह से शरारत के साथ नहीं, ऐसी घिन के साथ निकला, जैसे मजबूरन टट्टी हाथ से उठानी पड़ गई हो! थूथन इतनी सिकुड़ गई थी कि दोनों सिरे मिलकर तीखी रेखा जैसे दिखने लगे थे। उसने हाथ झटके कि इस घिनौनेपन से मुक्ति मिले...मेज की दराज से निकालकर हथेलियों पर सेनेटाइजर मला...इस घिन जैसी ही वास्तविक उसकी परेशानी भी लग रही थी, "भगवान ही जाने, क्या प्रॉब्लम है आप लोगों की...दूर रहने की बजाय इस घिनौनी चीज से मुहब्बत करते हैं..."

गिरगिट चुप हो गया था। चुप ही नहीं, स्थिर भी। न थूथन के रंग बदल रहा था, न जीभ लपलपा रहा था; बस, मेज पर हथेलियाँ टिकाए उन्हें निहारे जा रहा था।

पल-पल रंग बदलते, चहकते गिरगिट में अचानक आया यह बदलाव सुकेत, रघु और शम्स को भी अनजाने ही चुप्पी की गिरफ्त में ले गया...

कुछ देर बाद गिरगिट ने ही निगाह उठाई, चुप्पी तोड़ी, मन में उठ रही घिन और परेशानी को किसी तरह काबू करते बोला, ''एकान्त खतरनाक है...इन्सान को उदासी में धकेलता है, सवालों की तरफ उकसाता है...सवालों से निजी दुख और सामाजिक उत्पात जन्म लेते हैं...बहुत खतरनाक है, बहुत घिनौनी चीज है यह एकान्त। सुख-चैन छीन लेने वाली बीमारी है एकान्त...''

घिनौनी चीज याद करने की परेशानी फिर से हाथों से झटकी, कोशिश करके अपने असली फॉर्म में वापस आया, थूथन पर एक के बाद एक अनेक रंग झलकाए, जीभ लपलपाई, ''खैर, होगा, इस बीमारी का इलाज भी होगा। काम चल ही रहा है। राष्ट्रीय चरित्र निर्माण आयोग, राष्ट्रीय अनुशासन संस्थान, विवेक-पुनर्निर्माण समिति का गठन किया गया है। नाकोहस यानी आहत भावना आयोग है ही...टारगेट यह कि—कोई भी नागरिक किसी भी हालत में अपने चरित्र को और दूसरों की भावनाओं को चोट न पहुँचा पाए, एकान्त और फिजूल सोच-विचार की खतरनाक जकड़ में न आने पाए...''

'नाकोहस ? आहत भावना आयोग ?' रघु, सुकेत और शम्स ने एक दूसरे की आँखों में झाँका। आँखों के तीनों जोड़ों में एक-सा अचंभा था, 'यह बक क्या रहा है, यार...ढेर सारे कमीशन हैं, रोजाना दो-चार बन जाते हैं, लेकिन ये कौन-कौन-से कमीशन बखान रहा है—चरित्र-निर्माण आयोग, आहत भावना आयोग...नेशनल कमीशन ऑफ हर्ट सेंटीमेंट्स...हमें पता तक नहीं चला...खबर न कहीं पढ़ी, न सुनी...'

अन्तर्यामी गिरगिट-शक्ल ने जल्दी-जल्दी रंग बदले। यह इन लोगों के बिगूचन पर खुशी जाहिर करने का उसका तरीका था, ''नाकोहस खबर में आता नहीं, बुद्धू बुद्धिजीवियो...नाकोहस खबर लेता है...सामने दिखने वाला संस्थान नहीं...नाकोहस को मन का संस्कार बनना है...आपके ऊपर-नीचे-दायें-बायें हर तरफ है—नाकोहस। आपका पर्यावरण है—नाकोहस। समझदार लोग बात समझ भी गए हैं। उन्होंने सप्रेम, ससम्मान अपने चित्त में बैठा लिया

है नाकोहस। आप जैसे कूढ़मगजों को समझाने की कोशिशें भी की ही गई हैं...अब, यह मैत्रीपूर्ण वार्ता-सत्र और क्या है?''

गिरगिट एक पल के लिए रुका...मेज पर रखे गिलास से एक घूँट पानी पिया, ''मेरे प्यारे बुद्धुओ, नाकोहस तुम्हारी जानकारी में हो न हो, तुम्हारी नींद में, तुम्हारी जगार में, तुम्हारी साँस में नाकोहस के होने की जरूरत है। उम्मीद...नहीं, उम्मीद क्या, यकीन है कि यहाँ से तुम भी नाकोहस को मन में लेकर जाओगे...भावनाओं से पंगा लेने वाली पापबुद्धि हमेशा के लिए दिमाग़ से बाहर निकाल फेंकोगे...''

गिरगिट ने धीरे-धीरे थूथन घुमाते हुए, गोल आँखें मिचमिचाते हुए तीनों को अपनी निगाह में लिया, आँखों में जो बिगूचन-सा था, वह उसकी आवाज में भी उतरा, ''वैसे, ताज्जुब ही होता है, असल में तो...आप जैसे लोग भी इक्कीसवीं सदी में पाए जाते हैं...ह्यूमैन रिसोर्स मैनेजमेंट की अब तक की कमजोरियों का नतीजा ही है, और क्या...वरना आप जैसे नमूने...मानवीय गरिमा...इंडिविजुअल स्पेस...ब्लडी क्रैप...अबे यार...न्याय...नॉनसेंस...अरे भैया...ह्यूमैन होने का चक्कर छोड़ो...फटाफट रिसोर्स बन जाओ...भकोसो और भकोसने दो...आई मीन, एंजॉय करो...जो लोग चिल्ल-पों मचाएँ, उनके नेताओं-फेताओं को भी भकोसन-महाभोज का हिस्सेदार बनाओ...मस्त रहो...समझ नहीं आता, तुम लोगों की प्रॉब्लम क्या है...चू...'' सँभाला उसने अपनी जबान को...चुप हो गया।

इन तीनों का सिर चकरा गया था, 'कमाल है यार...एक तो गिरगिट...ऊपर से क्या फिलॉसफी बघार रहा है!'

''हार्वर्ड या पर्थ से एम.बी.ए. करके आए हैं, सरजी, पक्की बात...'' शम्स ने चुटकी ली।

''एम.बी.ए. क्या? मैनेजमेंट के प्रोफेसर हैं अपने गिरगिट सर...'' सुकेत ने आँख मारी।

रघु अपनी टिप्पणी जोड़ता, इसके पहले ही गिरगिट फिर से बोल पड़ा, ''प्रोफेसर? लानत है!'' प्रोफेसर शब्द बेहद हिकारत के साथ गिरगिट की थूथन से टपका, ''इतना चुग़द दिखता हूँ क्या मैं?...खैर, मतलब की बात पर आएँ...वक्त कम है...तुम इंटेलेक्चुअलों की तरह निठल्ला नहीं बैठा यहाँ कोई...''

बात कड़ी कह रहा था, लेकिन साथ में गिरगिट ने आँख भी मारी। शायद प्रोफेसरों और इंटेलेक्चुअलों के प्रति अपनी हिकारत जाहिर करके खुश था।

शायद इन तुच्छ प्राणियों पर अपनापे की कृपा जता रहा था। उसका प्रवचन फिर शुरू हुआ, ''देखिए, ह्यूमैन रिसोर्स मैनेज करने हैं तो इक्कीसवीं सदी के ह्यूमैन यानी रिसोर्स यानी होमो इनफोमेटिकस की जरूरतों का ध्यान भी रखना है...उसके सपनों, फैंटेसियों, खुंदकों, कुंठाओं और बेवकूफियों के स्वस्थ निकास के लिए, देश के दनादन विकास के लिए...वो क्या कहते हैं...हाँ, कैथारसिस—विरेचन—होमो इनफोटेमिकस के स्वास्थ्य के लिए जरूरी है...तभी तो इतनी सारी नालियाँ...अरे भई, चैनल...इतने तमाशे, हंगामे...चौबीसों घंटों का इनफोटेनमेंट...इतना रंग-बिरंगा कैथार्सिस मुहैया कराने के लिए तवील न सही, होमो इनफोटेमिकस की तरफ से छोटे-से शुक्रिया के मुस्तहक तो हम हैं ही...क्या खयाल है जनाब शम्स साहब... ?''

''मेरे नाम की वजह से उर्दुआने की ज़रूरत तो नहीं थी, बहरहाल शुक्रिया,'' शम्स डरावने सपने के असर से निकल, अपने जाने-पहचाने अंदाज में आ चुका था, ''अपना तवीलपन अपनी जेब में रखें, मान्यवर...हमारा निवेदन बस इतना है कि कृपया बताएँ...हम यदि अपना स्वयं का अपमान तक नहीं कर सकते तो मनुष्य-योनि का करें क्या? और हाँ, प्लीज! फिर से इतनी लम्बी स्पीच मत दीजिएगा। आप गिरगिट हैं...वो क्या कहा था आपने अभी...हाँ, 'होमो-इनफोमेटिकस'...होने के बावजूद गिरगिट तो हैं ही, साइज के हिसाब से बोलिए, भाई साहब...डायनासॉर जितना फुटेज काहे खा रहे हैं?''

सबकी खबर लेने के लिए तैनात नाकोहस का गिरगिट इस वक्त अपने भीतर झाँकता लग रहा था। शम्स की बेबाक गुस्ताखी पर उसने कोई ध्यान नहीं दिया। सोच में डूबा लगने लगा। क्या उसे याद आ गया था कि शक्ल गिरगिट की हो, ड्यूटी मगरमच्छ की, लेकिन वह स्वयं भी अन्ततः मनुष्य था...

'काश, अपन भी इस अजूबे की तरह अन्तर्यामी होते...पता तो चलता, क्या चल रहा है गिरगिट-पुरुष के मन में!' सुकेत के मन में एकाएक आया।

''नहीं, सुकेतजी, अन्तर्यामी होना बहुत मुश्किल काम है, बहुत तकलीफदेह...''

गिरगिट अचानक कुर्सी से उठ खड़ा हुआ। उसे जरा-सा पीछे खिसकाकर गोल स्टेज पर चार कदम इधर-उधर टहला। एक बार तो आधा पंजा स्टेज से बाहर निकाल लिया। लगा, स्टेज से उतरकर इन तीनों के करीब आएगा...ऐसा हुआ नहीं...उसने पंजा वापस खींच लिया। उसके कदमों में थकान दिख रही

थी। पैंट की जेबों में हथेलियाँ डाले, यों ही चार कदम इधर-उधर चलता गिरगिट अपने-आपसे कह रहा था, "बहुत परेशान करती हैं, दूसरों के मन की बातें...कानों में पड़तीं अनबोली बातों की आवाजें..."

इस वक्त उसकी आवाज में चुस्ती और शरारत नहीं, कदमों जैसी थकान ही थी।

'कह अपने-आपसे रहा है, लेकिन चाहता है कि हम भी सुनें, वरना हमारे कानों पर ढक्कन न लगा देता?' सुकेत के मन में आया, 'इस वक्त, इसकी आवाज में वैसी ही उदासी नहीं है क्या, जैसी मुझे लाते समय चौड़ासिंह की आँखों में, उसके हाथ के स्पर्श में थी?'

कुर्सी पर वापस बैठते गिरगिट की थूथन का रंग भूरा हो रहा था...कमरे के गोलाकार और छत से घूमकर उसकी निगाहें सुकेत पर एकटक टिक गई थीं, "इन्सान दूसरे का मन नहीं जान पाता, यह बड़ी मेहरबानी है कुदरत की, सुकेत साहब! दूसरे का मन पढ़ते-बदलते खुद का मन कैसे दरक जाता है, छितरा जाता है, आप सोच भी नहीं सकते..."

गिरगिट में आया बदलाव तीनों को समझ आता, इसके पहले ही वह एकाएक चुप हो गया। उसके शरीर के हाव-भाव में इत्मीनान की जगह तनाव की कौंध साफ देखी जा सकती थी। इस बार ढक्कन भी उसने अपनी आवाज पर ही लगा लिया था...उसे याद आ गया था, मन में सोच और उदासी की जरा-सी भी घुसपैठ होने देना कर्तव्य की उपेक्षा का प्रमाण है...लापरवाही है...नाकोहस के साथ गद्दारी है। ये तीनों बेवकूफ क्या जानें, लेकिन मेरे ऊपर वालों से बेहतर कौन जानता है—यातना सिर्फ जुर्म कबूलवाने के लिए नहीं, बल्कि इसलिए दी जाती है...दी जानी चाहिए कि इन्सान अपने वजूद से नफरत करने लगे।

अपने काम के बारे में शक की जो लहर गिरगिट के मन में कभी-कभी उठ पड़ती थी...अन्तर्यामी होने की तकलीफ का जो अहसास उसे होता था...उसके कारण वह कहीं अपने ही वजूद से नफरत करने की हालत में पहुँचा दिया जाए तो...?

पल-दो पल के लिए मन में आने वाली इस तरह की बातों की जरा-सी भी गुंजाइश को जहरीली घास की तरह नोंच फेंकना है...वरना...वरना...

गिरगिट की थूथन ही नहीं, सारा बदन डर से पीला पड़ गया...सजा वह जानता था—मौत!

लेकिन आएगी किस रास्ते...किस तरह...कितना तरसाकर...वजूद के रेशे-रेशे में खुद से नफरत भर देने के कितनी देर बाद?

...देह में दौड़ती डर की लहर को उसने पूरी ताकत लगाकर शरारत की फुरहरी में बदला...नाकोहस के प्रति समर्पण की शपथ मन-ही-मन दोहराई...दोबारा नहीं होने देनी है गलती...कभी नहीं...नेवर...!

"हाँ, जनाब शम्स साहब, तो बन्दा औकात भूलकर डायनासॉर बनने चला है? ऐं?" डर के पीले रंग को शरारत के चटख नारंगी में बदलता गिरगिट अब शम्स से ही मुखातिब था, "हुजूर, डायनासॉर बन्दा नहीं, आप लोग हैं...तभी तो इंटेलेक्चुअल के इंटेलेक्चुअल रह गए। इतने अवसर, इतने मोटिवेशन हासिल होने के बावजूद अब तक टेक्नेक्चुअल नहीं बन पाए...लद्धड़ कहीं के...समझते हैं न, टेक्नेक्चुअल क्या होता है?"

"वो भी समझा दीजिए, सरजी..." तीनों फिर से कोरस में बोले।

शम्स अलग से टुकड़ा लगाने से बाज नहीं आया, "लेकिन प्लीज, फुटेज का खयाल रखिएगा...प्लीज..."

"जो हुक्म, आप माइनॉरिटी हैं, शम्स साहब, आपकी भावना का तो खास खयाल रखना ही पड़ेगा..."

"क्या माइनॉरिटी-माइनॉरिटी लगा रखी है बे, पेलता रह, अपना चूतियापा...रात-भर...मेरी बला से...चू...आह, ओह...",

एकाएक शम्स की देह छटपटा उठी, आवाज की झुँझलाहट अचानक आए दर्द की तड़पती कराह में बदल गई...चेहरे पर गुम ढंग से मारी जा रही चोटों के दर्द की लहर पर लहर उभरने लगी...शम्स पर जैसे अदृश्य प्रेत टूट पड़े थे...चोटें आँखों से ओझल थीं...बस, शम्स का चेहरा इधर से उधर, देह आगे से पीछे, पीछे से आगे होती दिख रही थी...लेकिन उसे गिरने नहीं दिया जा रहा था...कराहें चीखों में बदल रही थी...

एक पल तो रघु और सुकेत को कुछ समझ ही नहीं आया...शम्स की आगे-पीछे झूलती देह देखी, उसकी चीखें सुनीं...छटपटाकर शम्स की ओर बढ़ने की कोशिश की...हिलने क्या, बोलने तक का सवाल ही नहीं। शम्स की ओर से लड़ने, उसे बचाने की बात दूर...दोनों उसकी आक्रांत देह को दोस्ताना स्पर्श का सहारा तक देने से वंचित थे। अपने दोस्त की चीखों में साझा तक करने से वंचित थे। शम्स को पीटने वाले अदृश्य प्रेत ही सुकेत और रघु की चेतना को गीले कपड़े की तरह निचोड़ भी रहे थे...बेबसी में रघु की आँखें खुद-ब-खुद मुँद गईं...

'मुझे चेता देना चाहिए था इन दोनों को नाकोहस की अन्तर्धान पिटाई-पद्धति के बारे में...' सुकेत के निचुड़ते मन में आया...

गिरगिट ने फौरन थूथन सुकेत की ओर घुमाई—गुस्से से इतनी लाल कि काली दिख रही थी। काले साँप की ही तरह फुँफकारा, "बहुत दर्द हो रहा है, दोस्त के पिटने का? वाकई साँप की कुंडली में बैठा दूँ तुझे? यू जस्ट वॉच...अभी अक्ल आई जाती है इस कटुए को..."

कहते हैं, अन्त समय में सारी जिन्दगी की फिल्म आँखों के सामने चल जाती है...लेकिन उसकी हाईलाइट्स तो जिन्दगी में ही कई बार आँखों के सामने चल पड़ती हैं—हमारे बिना चाहे, अपनी मन-मर्जी से...

गिरगिट की गुस्से से काली होती थूथन में शम्स को उस नफरत की स्याही दिख रही थी, जिसका शिकार बस अपने नाम के कारण शम्स को गाहे-बगाहे नाकोहस के बाहर भी बनना ही पड़ता था...शक का वह अँधियारा नजर आ रहा था, जिसकी जकड़ से बाहर आने की कोशिशें अमूमन नाकाम ही होती थीं...और यह लफ्ज...कटुआ...शम्स के कानों में केवल गिरगिट की लपलपाती जीभ से गिरकर ही नहीं पहुँच रहा था...पहले भी न जाने कितनी बार...'कटुओं के दो स्थान—पाकिस्तान या कब्रिस्तान...' यह घोषणा शम्स ने, उसके सरीखे करोड़ों हिन्दुस्तानियों ने अपनी जिन्दगी में अनगिनत बार सुनी थी। शक, अपमान और मार-पीट की तीखी यादों के टुकड़े किरचों की तरह आँखों में धँस रहे थे, देह पर पड़ती चोटों से कहीं ज्यादा दर्द दे रहे थे...।

सुकेत और रघु साथ थे। इन दोनों की और इनके जैसे कइयों की आवाज़ें ही तो रोजमर्रा पड़ने वाली चोटों पर दवा के फाहे का काम करती थीं, लेकिन यहाँ नाकोहस की हुकूमत में, इस गिरगिट के दरबार में तो इन दोनों की आवाजों पर भी पाबन्दी है। ये दोनों मुझे सिर्फ पिटते देख सकते हैं...कुछ करना तो दूर, बोल भी नहीं सकते। मेरी चीखों को भी आवाज की छूट इसीलिए कि ये दोनों सबक हासिल करें...।

...शम्स पीड़ा के अकेलेपन की गिरफ्त में था, उसके दोस्त मजबूरी की जकड़ में...कमरे के आकाश को भर रही थीं पिटते हुए शम्स की चीखें, कराहें और...गिरगिट की खुशी-भरी गुनगुनाहट। शम्स की पीड़ा, रघु और सुकेत की बेबसी ने उसका मूड बदल दिया था। अपने डर को शम्स की पीड़ा; रघु और सुकेत की बेबसी में बदलकर वह हल्का हो गया था। सोचना मुश्किल था कि एक ही पल पहले वह उदास भी था। थूथन का रंग अब चटख नारंगी

था; फैलना, सिकुड़ना जारी था...जिस्म मस्ती में झूम रहा था, उँगलियाँ मेज पर थपकियाँ दे रही थीं। शम्स की कराहें गिरगिट की गुनगुनाहट का बैक-ग्राउंड स्कोर बन गई थीं...गुनगुना क्या, बाकायदा परम सुख के भाव में गा रहा था नाकोहस का प्रवक्ता गिरगिट, ''नाकोहस...नाकोहस...पहली बार...पहली बार...जी, पहली बार...पहली बार...कटुए को अब पता चला है... नंगई का जब टूल मिला है...पहली बार...पहली बार...ओ हो...ओ हो...ओ हो...आ हा...आ हा...चड्डी फेंककर फूल खिला है...नंगई का जब टूल मिला है...पहली बार...पहली बार...पहली बार, जी...पहली बार...''

गुनगुनाहट से गाने में बदली आवाज फिर से गुनगुनाहट में बदल रही थी, स्वर धीमा हो रहा था। गिरगिट 'चड्डी फेंककर फूल खिला है' के ब्रेक से निकल, दायित्व-निर्वाह के प्रोग्राम में वापस पहुँचने के मूड में आ रहा था। उसका स्वर धीमा होने के साथ ही शम्स की देह पर पड़ रही मार भी कम होते-होते रुकने की तरफ थी। मेज पर गिरगिट की उँगलियाँ भी अब धीरे-धीरे ही चल रही थीं, ''तो, आगे बढ़ें ? म्याँ शम्स, ज्यादा तकलीफ तो नहीं हुई न आपको ? वेल, रियली सॉरी फॉर हर्टिंग योर सेंटिमेंट्स एंड बॉडी...लेकिन आपकी जबान भी तो, अब यार, गाली बकोगे...गुस्सा दिलाओगे तो, यू नो...औकात...एनी वे...परसुएशन के लिए इतना ती चलता है, अब अक्ल आ जाएगी आपको, यू विल बिहैव नाउ, आई होप...'' सुकेत की तरफ उसने आँख मारी, ''ठीक कह रहा हूँ न, सुकेत जी ?''

''यार, कितनी बार आँख मारता है...'' सुकेत ने कहा, और बुरी तरह चौंका—आवाज पर से रोक वापस ले ली गई है...बात कमरे में गूँजी, रघु ने सुनी। शम्स तक के चेहरे पर गुम पिटाई की पीड़ा को चीरती हल्की-सी मुस्कान आ गई...ऐसी ही मुस्कानों के सहारे, हर पिटाई के आगे मजाक की, खुद पर हँसी की ढाल अड़ा देने की आदत के सहारे ही तो...अब तक जीते आए हैं...आगे भी...

गिरगिट अन्तर्यामी अपनी धुन में था, ''यह एक छोटा-सा डिमांस्ट्रेशन था, सुकेतजी, आप लोगों को याद दिलाने के लिए कि आपकी बोली-बानी, आपके कान-जबान कितने आपके बस में हैं, कितने हमारे बस में...''

'अभी-अभी शम्स को कटुआ कह रहा था, मुझे साँप की कुंडली में बैठा रहा था; और अब देखो...पल-पल परिवर्तित सुरों और रंगों में मीठी क्रूरता का आत्मविश्वास और सारी आवाजों को काबू में कर लेने का गुमान लगातार

बना हुआ है...' सुकेत को लगा कि गिरगिट की आवाज ही साँप की कुंडली बनी जा रही है...उसे अपने चेहरे पर, सारी देह पर नीले-काले धब्बे उभरते लगे। उसने हड़बड़ाकर हथेलियों, कलाइयों पर निगाह डाली—धब्बे दिखे तो नहीं, लेकिन...

''तो, चलिए, आगे बढ़ें, शम्स मियाँ भी होश में आ गए हैं...'' गिरगिट ने फिर से मास्टर का लहजा अख्तियार किया, ''यार, वैसे ये टेक्नेक्चुअल तो बहुत आसान है, बहुत ही आसान...आपमें से कोई कोशिश क्यों नहीं करता?''

सुकेत हाथ उठाने को था, रघु ने पहले ही उठा दिया। बुरी तरह चौंका सुकेत, 'किस हद तक खींच लिया है इसने हमें अपने खेल में...हम घिनौनी सचाइयों और डरावने सपनों की इस फैक्टरी को गिरगिट मास्साब की क्लास समझने लगे हैं...'

गिरगिट के बदन ने खुशी से फुरहरी ली, उसकी उँगलियाँ मेज पर अभी भी हल्के-हल्के चल रही थीं। थूथन पर रंग तेजी से बदल रहे थे। रघु और शम्स के मन में भी वही बात थी, जो सुकेत के...रघु के चेहरे पर स्कूली बच्चे की तरह हाथ खड़ा करने की झेंप के साथ ही, सवाल हल कर लेने की चमक भी थी, ''टेक्नेक्चुअल माने जो टेक्नालॉजी को सबसे ज्यादा महत्त्व दे, और...''

''वाह, वाह...ब्रावो,'' सही जवाब हासिल कर खुश होने वाले मास्टर की तरह मेज थपथपाता गिरगिट बोल पड़ा, ''कितने इंटेलिजेंट हैं, आप मिस्टर रघु रूबेन! ऑफकोर्स आप तीनों ही इंटेलिजेंट हैं। ताज्जुब है, आप जैसे लोग ब्लासफेमी वगैरह के चक्कर में, फीलिंग्स हर्ट करने के चक्कर में पड़े रहते हैं...''

मुस्कराहट में उसकी थूथन अब फैलकर लम्बी से चौड़ी, फिर से लम्बी भी हो रही थी। थूथन के बदलते रंग तो अब तक न जाने गिरगिटों के देखे थे, लेकिन इस तरह फैल-सिकुड़ रही थूथन बहुत अजीब लग रही थी... 'आश्चर्यलोक में एलिस' का चेशायर बिल्ला तो अपनी हँसी हवा में छोड़कर गायब भी हो जाया करता था...

'कहीं हमारे गिरगिट मास्साब भी तो उसी तरह फैलती-सिकुड़ती थूथन पीछे छोड़कर गायब होने की तैयारी में तो नहीं?' रघु ने अपने-आपसे पूछा।

गिरगिट मास्साब की थूथन फिर एक बार फैली-सिकुड़ी, ''एलिस इन वंडरलैंड बच्चों को बहलाने वाला किस्सा था, रूबेन साहेब...नाकोहस आपके वक्त का सच है...कहीं नहीं जाने वाला, उल्टे आप ही जहाँ जाइएगा, हमें

पाइएगा...जवाब ठीक दिया आपने, 'टेक्नोलॉजी को महत्त्व', लेकिन मुक्कमल कहानी नहीं है आपके जवाब में...'ही' की कमी है, 'टेक्नोलॉजी को ही महत्त्व'...समझे? सोच में यह बात बैठा लेने वाले को, दूसरों की सोच में इसे बैठाने का काम करने वाले को कहते हैं—'टेक्नेक्चुअल'...भई, जैसे इंटेलेक्ट का मतलब तो सीधा है—बुद्धि, दानिश...लेकिन अपन इंटेलेक्चुअल, बुद्धिजीवी, दानिशवर उन्हें कहते हैं न, जो कला, साहित्य, फिलॉसफी, इतिहास वगैरह करते हैं...अब इन सबमें करने को बचा क्या है?''

तीनों को बारी-बारी निहारता गिरगिट साँस लेने को रुका, शम्स की तरफ देखकर थूथन फिर से फैलाई, सिकोड़ी। सचमुच बहुत अजीब था, थूथन को इस तरह फैलते-सिकुड़ते देखना। लेकिन, अजीब क्या नहीं था, इस नाकोहस-नाइट में?

गिरगिट शम्स से कह रहा था, ''गुस्ताखी माफ,...किस्सा तवील है, थोड़ा वक्त तो लेगा, फलसफे का मामला है न...''

शम्स चुप, सुकेत और रघु भी। इस गिरगिट नाकोहस का किस्सा सुन-समझ लें, फिर...

''तो, मोहतरम दानिशवरान, मैं कह रहा था, जिस मानी में आप खुद को इंटेलेक्चुअल कहते हैं, उस मानी का जमाना गया, सब सवालों के जवाब मिल चुके, मसाइल सारे हल हो चुके, इतिहास-वितिहास का अन्त हो चुका ठीक है, बच्चों को कुछ किस्से-कहानी पढ़ा दो, हो गया इतिहास...बाकी तो भैया, इस जमाने में लेखन वही जो फट पल्ले पड़ जाए, बुद्धि वही जो नाकोहस दिलवाए...इसीलिए तो बुलाया गया है आप लोगों को, बुद्धि देने के लिए, ओके?...समझ लो बात, इक्कीसवीं सदी के इस पोस्ट-हिस्ट्री, पोस्ट-नैरेटिव, पोस्ट-अलाँ, पोस्ट-फलाँ जमाने में, होमो-इनफोटेमिकस के करने को बचा सिर्फ यह है कि बस, नई से नई टेक्नोलॉजी विकसित की जाए...थ्योरिटिकल साइंस, एब्स्ट्रैक्ट मैथेमिटिक्स भी सब बेकार की बात...लेट अस से, बिल्कुल क्लासिकल म्यूजिक की तरह इलिटिस्ट, परजीवियों का भोग-विलास...साइंस की रिसर्च का मतलब यही कि फटाफट नई टेक्नोलॉजी निकले...हाँ, ठीक है, कुछ समस्याएँ भी हैं...अमाँ यही एनवायरनमेंट एंड ऑल दैट जैज़...उनका समाधान भी निकालेंगे तो टेक्नेक्चुअल ही न...तुम लोगों जैसे ये साले लेखक-फेखक, कलाकार-सलाकार, बुद्धिजीवी- फुद्धिजीवी चूतिए भैनचो दुनिया को दे क्या देंगे...घंटा...?''

भाषा में अब तक बरती जा रही शिष्टता को तिलांजलि कब दे बैठा, गिरगिट को खुद भी अहसास नहीं हुआ...बुद्धिजीवियों के प्रति उसकी नफरत कितनी सच्ची और गहरी थी...मुहावरा लाल-पीले होने का है, गिरगिट की थूथन उसके गुस्से में मौजूद सच्ची नफरत के कारण लाल-काली हो रही थी...कमरे की नीली रोशनी में भी जैसे इस नफरत की तरंगें भरने लगी थीं, नीम-अँधेरा धीरे-धीरे पूरमपूर अँधेरे की ओर जा रहा था...

...पता नहीं, इस पल इन तीनों की आवाजों पर नाकोहस का ढक्कन लगा था या नहीं, लेकिन किसी की भी इच्छा बोलने की नहीं हो रही थी।

एकाएक गिरगिट ने ठहाका लगाया, ''इच्छा नहीं हो रही या हिम्मत...''

खैं...खैं...खैं से शुरू हुआ ठहाका अगले ही पल खौं...खौं...खौं में बदल गया।

'यह जन्तु भी मेरी तरह स्मोकर है क्या?' सुकेत के मन में सवाल आए बिना न रहा।

''नो, सुकेत सर...आई डोंट स्मोक...कितनी पॉलिटिकली इनकरेक्ट तोहमत लगा रहे हैं मुझ पर आप...'' गिरगिट ने खौं...खौं पर काबू पाते हुए कहा, ''भई, इतनी देर से आप लोगों को समझा रहा हूँ, गला सूख चला...'' पानी की एक घूँट लेते-लेते वह फिर से शिष्ट पुरुष बन चुका था, ''वैसे...बात यह भी है...'' गिरगिट की थूथन पर बेचैनी और पछतावे की सिकुड़न दिखने लगी...रंग फिर से भूरा हुआ, ''वह क्या है कि हँसने की आदत ही गलत बल्कि मुजरिमाना है, आज आपकी हालत देख ठहाका फूट पड़ा...कल किसी की कोई बात सुनकर फूट पड़ेगा...फिर तो नाकोहस की ड्यूटी निभानी मुश्किल हो जाएगी न...''

इस बार गिरगिट के मन में ऊपर वालों का डर नहीं, अन्दर का पछतावा था...उसे अपने-आप पर गुस्सा आ रहा था कि हँसने के विरुद्ध खुद को दी गई इतनी सख्त ट्रेनिंग के बावजूद...

उसकी थूथन न सिकुड़-फैल रही थी, न रंग बदल रही थी।

''वाकई यार, आहत भावनाओं की आदत एक बार पड़ जाए तो स्मोकिंग-सा एडिक्शन ही समझो...'' सुकेत ने रघु और शम्म की तरफ देखकर कहा।

पहली बार गिरगिट ने न तो रोक लगाई, न कोई प्रतिक्रिया दी...अपने पछतावे में डूबा, थूथन नीचे किये...मेज पर हथेलियाँ टिकाए चुपचाप बैठा था।

"मैं क्या समझूँ बेटा...समझो तुम दोनों..." रघु ने जवाब दिया, "मैं तो कब का छोड़ चुका...तुम दोनों साले फेंफड़े खोखले करने में अब तक लगे हो, तुम्हारे ठहाके भी इसी की तरह खौं...खौं में बदल गए हैं...एक दिन इसी की तरह..."

"बस्स...फादर रघु..." शम्स ने नाटकीय अंदाज में दाँत पीसे, "स्मोकर बिरादरी की इतनी बड़ी बेइज्जती हम नहीं बर्दाश्त करने वाले...क्यों सुकेत?"

"बिल्कुल..." सुकेत ने फौरन जवाब दिया, "खामोश, सेंट रूबेन...हमारी भावनाओं का सवाल है...इस तरह हम स्मोकर्स की फीलिंग हर्ट नहीं कर सकते आप..."

"तुम लोगों की जिन्दादिली ही सबसे ज्यादा खतरनाक है..." गिरगिट सर हँसी के पछतावे से बाहर आ चुके थे, "देखो, ज़रा मेरी बात सुनो...न जाने क्यों तुम तीनों चुग़द मुझे पर्सनली अच्छे लगने लगे हो..."

जरा-सी हँसी आ जाने पर पछतावे में जो खौं...खौं करने लगी थी, ऐसी नाकोहसी गम्भीरता के मुँह से अपनी जिन्दादिली के खतरनाक होने का प्रमाणपत्र पाकर तीनों 'चुग़दों' की हिम्मत बढ़ गई थी, "ऐसी कौन-सी हरकत हो गई हमसे नाकोहस साहब कि हम आपको अच्छे लगने लगे?" तीनों के मुँह से लगभग साथ-साथ निकला। शम्स की आवाज में तो थोड़ा-सा तरन्नुम भी था।

हँसी आ जाने पर इतने पछतावे में था नाकोहस का गिरगिट कि क्रुद्ध भी नहीं हो पाया। जिन्दादिली के आगे अपनी बेचारगी जताने के लिए उसने कन्धे उचकाए, दोनों हाथ एक पल के लिए चेहरे के समानांतर हवा में उठाए, गर्दन हिलाई, बदन ढीला छोड़ते हुए बेबसी की गहरी साँस ली, एक-एक कर तीनों की तरफ देखा, "नाकोहस केवल बौनैसरों के ही बूते तो चल नहीं सकता...उन लोगों का रोल तो बहुत सीमित है...असली काम के लिए तो तुम जैसे तेज-तर्रार, समझदार, ऊपर-ऊपर अलग-अलग दीखने वाली चीजों के अंदरूनी रिश्ते समझने-परखने वाले लोग ही चाहिए...और मैं तो पर्सनली ऐसे लोगों को बहुत ही...इसीलिए सोच रहा था...अह...तुम्हारी मर्जी..."

गिरगिट की बात सुन तीनों को और शरारत सूझी। रघु और सुकेत ने आँख मारी। शम्स वैसी फुरहरी लेने लगा जैसी गिरगिट रंग बदलते वक्त लेता था, "यार, फुरहरी तो मैनेज कर ली...सरजी की तरह रंग-बदल कैसे मैनेज करूँ..." कहते-कहते उसने भी रघु और सुकेत की तरफ आँख मारी।

गिरगिट कुछ लाड़, कुछ चिन्ता के भाव से उस तरह मुस्कराया, जैसे बरामदे में बैठे बुजुर्ग बारिश में धमा-चौकड़ी मचाते शरारती बच्चों को देखकर मुस्कराते हैं!

''समझोगे, बेट्टा लोग मेरी बात...ऐसे नहीं तो, वैसे समझोगे,'' पछतावे से बाहर आता, कुर्सी पर फिर से सीधा होता, गिरगिट कह रहा था, ''खैर, अभी बेसिक्स तो समझ ही लो...देखो, पहले तो खोपड़ी में सही समझ के लिए जगह बनाओ, फेंको फालतू चीजें यार, निकालो दिमाग़ से...यह याद, वह इतिहास, यह सोच, वह फलसफा, ऑल ब्लडी नॉनसेंस...सीधी-सी बात...कला वही जो दिल बहलाए, साहित्य वही जो मौज कराए...फट से पल्ले पड़ जाए...अक्ल से काम लो—जिस चीज की कोई इमीजिएट यूज-वैल्यू नहीं, उसकी बस थ्रो-वैल्यू होती है...चाहे कोई कमोडिटी हो, चाहे मेमोरी। होना क्या है तुम्हारे इस साले आर्ट-फार्ट से...''

'आर्ट' के साथ मिलाई 'फार्ट' की तुक को गिरगिट ने अपने फॉर्म में लौटने का जरिया बनाया, मुस्कराया, ''वैसे तुम बुद्धिजीवी लोग अपने लिखने, बोलने, सोचने और कला-बला में और करते भी क्या हो, सिवाय 'फार्ट' के...वायु-विमोचन के...करते रहो...हू बॉदर्स...''

लाड़-भरे, चिन्तित बुजुर्ग का बाना छोड़ गिरगिट फिर से पूरी तरह नाकोहस का जामा पहन चुका था...जमकर फुरहरी ली, ताबड़तोड़ रंग बदले...आँख भी थूथन घुमाकर तीनों के लिए अलग-अलग मारी, ''बुरा लगा...ओलेलेलेले...छॉली बच्चा लोग...नहीं, मजाक नहीं...''

गिरगिट की आवाज में सन्तोष था कि थोड़ी देर पहले जो चूकें—उदासी, पछतावे और हँसी की—उससे हो गई थीं, उनसे पिंड छूट गया है। तटस्थ आवाज में वह अपने काम पर लौटा, ''सीरियसली, आपकी भावनाएँ आहत करने का मेरा कोई इरादा नहीं...यह बेहूदगी तो आप ही लोगों को मुबारक...मुझे तो बस, यह बताइए, कहाँ राइट टु ब्लासफेमी वगैरह के चक्कर में पड़े हैं...अरे, भैया, इंटेलेक्चुअल दिखे बिना जीना मुश्किल ही लगता है तो उसके लिए भी रास्ते हैं न, समझदारों से पूछो तो सही, समझो तो सही...सुनो, एक काम शुरू करो तुम तीनों के तीनों...बातें गोल-मोल करो...आँखें गोल-गोल नचाओ...अमाँ, यार, सूफियापा अपना ही लो...''

आवाज में तटस्थता की जगह फिर से शरारत आ चुकी थी, ''ये तुम्हारे शम्स मियाँ ही तो बताते हैं—सूफियों का फैबिया सिलसिला...लपक लो तुम

लोग भी...फैब का कुर्ता, जाकेट वगैरह पहनते ही हो...बस, एक कदम और...शुरू हो जाओ...मस्त...कौन रोकता है...बस, गिलहरी की तरह कुतुर-कुतुर करो, कबूतर की तरह गुटरगूँ-गुटरगूँ...इंटेलेक्चुअल के इंटेलेक्चुअल बने रहे...नाकोहस के चक्कर से भी बचे रहे...बेकार, ऐसी खुराफातें क्यों करते हो कि नेशनल कमीशन ऑफ हर्ट फीलिंग्स को बीच में आना पड़े? लेकिन एक बात है माई डियर डायनासॉर्स, खुद टेक्नेक्चुअल न भी बन पाओ, उसका सम्मान तो करना पड़ेगा, यह एकदम मस्ट कंडीशन है...मस्त रहना इस मस्ट के बिना नहीं चलेगा...समझे बच्चा लोग? तो...शुरू हो जाओ...चलो, बोलो, मेरे संग-संग, 'इंटेलेक्चुअल होना पाप है, टेक्नेक्चुअल सबका बाप है...' "

अपने असली रूप में वापस आ चुका गिरगिट कुछ देर मेज थपथपाता यही दोहराता रहा, 'इंटेलेक्चुअल होना पाप है, टेक्नेक्चुअल सबका बाप है...' तीनों की चुप्पी देख, निराशा का नाटक करते हुए उसने थूथन मटकाई...शरीर को 'मेरी तरफ से भाड़ में जाओ' के भाव से कुर्सी पर ढीला किया...अब वह इनमें से ही किसी के बोलने के इन्तजार में था...

तीनों चुप। नाकोहस उन्हें बोलने, सुनने से महरूम कर सकता था, बोलने को मजबूर नहीं। तीनों चुप।

'हम दोनों रह भी लें, रघु कितनी देर चुप रहेगा?' सुकेत को मालूम था, रघु बोलेगा जरूर। जब वह दमदमी टकसाल में, गोद में एके 47 को लाड़ से बिठाए, खालिस्तान समझा रहे खाड़कुओं के सामने चुप नहीं रहा था, उन्हें ज्ञान-दान करने से बाज नहीं आया था...तो यह नाकोहसिया गिरगिट ही सेंट रघु रूबेन की सबको सही रास्ता दिखाने पर उतारू करुणा की पकड़ में आने से कितनी देर तक बचेगा...लेकिन रघु की मिशनरी स्प्रिट ने गिरगिट को घेरा और, अपन सुन ही नहीं पाए तो?

सुकेत की आँखें जीभ लपलपाते गिरगिट की ओर अनुरोध के साथ देखने लगीं कि रघु की आवाज सुनने दी जाए। सुकेत के मन में ऐसी घृणा और ऐसी निर्भरता एक साथ होने की स्मृति अब तक नहीं थी...क्या कभी बाहर आ पाएगा वह बेबसी की इस याद से कि अपने रघु की नाकोहस की ऐसी-तैसी करती आवाज सुनने के लिए वह नाकोहस के ही निहोरे कर रहा है...

'निहोरे क्या, जैसे दमदमी टकसाल में लस्सी छकते, उपदेश सुनते अपन हँस-हँस कर खुद के डर को छका रहे थे, वैसे ही इस अजूबे को भी जिन्दादिली से ही निबटा रहे हैं...' सुकेत ने सोचा।

'लेकिन इस अजूबे की अपनी इजाजत से...' मगरमच्छों द्वारा भँभोड़े जा रहे हाथी की वेदना सुकेत के समूचे अस्तित्व में चिंघाड़ उठी। भँभोड़ते मगरमच्छों की क्रूरता के आगे बल-बुद्धि से महिमामंडित वह विशाल प्राणी बेबस और लाचार था। उसकी पुकारें नारायण से दया की भीख माँग रही थीं...मैंने तो नारायण के बारे में सोचा तक नहीं, निहोरा करती निगाह भी इस गिरगिट की ओर ही टिकाई, उफ...क्या हो गया है मुझे? क्या हो रहा है हम तीनों को? मैं अकेला ही नहीं, बाकी दोनों की निगाहें भी तो मेरी ही तरह निहोरे कर रही हैं इस गिरगिट के...यह न चाहे तो सुन नहीं सकते, कौन जाने अगले पल देख भी न सकें एक दूसरे को...

पंचतंत्र की वह कहानी—मगरमच्छ की क्रूर मूर्खता की, बन्दर की चतुराई की--उस कहानी में बन्दर बच गया था, मगरमच्छ को यकीन दिलाकर कि वह अपना कलेजा पेड़ पर छुपाकर रखता है...हम उस बन्दर की चतुराई से ही तो सीख रहे हैं, रणनीति के तहत निहोरे कर रहे हैं, इस घिनौने गिरगिट से—कोई बात नहीं...स्ट्रैटेजी है...

मगरमच्छ मूर्ख मान गया था कि बन्दर अपना स्वादिष्ट कलेजा शरीर में नहीं, पेड़ की खोखल में छिपा कर रखता है। हम भी इस गिरगिट को मूर्ख बनाकर निकल जाएँगे कि 'जी, हम तो अब भावनाएँ आहत करने वाली शरारतें घर पर छोड़कर ही निकला करेंगे...'

गिरगिट की नारंगी थूथन ने सुकेत की ओर तिरस्कार-भरी निगाह डाली। सुकेत, रघु और शम्स—तीनों को सम्बोधित, हिकारत भरी, पींपनी जैसी आवाज इस वक्त केवल उसकी थूथन से नहीं, गोल कमरे के रूप में मौजूद साँप की इस कुंडली के पोर-पोर से आ रही थी, "हमारी ही मेहरबानी से सुन पा रहे हो, बोल पा रहे हो...और याद कर रहे हो उस बकवास कहानी के बदमाश बन्दर को, बेवकूफ मगरमच्छ को...भूल जाओ वह सब बेवकूफी की बातें, सुकेत, तुम्हारा सच हाथी को भँभोड़ते मगरमच्छ ही हैं, मगरमच्छ के घर से बच निकला बन्दर नहीं...शम्स म्याँ, ठीक ही सोचा था आपने, सपने में आपकी गर्दन कटी, यहाँ न जाने क्या-क्या...रूबेन साहब, मिशनरी स्प्रिट के साथ-साथ वो लाल-पीले इमोटिकॉन भी याद रहे...अरे, हाँ, सुकेत बाबू, सुनिए जरा..."

'सुकेत से सुकेत बाबू...जरूर कोई बदमाशी करने वाला है...' सुकेत के मन में आया। 'अब गिरगिट अन्तर्यामी है तो है...अपने मन की आवाज पर

कोई खुद कैसे ढक्कन लगा ले? बस, अन्तर्यामीपन पेलते समय आँख मत मारना, प्लीज!'

"लो जी, आपको एतराज है, तो नहीं मारते जी, आँख...हम तो बस ये कह रहे थे..."

'बेहूदा कितना भी हो, कलाकार ऊँचे दर्जे का है...देखते-देखते गृहलक्ष्मियों के लहजे में जुमले अदा करने लगा है...'

गिरगिट वाकई गृहलक्ष्मी लहजे की रौ में था, "रास्ते में करुणा-रचना, रचना-करुणा किए जा रहे थे न जी, आप...रचनाजी तो हर किले में सेंध लगाना जानती हैं...नाकोहस को भी शीशे में उतारने में कितनी देर लगनी थी, जी, उन्हें...छोड़िए, उनका नाम लेकर आपका रक्तचाप क्यों बढ़ाएँ...करुणाजी को संकेत कर दिये गए हैं जी...और हाँ, आपके ये जो दोस्त हैं न, अरे ये वाले, रूबेन भाई साहब...मन-ही-मन जिसे जादूगर्दी कह रहे हैं, उस तरह से थोड़ी न किया है कुछ करुणा बहनजी के साथ...उनके लिए फिलहाल जादूगर्दी नहीं, बस जरा-सी गुंडागर्दी, बस जरा-सी जी...न, न, भन्नाइए मत जी..."

गृहलक्ष्मी के रोल से छलाँग मार, गिरगिट फट से अपने मूल मुहावरे में जा कूदा, "भन्नाकर आप हमारा उखाड़ ही क्या लेंगे...यार, कुछ खास किया भी नहीं गया है, बस, यही थोड़ा सा अग्निदेव का आह्वान करुणा और उसके साथियों को समझाने के लिए...डोंट यू वरी...करुणा ठीक ही है...अक्ल आ गई तो आगे भी ठीक रहेगी...वरना तो भैया..."

बिल्कुल सच कह रहा है—कड़वा सच...क्या उखाड़, क्या बिगाड़ लेंगे हम इसका? सुकेत इस डरावने सपने में, उस डरावने सपने से गुजर रहा है—हाथी हिल नहीं सकता...नारायण को परवाह नहीं, यम को जल्दी नहीं...मगरमच्छ आश्वस्त—जीभ को गोश्त का स्वाद, कानों को क्रंदन का सुख मिलने में कोई बाधा नहीं। हाथी की विवशता और मगरमच्छों की आश्वस्ति का सच सुकेत की चेतना में बर्फ तोड़नेवाला सुआ बनकर चुभा...अन्दर-ही-अन्दर सारा खून निचुड़-सा गया, चेहरा शर्म और दर्द से बैंगनी होने लगा...

रचना...नाकोहस के किले में भी सेंध? या पहले से ही? एजेंट...?

"कहाँ तक जानोगे सुकेत, कौन-कौन है नाकोहस का एजेंट..." गिरगिट की आवाज सुनाई दी, "समझते क्यों नहीं...नाकोहस को पर्यावरण बनना है...पसर रहे हैं हम हवा में...गूँज रहे हैं आवाजों में...पहुँच रहे हैं रिश्तों

तक...मुस्कानों तक, आँसुओं तक। काम बहुत तेजी से चल रहा है, सुकेत—हर तरफ, हर जगह...हर शख्स, हर रिश्ता...''

'हर शख्स...यानी...यानी...शायद रघु भी, शायद शम्स भी...नहीं, हरगिज नहीं...क्यों नहीं ?...क्या हरगिज नहीं...क्या पता लगता है...मैं खुद ही क्यों नहीं...कुछ ही देर पहले मैं निहोरे करती निगाह से निहार नहीं रहा था, इस घिनौने गिरगिट को ? कुछ देर पहले लग रहा था, मेरी देह पर नीले धब्बे आ रहे हैं...कहीं इस वक्त मेरी देह का रंग भी पीला, नारंगी या हरा तो नहीं होने लगा है ?'

सुकेत की हिम्मत नहीं हुई अपनी हथेलियों, कलाइयों पर निगाह डालने की। उसे जलते तवे पर खड़े होने का अहसास हो रहा था। हर तरफ से तपिश की लपटें लपक रही थीं, कमरे की गोल दीवारें सिकुड़ रही हैं। छत धीरे-धीरे, जैसे मजा लेते हुए नीचे आ रही है। सुकेत को गोया जिन्दा चिना जा रहा है...वह चीख रहा है। पता नहीं, रघु और शम्स तक आवाज पहुँच रही है या नहीं...अरे, यह क्या हो रहा है ?

शम्स अपनी जगह से हिल रहा है, रघु भी। अरे, मैं खुद भी ! हममें से कोई भी एक-दूसरे की तरफ नहीं बढ़ रहा...हम तीनों की गति नाकोहस के गिरगिट की ओर है...हरेक उस तक बाकी दोनों से पहले लपककर पहुँच जाना चाहता है...क्यों ? आखिर क्यों ? यकीनन उसकी दुम पकड़कर झटका देने के लिए, उसकी कुर्सी खींच लेने के लिए, और क्यों ?

या...या...या ?

इस 'या' के आगे सोचने की सुकेत की हिम्मत नहीं हो रही थी।

ठीक ही कह रहा था, कुछ देर पहले नाकोहस का यह गिरगिट...गनीमत है कि इन्सान दूसरे का मन नहीं पढ़ पाता, असल में तो अपना खुद का भी पूरमपूर नहीं पढ़ पाता...यह इन्सान पर ज्यादती नहीं, सबसे बड़ी मेहरबानी है परम-पिता परमात्मा की...

सुकेत को अपने नाम पर शर्म आने लगी, कैसा सुकेत—सूर्य—हूँ मैं कि...

उसने अपनी रगों में किसी को मजे से दुम मटकाता, चलता- मठलता महसूस किया...उसकी चीख निकल गई, 'मगरमच्छ ? मेरे भीतर ?...'

उधर, गिरगिट एक बार फिर से कुर्सी छोड़ उठ खड़ा हुआ था। इस बार उदासी से कोसों दूर, वह अपनी ड्यूटी बेहतरीन ढंग से अंजाम दे पाने की

उत्तेजना के आगोश में था। कदम थिरक रहे थे। थूथन लगातार फैल-सिकुड़ रही थी, बारम्बार रंग बदल रही थी। तृप्ति थूथन से ही नहीं, सारे बदन से झलक रही थी...गुनगुनाहट में झलक रही थी—'नाकोहस जी...नाकोहस...चड्डी फेंककर फूल खिला है...नंगई का जब टूल मिला है...पहली बार...पहली बार...नाकोहस...नाकोहस...'

गुनगुनाते गुनगुनाते ही उसने पहले सुकेत की ओर देखा। सुकेत का मन वह पढ़ ही चुका था, उपहास और तृप्ति के भाव से जीभ लपलपाई...फिर थूथन रघु की तरफ घुमाई, "कुछ कहना चाहते हैं...वेल...मैं तो जानता ही हूँ जो आप कहना चाहते हैं...लेकिन आपके दोनों दोस्त...यस, बोलिए मिस्टर रूबेन...यू सी, वी आर सो सेंसिटिव...एंड ह्यूमैन..इफ आई मे...एनी वे...चलिए, आप बोलिए..."

"सुनिए, भाई साहब, ऐसे जादू-तमाशे हमने बचपन में बहुत देखे हैं, इधर कई सालों से तो हालत यह है कि..."

"होता है शबो-रोज़ तमाशा मेरे आगे..." शम्स ने गिरह लगाई।

"यार, तुम लोगों की हिम्मत बल्कि बेशर्मी कमाल है...तमाशा दिख रहा है, तुम्हें?" कहता-कहता गिरगिट फिर से कुर्सी पर बैठ चुका था।

"थैंक्यू, शम्स," रघु कह रहा था, "मैं आपकी कोमल भावनाएँ आहत नहीं करना चाहता, मिस्टर कैमेलियॉन नाकोहस...लेकिन सरजी, इतना तो आप भी जानते ही होंगे कि किसी एक वक्त में चालू मान्यताओं और उनसे जुड़ी भावनाओं से ही चिपका रहता तो इन्सान आज भी नरबलि चढ़ा रहा होता...बात को समझिए नाकोहस साहब, कहीं न कहीं सत्य तो है न, कुछ तो है उसकी शक्ल, हालाँकि उसको पूरा जान पाना किसी के लिए भी सम्भव नहीं है, इसीलिए तो उस पर सतत पुनर्विचार जरूरी है...दैट इज ब्लासफेमी फॉर यू...जिसके बिना इन्सान आगे बढ़ ही नहीं सकता...बहस हो...बोली का जवाब बोली से मिले...गोली क्यों चलाई जाती है...आहत भावनाओं के नाम पर शरीर और आत्माएँ क्यों आहत की जाती हैं?"

"मिस्टर रूबेन, ब्लासफेमी समझता हूँ,...आपकी तरह ईसाई भले..."

"मैं ईसाई घर में जन्मा जरूर, लेकिन ईसाई हूँ नहीं..."

"आहा...आप पर एक चार्ज यह भी तो है कि आप अपनी पहचान छुपाने की कोशिश करते हैं। उस दिन बेचारे उमानाथ ने आपकी ईसाई पहचान याद दिलाई...एंड, यू गॉट पुअर फेलो थ्रोन आउट ऑफ दैट मीटिंग, सचाई मानते

नहीं न आप लोग...आपके पल्ले कब पड़ेगी बात? चाहें न चाहें, आपकी पहचान तो ईसाई की है, मरते दम तक रहेगी, मरने के बाद भी रहेगी...'' गिरगिट ने बोली बनाम गोली का सवाल गोल करते हुए, थूथन शम्स की तरफ घुमाई, ''देख लीजिए, शम्स साहब, अब आपके यह मोहतरम दोस्त मुझे लम्बा फुटेज खाने को मजबूर कर रहे हैं, प्लीज, डोंट ब्लेम मी...हाँ, तो मिस्टर रूबेन, न जाने किस जमाने की बात आप कर रहे हैं! सत्य होता है, एब्सोल्यूट सत्य होता है, भले ही पूरी शक्ल न दिखाता हो...क्या यार, पढ़े-लिखे होकर ऐसी बेवकूफी की बातें...''

आवाज में अब मास्टर वाली नहीं, वह लाड़-भरी सख्ती थी जिसका इस्तेमाल पालतू जानवरों से बात करने में किया जाता है, ''कब समझोगे यह सचाई बेवकूफो कि सत्य-वत्य कुछ नहीं होता, वजूद केवल ताकत का है...इतिहास में पहली बार इस व्यावहारिक सत्य को दार्शनिक रूप मिला है...रियल कॉमन मैन के रियल लाइफ एक्सपिरिएंस को फिलॉसफी मिली है, इसीलिए तो आप जैसे डायनासॉर इंटेलेक्चुअल मिर्चाए हुए हैं, मिर्चाए रहें, साले...परवाह किसे है...पीछे नहीं जा सकते हम...कोई जरूरत नहीं ब्लासफेमी की...सत्य की खोज, माई फुट...सत्य है क्या? प्याज की गाँठ—छीलते जाओ, छीलते जाओ, हर परत के नीचे एक और परत, और आँखों में पनीली जलन...बहुत डेमोक्रेसी-वेमोक्रेसी बघारते हो तुम लोग, जनता को फिजूल जलन की तकलीफ से बचाना डेमोक्रेटिक सरकार का कर्तव्य है या नहीं?''

रघु कुछ कहे, इसके पहले ही गिरगिट ने हाथ उठाकर चुप रहने का इशारा किया...थोड़ी देर उठाए ही रहा...पहली बार अँगुलियों की बनावट पर ध्यान गया...इतनी लम्बी, पतली...छुरी की तरह नुकीली...

'यह आदमी...सॉरी गिरगिट...यह तो सिर्फ उँगली चलाकर ही किसी की आँख बाहर निकाल सकता है...' रघु के मन में खयाल आया, गिरगिट ने लपक लिया, ''जीसस! ओ, माई गॉड, कैसी बात करते हैं, मिस्टर रूबेन...प्लीज, डोंट टेक मी फॉर ए मोंस्टर...कोई दैत्य थोड़े ही मैं...मैं तो जी, आपसे भी बड़ा अहिंसावादी हूँ सर...पक्का वेजेटेरियन, बल्कि वैगान...दूध तक नहीं पीता...''

''गिरगिट का रूप लिया है तो कीड़े-मकोड़े तो चलते होंगे, महाराज...'' शम्स से रहा नहीं गया।

''हाँ, तुम्हारे जैसे कीड़े-मकोड़े तो चलते ही हैं, शम्स म्याँ...''

गिरगिट की आवाज में बोल रहा तथ्यपरकता का ठंडापन, थूथन की स्थिरता में झाँक रहा स्पष्टता का भाव तीनों की रीढ़ पर बर्फ की सिल्ली की तरह फिर गया...इसी स्थिर भाव से वह रघु से मुखातिब हुआ, "मिस्टर रूबेन, आप लोगों की तरह नहीं हूँ मैं...जीव-जन्तुओं तक की भावनाएँ आहत नहीं करता...तभी तो शाकाहार...खैर, मैं कह रहा था कि...अपनी बेहूदा, बल्कि खतरनाक बातों से, हवा में बेवकूफी का जो जहर आप लोग अब तक बेरोकटोक घोलते रहे हैं, उससे जनता को बचाना सत्ता का, सरकार का कर्तव्य है...नाकोहस इसी कर्तव्य का साकार रूप है..."

चुप हो गया गिरगिट कुछ सोच रहा था, फिर एक घूँट पानी का लिया, बोला तो बात बदलकर, "अभी मेरी खिल्ली उड़ा रहे थे न कि ऐसी क्या गलती कर दी कि मुझे अच्छे लगने लगे तुम तीनों..."

आवाज में इतना अनपेक्षित दोस्ताना स्पर्श था कि ये तीनों सकपका ही गए...चुपचाप एक दूसरे की तरफ निगाहों से सवाल भेजने लगे। इतनी देर से गोल कमरे के नीम-अँधेरे में थे कि अब एक दूसरे की शक्लें लगभग साफ-साफ देख पा रहे थे।

उधर गिरगिट कमरे की छत देख रहा था। धीरे से गर्दन फिर झुकाई...होंठों-होंठों में कुछ बुदबुदाया, अपने-आपसे बात करने सरीखे स्वर में ही तीनों से मुखातिब हुआ, "तुम्हें क्या लगता है कि हम हरेक को इतनी ही छूट देते हैं, जितनी तुम्हें दी? तुम क्या समझते हो, ऊपर वालों की मर्जी के बिना यह फ्रेंडली इंटर-एक्शन चल सकता था इतनी देर..."

गिरगिट ने गहरी साँस ली। उसकी खामोश, स्थिर थूथन मजाक उड़ाती या डरावनी नहीं, कितनी मानवीय और सहज ही सुन्दर लग रही है! तीनों पर घूमती निगाह भी खिल्ली नहीं उड़ा रही...शम्स तक पर बर्छियाँ नहीं बरसा रही!

गिरगिट की खिल्लियाँ, गालियाँ, तिरस्कार—ये सब समझ में आए थे, लेकिन ये दोस्ताना, हालाँकि थकी-सी निगाहें...एकाएक ही सुन्दर दिखने लगी खामोश थूथन...डरावने बिगूचन के तपते रेगिस्तान में न जाने कैसे, न जाने कहाँ से आकर राहत बिखरने लगे थे मौसम की शुरुआती बर्फबारी के परों सरीखे हल्के कण...कितनी देर...कितने पल...

'आज बार-बार चूक हो रही है, ड्यूटी में...इन तीनों की छुट्टी जल्दी से करूँ, वरना इनका जो होगा, सो होगा...मैं खुद तो पक्का मारा जाऊँगा...' गिरगिट ने वक्त रहते खुद को सँभाल लिया।

इस बीच शम्स बोल पड़ा, "गुस्ताखी मुआफ़ हुजूर-ए-आला...यह जो समझाने का नेक काम आप करते हैं...हम हकीर गुनहगारों पर इतना करम जो आपने किया है...खादिम सोच रहा था कि जरा आहत भावना वालों को भी समझा देते...वो कहते हैं न कि चाँद पर थूको तो अपने ही मुँह पर गिरेगा...तो लेने दें हम जैसे कूढ़मगजों को चाँद पर थूका अपने मुँह पर...आपको क्यों फिजूल तकलीफ देते हैं?"

गिरगिट मुस्कराया, फुरहरी ली, रंग भी बदले...लेकिन अब उसकी थकान और ऊब दिखने लगी थी। 'अब निबटा ही दूँ इन नमूनों को,' उसने तय कर लिया था...फिर भी शम्स को जवाब उसने अपने अंदाज में ही दिया, "वाह...वाह...वाह...इंटेलिजेंट आरग्यूमेंट...मान गए भई, लेकिन मोहतरम शम्स साहब, चाँद की तरफ मुँह करके थूकते ही चले गए तो गर्दन नहीं अकड़ जाएगी? स्पोंडिलाइटिस नहीं हो जाएगा? आप जैसे अज़ीम दानिशवरों की गर्दनों का खयाल रखना हमारा फर्ज बनता है या नहीं?" शम्स पर चोट करने में गिरगिट शुरू से ही खास मजा ले रहा था...उसने आँख मारने की बजाय एकदम स्थिर दृष्टि से शम्स को ताका, "सपना भूल गए मोहतरम दानिशवर-ए-अज़ीम...शम्स बहादुर..." सुकेत की ओर थूथन घुमाई, आँख मारी, चिढ़कर सुकेत ने नजर फेर ली, फिर भी गिरगिट की आवाज से कहाँ निजात थी, वह तो तीनों ने सुनी, "देख रहे हैं न, सुकेतजी, हम तो आप लोगों की गर्दनों को स्पोंडिलाइटिस से बचाएँ और आपके दोस्त समझते हैं कि हम गिलोटिन चला रहे हैं...वाट ए थैंकलेस जॉब...नो, रूबेन साहब?...ओ गॉड..."

रघु, शम्स और सुकेत—तीनों खामोश। समझ नहीं आ रहा था, कहें तो क्या! बस, सुन रहे थे, गिरगिट बोले ही जा रहा था, "आप लोग यही सोच रहे हैं न कि...ईसा मसीह का उदाहरण दें या नचिकेता का...उद्धरण नैयायिक उदयन का दें या इब्ने सिन्ना इज्तिहादी का, या वाल्टेयर का, या लाओत्जे का...कबीर और मीरां के नाम तो बस आपके मुँह से अब टपके कि तब टपके...सर लोगो, आप तीनों का लेख 'राइट टू ब्लासफेमी' बहुत ध्यान से बाँचा गया है नाकोहस द्वारा, 'ब्लासफेमी यानी धर्म और भगवान तक की शान में गुस्ताखी करना इन्सान का अधिकार तो है ही, मानव-समाज की प्रगति की शर्त भी है...' यही फरमाते हैं न आप लोग उस निहायत ही कन्फ्यूजिंग हेंस मॉरली रिपगनेंट एंड सोशली डेंजरेस लेख में? उस लेख के बाद हमारी

कार्यवाही का कोई असर आप पर नहीं पड़ा, इसीलिए तो इस खास इंटर-एक्शन में आपको तलब करना पड़ा...''

उस लेख के बाद नाकोहस की कार्यवाही? तीनों ने एक दूसरे की आँखों से सवाल पूछा, 'यार, जिस नाकोहस का आज के पहले नाम तक नहीं सुना था...उसने अपने खिलाफ कार्यवाही भी कर डाली?'

ब्लासफेमी वाले लेख के बाद तीनों को कई बार पिटाई झेलनी पड़ी थी, घरों के दरवाजों पर अश्लील गालियों और भद्दे चित्रों का प्रसाद भी मिला था। अपने-अपने धर्म के नरकों में जाने के सुझाव, और स्वयं नहीं जा सकें तो भेजने की तत्काल व्यवस्था के आश्वासन भी तीनों को मिले थे। उस वक्त, समझ रहे थे कि लोग बस पगला गए हैं, आज मालूम पड़ रहा है कि पागलपन में पद्धति भी थी—मैथड इन मैडनेस...नाकोहस...आहत भावना आयोग की पद्धति।

''एक मिनट, एक मिनट...'' रघु ने गिरगिट को सम्बोधित किया, ''मिस्टर कैमेलियॉन नाकोहस, आप किस भगवान को मानते हैं?''

''फिजूल सवाल है...'' जवाब छूटते ही मिला।

''सवाल फिजूल लगता है, फिर भी उस लेख से इतने आहत हैं?''

''अपन आहत-वाहत होते नहीं, प्यारे, अपन तो करते हैं...'' गिरगिट ने पहली बार रघु को मिस्टर या साहब कहने के बजाय अनौपचारिक लहजे में सम्बोधित किया था, ''भगवान-फगवान से नहीं, हमें मतलब है पावर से, मैनेजमेंट से...अपना मैंडेट तो बस यह है कि किसी की भी भावना आहत न होने पाए...बड़े डेमोक्रेट-वेमोक्रेट बनते हो न तुम लोग...डेमोक्रेसी में नाकोहस का योगदान एप्रिशिएट करने में तुम्हारी गाँ...''

इन तीनों से फारिग होने की बेचैन झल्लाहट में गिरगिट फिर से असंसदीय शब्द बरतने जा रहा था, 'नाकोहस प्रवक्ता की गरिमा के विरुद्ध है, यह हरकत,' मन-ही-मन खुद को डाँटकर, उसने जिम्मेवारी सँभाली, ''हर पहचान, हर अस्मिता, हर ग्रुप अपना हिसाब-किताब खुद करने लगे...अपनी भावनाएँ आहत करने वालों को खुद ही चटकाने लगे, तो जंगलराज नहीं कायम हो जाएगा देश में? अरे बाबा, नाकोहस बनाया ही इसलिए गया है कि सब काम सलीके से हो...याद करो, वह फिल्म थी न, अरे वही विंची-फिंची...पादरियों से पास करा के ही रिलीज होने दी...उस बेहूदे लेखक को वहाँ लिटफेस्ट में नहीं आने दिया, मुस्लिम भावनाओं का सवाल था...चिढ़ में ही सही, शम्स

साहब, आप फरमाते बिल्कुल ठीक हैं...सेकुलरिज्म आहत भावनाओं की एंबुलेंस ही है...और नाकोहस सेकुलर, डेमोक्रेटिक कंसेंस का देहधारी रूप है...सब पर निगाह रखता है...रखनी पड़ती है...जरा निगाह चूकी कि कचरा फैला...अब देखिए न, अभी कल ही तो...वो एक कटुआ...ओ, आय'म सॉरी..."

'सॉरी' शब्द बिना किसी मतलब के, बस एक तकिया-कलाम की तरह बोला जा सकता है, यह तो इन तीनों को, हम सबकी तरह मालूम ही था : लेकिन इसे ऐन उल्टे अर्थ में बरते जाता देखना नया अनुभव था। 'सॉरी' कहता गिरगिट शम्स की तरफ खिल्ली उड़ाती नहीं, खा जाने पर उतारू निगाह से देख रहा था...उसकी बात लगातार जारी थी, "हाँ, तो वे जो मोहतरम पुरफेसर हैं, उन्हें रामायण पर बर्राने का शौक चर्राया है, उन्हें अक्ल देनी पड़ी...अमाँ मुसलमान हो...क्या लेना-देना तुम्हें रामायण से...अपने काम से काम रखो..."

शम्स इस वक्त गिरगिट की गोल, मिचमिचाती आँखों, फड़कती थूथन और लपलपाती जीभ की ऐन सीध में था, "शम्स साहब...आपको भी तो 'रामचरितमानस' के कई हिस्से याद हैं न...बचपन में रामलीला में रोल किये हैं न...सुधर जाइए...आपको भी तो समझाया गया था...आपने अपने गुमान में बहावी ठहरा दिया समझाने वालों को। उम्मीद है, अब आप, और रूबेन साहब, सुकेतजी...आप भी समझेंगे कि रचना हो, उमानाथ हो या जनाब शम्स साहब को हिदायत देने वाले...काम नाकोहस का कर रहे हैं...आइंदा खयाल रहे..."

सुकेत और रघु की तरह उलझन-भरा नहीं, शम्स पक्का नास्तिक था। इसलाम का ही नहीं, हर धर्म का मुनकिर...लेकिन धर्मपगी कला और कविता के स्रोतों से जल और ज्योति पाने में मुनकिर होना बाधक है क्या? कुरआन की कविता पर क्या सिर्फ मोमिन का हक है? 'क्यों भुला दिया मेरे पिता, मुझे...' सलीब से पुकारते ईसा की आवाज में क्या केवल ईसाई की टीस है? अपने ही पिता के मुँह से 'मृत्यवे त्वां दास्यामि' सुनते नचिकेता की जिज्ञासा और वेदना क्या केवल हिन्दुओं की है? तथागत के 'लोकानुकम्पाय' में प्रवेश की अनुमति क्या मात्र बौद्धों को है? आकाश को थाल और चाँद-सूरज को दीपक बनाकर की जा रही आरती की महिमा क्या केवल सिखों के लिए है?

सिर चकराने लगा...पहली बार, हाँ, पहली बार..जिन्दादिली साथ छोड़ती लगी...

'रामचरितमानस' का पुष्प-वाटिका और स्वयंवर-प्रसंग शम्स को बहुत प्रिय था। 'कंकण, किंकिंणि, नूपुर धुनि'—उस पूरे प्रसंग का शब्द-संगीत बरबस उसके मन में छाया रहता था। इस वक्त, गिरगिट की बातें सुन रहे, उसकी थूथन की ऐन सीध में मौजूद शम्स का कलेजा कोई मुट्ठी में भींच रहा था...तो इस नाकोहस-काल में क्या महज इसलिए कि वह मुसलमान है...उस दोहे में बँधा शब्द-चित्र 'उदित उदय-गिरि मंच पर रघुबर बाल पतंग...' क्या मेरे मन की आँखों को यह बाल-सूर्योदय देखने के लिए नाकोहस और इसके एजेंटों की अनुमति लेनी होगी?...वह पुष्प-वाटिका का दृश्य...'तजे निमि दृग अंचल'...पलकों की गतिविधि के देवता निमि जनक के पुरखे थे, इसलिए चले गए वहाँ से कि कैसे अपने बच्चों के प्रणय एकान्त में रुकें...सीता और राम की पलकें झपकना भूल गईं...इस दृश्य की याद आने पर भीग जाने वाली मेरी पलकें क्या नाकोहस-राज में नोंच ली जाएँगी? क्या राम-लीला से...सरयू से...अयोध्या से...गंगा से...गोदावरी, तीस्ता और साबरमती से...हिमालय और सह्याद्रि से सदा के लिए मुझे ज़लावतन कर दिया जाएगा? क्या 'हू वाज मिस्टर कबीर' ही नहीं, 'हू वाज मिस्टर रसखान', 'हू वाज़ मिस ताज', 'हू वाज मिस्टर जायसी' पूछने का वक्त आखिरकार आ ही पहुँचा...क्या इन सबकी भी घर-वापसी का मौसम आ ही पहुँचा...?

शम्स की आँखों में इक्का-दुक्का बूँद की शक्ल में उतरती उदासी...भिंचते होंठ...नीचे की ओर लुढ़कती चेहरे की मांसपेशियाँ...माथे पर उभरती सिलवटें...आँखें एक पल के लिए बन्द...खुलीं तो हथियार डालते योद्धा की तरह दोस्तों को देखती नजरें...

"नहीं...शम्स, नहीं..." रघु की आवाज।

"ऐसी की तैसी इस गिरगिट और इसके बाप नाकोहस की..." सुकेत का स्वर।

"फालतू में आँसू बहाने, पोंछने का सेंटीमेंटल चक्कर यहाँ मत चलाओ, यार!" गिरगिट नाराज कम, परेशान ज्यादा दिख रहा था, "खुद के सेंटीमेंट्स को चोट लगी तो रोकर दिखाने लगे...दूसरों की...कितनी देर से तुम्हारी ठोस खोपड़ी में छेद करके अक्ल डालने की कोशिश कर रहे हैं...असल में तुम लोग अपनी अभिव्यक्ति को तो अभिव्यक्ति कहते हो, दूसरे की अभिव्यक्ति को मार-पीट...अक्ल की बात समझते ही नहीं। तुम्हारे ही कुछ संगी-साथी तक वैसे करने तो लगे हैं, अक्ल की बात, लेकिन तुम वहीं के वहीं लद्धड़

कहीं के! वह कहा था न किसी ने...अरे, वही पेरिस वाले चक्कर में...जिनकी सांस्कृतिक अभिव्यक्ति पर ही पाबन्दी लगा दी गई है, वो बेचारे गोली न चलाएँ तो करें क्या? कुछ समझे रूबेन साहब, गोली और बोली का रिश्ता... ? समझो यार...अयातुल्लाह से लेकर पोल पोट तक कितने लोग तो समझाने को बैठे हैं...लेकिन, बस, नहीं समझेंगे...नहीं सुधरेंगे...तुम जैसे फंटूशों की बदमाशी यह है कि खुद तो बोली से निशाना लगाते हो, फिर उम्मीद भी करते हो कि गोली का निशाना बनने से बचे रहो...अब और नहीं...अब व्यवस्था वाकई बन गई है...नाकोहस इज इन प्लेस...अब यह नहीं चलेगा कि..."

सख्त लहजे से बाहर निकलने की कोशिश की गिरगिट ने...फिर से आँख मारी, फुरहरी ली, आगे तरन्नुम में बोलने की कोशिश की, "अब और नहीं...यह नाइंसाफी और नहीं कि तुम बक-बक करो तो साली अभिव्यक्ति; हम कुछ करें, बिलबिलाने लगते हो। तुम्हारी बोली तो है बोली, हमारी चिढ़ लगती तुमको गोली—ऐं? तुम्हारा खून खून है, हमारा खून पानी है—ऐं?"

मजाक का लहजा अपनाने की कोशिश भले कर रहा हो, गिरगिट अब वाकई थक चला था। बात खत्म करते वक्त आवाज में पस्ती थी, "खैर, अब बहुत हुआ यार...बहुत...बहुत पकाऊ निकले तुम तीनों तो..."

रघु सोच रहा था, गिरगिट को जानकारी कितनी है...महज नाम टपकाने का खेल करता नहीं लग रहा था, जिनके नाम ले रहा है, उनके बारे में, और जिनके नाम लिये बिना इशारे कर रहा है, उनके बारे में भी काफी जानता है, यह अजीब जीव। चलो, सिर्फ नाम ही जानता हो, तब भी जिस जमाने में खुद को लेखक और बुद्धिजीवी कहने वाले तक नौटंकी के मसखरों की तरह ज्ञान और अध्ययन की खिल्ली उड़ाते हैं, उस जमाने में...वह भी नाकोहस के प्रवक्ता के मुँह से!

"यार, सुकेत..." आवाज पर ढक्कन न जाने किस पल फिर से लग जाए, "अपने गिरगिट मास्साब नाकोहस की फिलॉसफी के ही नहीं, अपने जैसे तुच्छ इन्सानों के सोच-विचार, साहित्य, कला वगैरह के भी काफी जानकार हैं...इंप्रेसिव इनडीड...नहीं?"

"जानकार? बॉस, मेरा तो क़यास है कि सरजी खुद इस जॉब में आने के पहले अपने वाले वोकेशन में ही थे...पूछ के देख लो...पक्की बात...सरजी यहाँ जमने के पहले खुद इंटेलेक्चुल ही रहे होंगे..."

"हो सकता है, शायर-वायर भी रहे हों..." शम्स खुद को सँभाल चुका था, "ऐन मुमकिन है, शे'र अभी भी फरमाते हों...तखल्लुस गिरगिट नाकोहसवी..."

कमरा एकाएक काँप-सा उठा। "चुप करो...चूतियो..." इतनी जोर से चीखा था गिरगिट कि तीनों थर्रा गए। इस बार गिरगिट का गुस्सा वाकई डरा देने वाला था। वह कुर्सी से उछलकर मंच पर जा टपका था...इन्सान की तरह टहलने के बजाय, गिरगिट की तरह रेंग रहा था। रेंग नहीं, इधर से उधर बिखर रहा था। पहली बार उसकी दुम नजर आ रही थी—कोड़े की तरह फड़कती...सारी देह गुस्से में तड़पती! थूथन पर गुस्से की ललछौंही स्याह परत इतनी गहरी, जैसे और कोई रंग लेना जानती ही नहीं! पल-पल और स्याह होती जा रही थूथन वह साँप के फन की तरह उठा रहा था, शायद साँप की ही तरह डँस लेना चाहता था इन तीनों को, लेकिन मजबूर था। स्टेज से उतरकर अभियुक्तों तक आना नाकोहस के प्रोटोकॉल का उल्लंघन होता, बस, फुँफकारे जा रहा था, "यू बास्टड्र्स...कीप योर फिल्दी माउथ्स शट...आई एब्हॉर एवरीथिंग ऑफ माई पास्ट..बीत चुके वक्त के एक-एक पल से...एक-एक रेशे से नफरत है मुझे... बुद्धिजीवी, शायर...माई फुट...यू बास्टड्र्स...चूतिये...हरामजादे कहीं के..."

इतना औचक था यह सब कि तीनों की बोलती बिना किसी ढक्कन के ही बन्द हो गई। सोच भी नहीं सकते थे कि नाकोहस के प्रवक्ता को असली गिरगिट की तरह रेंगते...छटपटाते...दुम तड़पाते देखेंगे! कल्पना नहीं की थी कि गिरगिट किसी पल इस तरह बिखरता भी दिखेगा! अफसरी शिष्टता के देहधारी रूप गिरगिट के मुँह से गालियाँ इतनी बुलंद आवाज में, इतनी नफरत के साथ निकलेंगी!

तीनों अवसन्न...बीच-बीच में बस, एक दूसरे की तरफ नजरें...लफ्ज एक नहीं।

रघु और शम्स के चेहरों से जाहिर कि उनके मन में भी ऐन वही बात है, जो सुकेत के मन में—यह एक सपना है, जो मैं देख रहा हूँ, बाकी दोनों मेरे सपने में हैं...बस, कुछ ही देर की बात है, नींद खुलेगी, सपना टूटेगा, और मैं बाकी दोनों को मजे लेकर बताऊँगा कि सपने में गिरगिट ने हमें कितना डराया...हमने उसे कितना छकाया...अतीत के रेशों की जरा-सी ही छुअन पाते ही नाकोहस का गिरगिट कैसा छटपटाया...देखो, कैसा पस्त पड़ा है...आहत

भावनाओं की एंबुलेंस ड्राइव करते-करते खुद स्ट्रैचर पर जा गिरा है...वाट ए थाट-प्रोवोकिंग ड्रीम...दुःस्वप्न...लेकिन कितना रोमांचक...असल में मजेदार...बुलाऊँगा दोनों को कि चलो, आज रात फिर चलते हैं, साथ-साथ...नाकोहस के मैत्रीपूर्ण वार्ता-सत्र में...

गिरगिट की बेचैनी धीरे-धीरे दूर हो रही थी। उसके रेंगने में छटपटाहट कम हुई, थूथन में दीगर रंग आने लगे...दुम फड़कने के बजाय मटकने लगी। थोड़ी देर में बिल्कुल स्थिर ही हो गई। उसकी साँसें सामान्य हो रही हैं। गिरगिट फिर से इन्सानी पाँवों पर खड़ा हो रहा है...खड़ा हो गया है...काफी हद तक सँभाल लिया है खुद को, हालाँकि 'एक-एक पल से...एक-एक रेशे से...' जैसी कुछ बुदबुदाहट उसके होंठों से निकलती अभी तक सुनाई पड़ रही है। वह कुर्सी के हत्थे का सहारा ले रहा है...आँखें नशे में डूबी-सी लग रही हैं...बस, किसी तरह कुर्सी पर ढेर हो गया है...आँखें एक पल को खोल इन तीनों की ओर देखा है...फिर से मूँद ली हैं।

जिसके कारण अब तक या तो घिन आती रही, गुस्सा आता रहा, डर लगता रहा...वही गिरगिट अपने अतीत के एक-एक रेशे से नफरत करता, उसके जिक्र भर से गालियाँ बकता, गुस्से से बिखरता कितना दयनीय लग रहा था!

कमरे में जाने कितनी देर सन्नाटा गूँजता रहा।

तोड़ा गिरगिट ने ही, अपने-आपको सँभाल लेने के बाद...इतनी देर आँखें मूँदे-मूँदे उसने जाने कौन-सी क्रियाएँ-प्रकियाएँ भीतर-ही-भीतर की थीं कि अब बिखराव का जरा-सी भी निशान न तो आवाज में था, न आँखों में...वापस आ चुकी थी वही चिकनी कठोरता, अटूट आत्मविश्वास की वही चमक...वही खिल्ली।

"हाँ, तो मिस्टर रूबेन, क्या कह रहे थे आप? आहत भावना वाले बहस क्यों नहीं करते...पिटाई पर क्यों उतर आते हैं...यही न? असल में आप लोगों की समझ के बाहर है यह मामला। आप क्या जानें अपने वजूद पर नाज का वह अहसास, जो उस वक्त महसूस होता है, जब आप अपनी भावना के आहत होने का दावा करते हुए किसी की ठुकाई कर रहे हों, करवा रहे हों...उसे किसी भी तरह निबटा रहे हों...यकीन नहीं आ रहा न...अच्छा, कभी खुद तजुर्बा लेकर देखिएगा...मजाक नहीं, बस, एक बार कभी वह सुख...आह...ओह...यह सुख...लेकर देखिएगा! आह...आह...इट्स आलमोस्ट इरॉटिक...यू सी..."

नर चाहे गिरगिट हो, चाहे मनुष्य...अपने गुस्से का, अपनी कुंठाओं और हताशाओं का निकास सेक्स में खोजता है...यह तो गिरगिट जैसा मनुष्य, मनुष्य जैसा गिरगिट था...कुछ देर पहले गुस्से से बिफर और बिखर रहा था, अब?

कुछ देर पहले उसकी आँखें इन लोगों के सामने बिखर जाने की कुंठा से मुँद गई थीं...इस पल किसी 'आलमोस्ट इरॉटिक' पल की याद में मुँद रही थीं, "मेरी भावनाओं को ठेस पहुँचाने वाले, तुझे तो मैं...ओह...आ...तेरी तो मैं...आह...अरे बेवकूफो, तुम क्या जानो, कितना मजा है इसमें—हाय...आह...ओह..." थोड़ी देर पहले के बिखराव को ही नहीं, नाकोहस का गिरगिट इस वक्त सुकेत, रघु और शम्स की मौजूदगी को भी भूल चुका था। उसके मुँह से निकलती सीत्कारें, लम्बोतरे चेहरे पर छा रही खुमारी, लपलपाती जीभ पर चमक रही तृप्ति ऐसी थी मानो वह किसी परम काम्या नारी के साथ सेक्स का सुख ले रहा हो!

रचना भी तो...मोहब्बत की बातें ऐसे करती थी कि पचास के दशक की फिल्मों की घोर सेंटिमेंटल नायिका तक मैदान छोड़कर भाग जाए; और उसके कटाक्ष? जैसे कोई तीखी छुरी त्वचा से मांस तक पहुँचाए, उसे गोल-गोल घुमाए, फिर ताजे घाव पर नमक-मिर्च बुरके!

जैसे आहत भावनाओं का कारोबार करने वाले दावा करते हैं, वैसे ही वह भी तो दावा करती थी—दोष उसी का है जिसके मांस में छुरी गपाई जा रही है, जिसके घावों पर नमक-मिर्च बुरका जा रहा है...वह तो बेचारी स्वयं अपनी भावनाओं के आहत होने से पीड़ित है...यह सब करते समय उसे सुख भी वैसा ही मिलता था, जैसे सुख की यादें इस गिरगिट के मुँह से सीत्कारें निकलवा रही हैं, चेहरे पर खुमारी ला रही हैं। कटाक्ष की छुरियाँ सुकेत की देह में चली थीं...रचना के लिए अनुपयोगी हो जाने के बाद...अभी याद दिलाया तो था नाकोहस के गिरगिट साहब बहादुर ने, 'जिस चीज की इमीजिएट यूज-वैल्यू न हो, उसकी बस थ्रो-वैल्यू होती है...'

वाह बेटा, आ गए न गिरगिट नाकोहसवी के फेर में! मानने लगे न नाकोहस को सर्वव्यापी! अबे, रचना की निश्चिन्त, क्रूर आत्म-मुग्धता उसकी अपनी ही थी। रचनाजी की अनूठी, ज्ञानदेवा, जानलेवा रंग-बदल कला का श्रेय इस गिरगिट को देना बहुत बड़ा अन्याय है उनके साथ—बहुत ही बड़ा...।

सुकेत अपने भीतर, बीते दिनों पर झींख रहा था, और बाहर...

गिरगिट की आवेशित सीत्कारों में और भी आवाजें मिलती जा रही हैं...साँप की कुंडली सरीखे गोलाकार जैसे कमरे में हर दीवार पर, छत पर...एक के ऊपर गिरी पड़ रहीं शक्लों का हंगामा उभर रहा है। चौड़ासिंह, सपाटचन्द, कार का ड्राइवर...रघु को सींगों में दबोच लाने वाला इमोटिकॉन, शम्स को सड़क पर नजर आए प्रेत और चुड़ैलें...सुकेत के सपने में हाथी को भँभोड़ते मगरमच्छ...नाकोहस आते समय रास्ते में दिखे गैस के बने भूत-प्रेत...शम्स को उठा ले जाने पर आमादा चील...और न जाने कौन-कौन दर्जनों संगी-साथी उछल-कूद कर रहे हैं...नाच रहे हैं...ऐन गिरगिट की तरह आह-ओह कर रहे हैं...स्वयं गिरगिट कुर्सी छोड़ चुका है...झूम रहा है...लेकिन मंच से अब भी नहीं उतरा है...इस 'इरॉटिक' पल में भी उसे प्रोटोकॉल का ध्यान है...वह, उसके सहयोगी, सेवक और एजेंट—सब-के-सब कैसे अभूतपूर्व नशे में झूम रहे हैं...आक्रामक मस्ती की आवाजें कोने-कोने में तैर रही हैं...आह, हाय मजा आ गया...आह...आह...हाय... हाय...और प्लीज, और...और ठोको न...हाय, इसे क्यों छोड़ दिया...ठोको न...इधर भी...यहाँ भी...ठोको, बस ठोकते जाओ...मादक उत्तेजना पल-पल बढ़ती जा रही है...साँसें तेज हो रही हैं...कमरे में गूँज रही हैं...

छवियाँ दीवार और छत तक सीमित न रहकर कमरे में तिर रही हैं...दीवारें टीवी के परदों में बदल रही हैं...किसी दीवारी परदे पर चिल्लाती खिड़कियाँ खुल रही हैं तो किसी पर कृपाएँ बरस रही हैं। कहीं पेनलिस्ट कुश्ती लड़ रहे हैं तो कहीं एंकर बॉक्सिंग कर रहे हैं...कहीं जन-प्रतिनिधि नोटों की गड्डियाँ दिखा रहे हैं तो कहीं अफ़सर लोग रूबी की अँगूठियाँ और रोलेक्स की घड़ियाँ चमका रहे हैं। इधर, चौड़ासिंह और सपाटचन्द सुकेत के सामने मटक-मटककर नाच रहे हैं, "नाकोहस जी, नाकोहस...पहली बार, 'जी' पहली बार..." सींगिया इमोटिकॉन रघु के सामने सींग लहरा रहा है, रघु का चेहरा चिढ़ से विकृत हो रहा है...सींगिया इमोटिकॉन खुशी के मारे जोर से पिंपिया रहा है...चील शम्स के आसपास मँडरा रही है, उसे उठा ले जाने का नाट्य कर रही है...शम्स चाहकर भी आँखें नहीं मूँद पा रहा है...उसकी पलकें स्थिर कर दी गई हैं...सुकेत के आस-पास ही नहीं, उसकी नसों के भीतर भी मगरमच्छ दुमें मटका रहे हैं...सुकेत तड़प तक नहीं सकता, उसके हाथ-पैर सुन्न पड़ गए हैं...

नाचने वालों में अब कोई आह-आह...हाय-हाय के साथ-साथ 'अक्कड़-बक्कड़ बम्बे बो' चिल्ला रहा है तो कोई 'चड्डी फेंककर फूल खिला है' गुर्रा रहा है...नाकोहस के इन दोनों गीतों के बीच शोर में एक दूसरे को पछाड़ने की होड़ लगी है...

आखिरकार, धीरे-धीरे सारी आवाजें, हलचलें उतार पर जा रही हैं...गिरगिट झूमते-झूमते ही धीरे-धीरे कुर्सी की तरफ बढ़ा है, बैठ गया है...उसकी आँखें तृप्ति के सुख में बन्द हैं...धीरे-धीरे बुदबुदा रहा है, 'नाकोहस...नाकोहस...' उसके बाकी साथियों की आवाजें, हरकतें भी धीरे-धीरे कम हो रही हैं...थकान नहीं, सम्भोग के बाद की तृप्त क्लान्ति है यह...ऐन वैसा ही उतार है यह, जैसा अत्यन्त आवेशित, तीव्र सम्भोग के सिरे पर पहुँचता, तृप्त होता युगल महसूस करता है...

आवेशित शोर की तीव्रता की जगह कमरे में तृप्त क्लान्ति का रस-जाप भरता जा रहा है : 'नाकोहस...नाकोहस...आह...आह...ओह...आह...आह... नाकोहऽऽस...नाकोहऽऽऽस...'

छह

इंटेलेक्चुअल होना पाप है...
टेक्नेक्चुअल सबका बाप है

आँखें खुलीं कराह के साथ...बिस्तर से उतरना चाहा सुकेत ने...यह क्या ? टाँगें साथ नहीं दे रहीं, घुटने मुड़ नहीं रहे, जैसे लॉक कर दिये गए हैं! ओ...कितना दर्द...क्यों ? कैसे ? खैर, दर्द तो देख लेंगे...डरावने दुःस्वप्न से मुक्ति तो मिली...थैंक गॉड!

दर्द से तड़पते सुकेत ने फिर से कोशिश की, किसी तरह पाँव जमीन पर टिकाए, और तब उसका ध्यान गया, 'अरे, मैं सोया था बेडरूम में, जाग रहा हूँ ड्राइंग-रूम के दीवान पर...मतलब...मतलब...बौनैसरों ने मुझे बेडरूम से उठाया और नाकोहस में पेशी के बाद यहीं पटक कर चले गए...हे भगवान...'

टाँगों का दर्द सुकेत के मन में फैलते आतंक के आगे ओछा पड़ गया...।

'यानी...यानी...वह सपना नहीं था...कहीं ऐसा तो नहीं कि पता ही नहीं चला और मुझे नींद में चलने की बीमारी ने भी घेर लिया...सोया वहाँ, नींद में चलते-चलते यहाँ आ गिरा...अच्छा, नींद में चलने वालों के साथ ऐसा भी होता है क्या कि नींद में चलते-चलते घुटने टूट जाएँ, या लॉक हो जाएँ और पता तक न चले...'

सुकेत ने छटपटाकर उठने की कोशिश की...दीवान पर गिर पड़ा... 'आह...आह...ओ...ओ...बाप रे...लेकिन उठना तो पड़ेगा न...' दाँत पर दाँत जमाकर उसने दर्द को दबाया, किसी तरह उठकर खड़ा हुआ...खिड़कियों पर परदे पड़े थे, बालकनी का दरवाजा रात में छोड़ दी गई अधखुली दशा में ही था...बालकनी में धूप आ चुकी थी...अधखुले दरवाजे से आती धूप की एक शहतीर दीवान तक भी पहुँच रही थी, शायद इसी की ऊष्मा से खुली हो नींद...कॉलोनी की हलचल की आवाजें भी कमरे में आ रही थीं, लेकिन उनसे ज्यादा करीबी और सघन आवाजें थीं टीवी की...इसका

मतलब...मतलब...रात में तमाम कोशिशों के बावजूद बंद नहीं हुआ था न टीवी...तो...यानी... यानी...सुकेत ने निगाह टीवी की तरफ घुमाई...परदे पर यों तो सामान्य न्यूज-बुलेटिन आ रहा था...एकदम वैसा ही जैसा आता है, यानी खबरें दो मिनट, विज्ञापन बारह मिनट...खबरों के नाम पर कत्ल, सेक्स और वफा-बेवफाई के चटखारे...लेकिन, नई बात यह कि परदे के चारों कोनों पर तरह-तरह के इमोटिकॉन लगातार नाच रहे थे...ब्रेक के दौरान पूरे परदे पर छा जाते थे...हर दो विज्ञापनों के बीच का वक्फा इन्हीं के मदमस्त नाच और गीत के हवाले था...'पहली बार, जी, पहली बार'...इमोटिकॉन नाच रहे थे, गा रहे थे, 'पहली बार पता चला है, चड्डी उतार कर फूल खिला है, नंगई का अब टूल मिला है, पहली बार, जी, पहली बार...'

एक और गीत था। गीत क्या, वही वाक्य या नारा तरन्नुम में सुनाया जा रहा था जिसमें शम्स और रघु के साथ सुने गिरगिटोपदेश का सार आ गया था, 'इंटेलेक्चुअल होना पाप है, टेक्नेक्चुअल सबका बाप है...'

'देखो तो, इस नारे को गीत की तरह गाते गुस्से के, हँसी के, अचम्भे के, हाथ मिलाने के, थम्स अप दिखाने के, यहाँ तक कि चुम्बन तक के इमोटिकॉन मेरे मजे ले रहे हैं, मुँह चिढ़ा रहे हैं, जीभ दिखा रहे हैं... 'पहली बार, जी, पहली बार...' का गीत मेरे साथ सबके लिए है, 'इंटेलेक्चुअल होना पाप है, टेक्नेक्चुअल सबका बाप है'—यह याददिहानी खास मेरे लिए...'

नीचे चल रहे टिकर में एक के बाद एक लगातार ऐन वही नारे उभर रहे थे जो सुकेत ने रात में बौनैसरों के साथ जाते समय होर्डिंगों पर, अंडरपास की दीवारों पर पढ़े थे : 'नाश हो इतिहास का/जिसने दही कर दिया दिमाग का', 'दस्तावेजों को जला दो, मिटा दो', 'डाउन विद मेमोरी', 'लांग लिव इग्नोरेंस', 'यादों को झोंको भाड़ में/नाकोहस बोले लाड़ में', 'जो याद रखेगा वो मार खाएगा', 'कला वही जो दिल बहलाए', 'साहित्य वही जो मौज कराए', 'चिन्तन वही जो झट चेतन कर जाए', 'लेखन वही जो फट पल्ले पड़ जाए', 'बुद्धि वही जो नाकोहस दिलवाए'...और, वही गिरगिटोपदेश, 'इंटेलेक्चुअल होना पाप है, टेक्नेक्चुअल सबका बाप है...'

मतलब...

नाकोहस का दुःस्वप्न हकीकत है, सपना नहीं, फैंटेसी नहीं...।

सुकेत का गला सूखने लगा...घुटने फिर से जवाब दे गए। वह धप से दीवान पर बैठ गया...डर के मारे आँखें अपने-आप ही मुँद गईं—रेत के तूफान के सामने शुतुरमुर्ग की तरह...बिल्ली के सामने कबूतर की तरह।

बन्द आँखों के सामने...

एकाएक, हवाई अड्डा...सुनसान रनवे...रनवे पर ऐसा सन्नाटा? मैं यहाँ कैसे आया? किसी ने रोका नहीं, टोका नहीं...कैसे यह सब ऋत्विक घटक की फिल्म 'सुवर्णरेखा' के दृश्य में बदल गया जिसमें घटक स्वयं दो पल के लिए परदे पर आते हैं? बहुरुपिए से डर गई छोटी-सी बच्ची सीता को दिलासा देते हैं—'डर मत बेटी, पेट पालने के लिए करता है, बहुरुपिया है।'

किन्तु वह हवाई-पट्टी तो थी परित्यक्त, ऊजड़...सुकेत की मुँदी आँखों की चेतना धीरे से कह रही है...यह परित्यक्त नहीं, यह तो जाहिराना मेरे अपने महानगर के एयरपोर्ट की हवाई पट्टी है...कैसे इस पर ऊजड़ का सन्नाटा छा गया? कहाँ गई सारी चहल-पहल?

जागती, लेकिन मुँदी आँखों देखे जा रहे इस स्वप्न-दृश्य में डर चीख का नहीं, सन्नाटे का था। भय भँभोड़े जाने का नहीं, दूर-दूर तक किसी के न होने का था...'मैं अकेला, मैं ही सीता, मैं ही बहुरुपिया...लेकिन निर्देशक मैं नहीं कि आ जाऊँ दृश्य में और खुद से कहूँ—मा भैः, डर मत...'

एकाएक सारा सन्नाटा गूँज उठा है— नाकोहस...नाकोहस... नाकोहस!

बिगूचन और भय से थर्राते सुकेत ने आँखें खोलीं...टीवी चल रहा था...दो मिनट चटखारे, बारह मिनट विज्ञापन जारी थे...हाँ, कमरे में आती धूप की शहतीर कुछ और मोटी, कुछ और चमकदार हो गई थी...खिड़कियों पर पड़े भारी परदे जिसे रोक रहे थे, वह सारी रोशनी और ऊष्मा अधखुले दरवाजे से भीतर घुस आने की बेचैनी में थी...उसके कारण टीवी की तस्वीरें जरा धुँधली हो चली थीं...बैठे-बैठे ही सुकेत ने धूप की शहतीर में नाच रहे प्रकाश-कणों को मुट्ठी में भरने की कोशिश की, जैसे बचपन में करता था...भर तो बचपन में भी नहीं पाता था, आज़ क्या भर पाता मुट्ठी में रोशनी, लेकिन फिर भी...

कई बार, हमें चेताए बिना हरकत में आ जाता है बचपन...डर के सामने, बिगूचन के सामने सहारा देता है बचपन...भय के साम्राज्य में आश्चर्य और जिज्ञासा का पलीता लगाता है बचपन।

नाकोहस सचाई हो या फैंटेसी...कुकल्पना हो या कुवास्तव...दुःस्वप्न हो या नशे का असर...

अनजाने की गई हरकत में जो बचपन झलक मार गया, उसे सहेज कर रखना है...धूप की शहतीर के प्रकाश-कणों को बाँधने के लिए जो बचकानी मुट्ठी हवा में बँध गई, उसमें प्रकाश के कण सचमुच भर लेने हैं...नाकोहस सचमुच हो या न हो...साहस तो सचमुच सँजो ही लेना है...उठो सुकेत...दिन शुरू करो...देखा जाएगा, जो होगा...

किसी तरह उठ कर, चलने के नाम पर घिसटता हुआ सुकेत बाथरूम गया, हिम्मत बाँध कर, वैसे ही घिसटता-सा किचन में पहुँचा, चाय बनाने के लिए खड़े रहना जैसे उम्र भर खड़े रहना हो गया, अकेला इन्सान...करना तो सब कुछ खुद ही था, आदत भी थी, लेकिन आज जैसा दर्द...पहले कभी नहीं, तब भी नहीं जब पिटाई झेलनी पड़ी थी।

नाकोहस को सही जवाब यही कि मैं वैसे ही चाय पीऊँ, जैसे रोज पीता हूँ, वैसे ही सिगरेट सुलगाऊँ...वैसे ही सब करूँ, जैसे रोज करता हूँ...यही है उस घिनौने गिरगिट और उसके बौनैसरों की गुंडई का जवाब...।

चाय का कप हाथ में लिये सुकेत ड्राइंग-रूम में वापस आया...टीवी बंद करने की कोशिश बेकार ही थी...भौंकता रहे साला...बकते रहें विशेषज्ञ...पिंपियाते रहें इमोटिकॉन...गुर्राते रहें नाकोहस के बौनैसर...नाचते रहें उसके गुर्गे...साले!

पाँवों में दर्द पल-पल बढ़ता जा रहा था, 'कोई बात नहीं, हो जाती हैं...लॉक्ड घुटने, फ्रोजेन शोल्डर्स जैसी प्राब्लम्स इस उम्र में...इस उम्र में ही क्या, जवानी में भी...करते हैं कुछ...चाय पीकर, फारिग होकर...' सुकेत ने खुद को समझाया, 'ऐसी-तैसी नाकहोस की, गिरगिट की, चौड़ासिंह की, सपाटचन्द की...सबसे पहले, नाकोहस-दुःस्वप्न के, बल्कि जीवन-दुःस्वप्न के अपने साथियों...'

शम्स और रघु के बारे में सोचते-सोचते सुकेत को याद आई करुणा, 'इन तीनों का हाल-चाल तो ले लूँ...वह कमीना गिरगिट कुछ बक रहा था, करुणा के बारे में भी...नहीं ?...'

सुकेत की आँखों से एकाएक धार-सी फूट पड़ी। वह स्वयं चकित था, 'क्या हुआ है मुझे, बचपन की इतनी वापसी भी ठीक नहीं, बॉस...'

मन के भीतर से ही दूसरी आवाज आई, 'क्यों ठीक नहीं...धूप की शहतीर पकड़ना ठीक...अपने पापों, अपराधों की शहतीर अपनी ही आँख में

देखना ठीक नहीं? शम्स और रघु की चिन्ता ठीक, करुणा को जो दुख दिये, उनके लिए पछताना ठीक नहीं? उसे फोन मैं करूँगा तो वह उठाएगी तक नहीं...इस तिरस्कार के लिए मैं खुद जिम्मेवार हूँ, इस सचाई पर फफकना ठीक नहीं?'

सब ठीक है भैया...लेकिन, फिलहाल रोको अपने-आपको, बाद में रोते-फफकते रहना...सबसे पहले शम्स और रघु के हाल-चाल...।

रोते, स्वयं को रोने से रोकते, घुटनों के दर्द से तड़पते, अपने-आपसे बतियाते सुकेत ने चाय का कप मेज पर रखा...बालकनी की खिड़कियों की ओर बढ़ा, परदे हटाए...जितनी धूप आ रही है, कम है...और रोशनी चाहिए कमरे में...रोशनी के साथ ही कॉलोनी की सुबह की आवाजें भी आईं...उनके साथ, दूर से मेन रोड के ट्रैफिक की फिलहाल धुँधली-सी आवाजें भी...जो पल-पल गहराती जाएँगी...कॉलोनी से आती आवाजों को छेकती जाएँगी...सुकेत बहुत चिढ़ता था, इतनी जल्दी रफ्तार और मिकदार पकड़ लेने वाले ट्रैफिक की इन झगड़ालू आवाजों से...आज वे ही आवाजें उसे बहुत भली लगीं...खिड़की के पास खड़े-खड़े उसने गहरी साँस ली...मुस्कराया, 'आवाजें नाक के जरिए नहीं, कान के जरिए अपने पास आती हैं, सुकेत प्यारे...'

'जैसे भी आती हों, आएँ...रोजमर्रा की जिन्दगी की ये आवाजें किसी तरह मेरे करीब आएँ।'

खुद को जवाब देता सुकेत मेज की ओर वापस बढ़ा, चाय का कप वहीं छोड़, हाथ में मोबाइल उठाकर चला वापस बालकनी की ओर...रघु और शम्स को फोन बाहर से आती जिन्दगी की आवाजें सुनते-सुनते ही करना है...आह...ओह...दर्द पल-पल बढ़ रहा है...डॉक्टर की डाँट भी खानी पड़ेगी—फौरन क्यों नहीं आए, घुटनों को इतना मूवमेंट क्यों दिया?...आह...ओह...करता, काँखता, कराहता सुकेत आखिर जा पहुँचा बालकनी में।

'...वैसे, देखने में तो सब कुछ सामान्य ही है यार—वही दफ्तर, कारोबार के लिए निकल रहे लोगों की दौड़-भाग...स्कूल, कॉलेज के लिए निकल रहे बच्चों-नौजवानों की हलचल, नौकर-चाकरों की आवाजाही, सब्जी वालों की, कबाड़ियों की आवाजें—दुनिया तो ढर्रे पर ही चल रही है...रूटीन बरकरार है...कुछ नहीं, दिमाग के साथ-साथ बस अपने घुटनों में भी कुछ

पंगा पड़ गया है सो अपन चलते हैं न इन्हें लेके डॉक्टर के पास... सायको-एनेलिस्ट से मिलना भी अब एकदम पक्का...लेकिन, सबसे पहले तो रघु और शम्स...'

मोबाइल पर नम्बर पंच कर ही रहा था कि स्क्रीन पर गिरगिट!

सुकेत की देह भूकम्प में कमजोर इमारत की तरह काँप गई...आँखों के सामने कॉलोनी की रूटीन सुबह की जगह नाकोहस की अनोखी रात आ गई; कानों में रोजमर्रा की आवाजों की जगह नाकोहस का ज्ञान देते गिरगिट की, गुम पिटाई के कारण चीखते शम्स की आवाजें गूँजने लगीं...

यानी...यानी...आखिरकार...नाकोहस...!

काँपते हाथ से मोबाइल फिसल ही जाता कि वही लाड़-भरी सख्ती, वही आवाज, "मोबाइल सँभालो, कहीं गिर गया तो उठाते नहीं बनेगा, घुटने सीरियसली डैमेज हो जाएँगे...च..च..च...इट इज रियली पेनफुल, सुकेत, आई नो..." कहते-कहते गिरगिट ने आँख मारी।

'कमीना, घिनौना...रियली पेनफुल...किसके कारण?'

"प्लीज, सुकेत, सुबह-सुबह यह गाली-गलौज नहीं, वरना बेकार में..." गिरगिट ने थूथन को मटमैली से जरा-सी लाल रंग कर नाराजी रेखांकित की।

'हे, भगवान...वही अन्तर्यामीपन...वही पल-पल रंग बदलना...वही आँख मारना...'

सुकेत का दिमाग तो सुन्न-सा हो गया था...बस, आँखें देख रही थीं, मोबाइल पर गिरगिट के अगल-बगल सुकेत की ओर दोस्ताना ढंग से हाय-हलो के लहजे में हाथ हिलाते चौड़ासिंह और सपाटचन्द।

"तुम दोनों फूटो यहाँ से..." गिरगिट ने चौड़ासिंह और सपाटचन्द को आदेश दिया। अब मोबाइल के पूरे स्क्रीम पर बस वही था।

'फिर आँख मारेगा...'

ऐन यही हुआ, उन दोनों के फूटते ही गिरगिट ने सुकेत की ओर आँख मारी, "गए दोनों, अब खुश? वैसे, सुकेत, हमें गाली क्यों देते हो यार? हम तो केवल कर्तव्य-पालन कर रहे थे, इन फैक्ट, डोंट यू थिंक यू ऑट टु बी बिट ग्रेटफुल कि तुम्हारे दोस्तों का हालचाल बताने मैं खुद चला आया, इन फैक्ट आय'म गोइंग आउट ऑफ दि वे...खैर, आप नहीं चाहते तो..."

"नहीं, नहीं...सॉरी...वो रघु, शम्स..."

मैंने सॉरी कहा इस गिरगिट को?

"हाँ, तो, इसमें शरमाने की क्या बात? इट्स नेचुरल...दोस्तों की चिन्ता हो रही है न, स्वाभाविक है, नाकोहस समझता है आपकी भावनाएँ...सबकी भावनाएँ...आप ही लोग, खैर..."

थूथन का रंग लाल से खुशनुमा नारंगी की तरफ जाता हुआ, जीभ इतनी दूर तक लपलपाती हुई कि सुकेत ने अनजाने ही मोबाइल चेहरे से दूर कर लिया। बालकनी में धूप काफी पसर चुकी थी। गिरगिट की शक्ल धुँधली-सी दिख रही थी, लेकिन आवाज एकदम साफ। रोजमर्रा की जिन आवाजों को सुनने सुकेत बालकनी में आया था, उन आवाजों पर हावी थी गिरगिट की पिंपियाती-सी आवाज :

"तो, ब्रेकिंग न्यूज यह है सुकेतजी कि शम्स मियाँ बस सीढ़ियों से जरा फिसल गए हैं...अब इतनी भी नहीं पीनी चाहिए...खैर, ज्यादा फिक्र की जरूरत नहीं, टूट-फूट जरूर हुई है, लेकिन अनमैनेजबल नहीं है, ठीक हो जाएँगे, हालाँकि सबक हासिल करने का सर्टिफिकेट तो अब ताउम्र साथ रहेगा ही। मिस्टर रघु रूबेन के डायनासॉर के बारे में तो आप उन्हें वार्न करते ही रहते थे...कल दिखा ही दी उसने औकात, बीच सड़क पर रूबेन साहब को साथ लिये जा टकराया रोड-डिवाइडर से...नथिंग मच टू वरी, दो...बस, एकाध पसली क्रैक हुई है...विल बी ओके सून...करुणा के बारे में तो आपको कल वाले सेशन में ही बता दिया गया था...अपना हाल-चाल तो आप देख ही रहे हैं...एनीथिंग एल्स...मि. सुकेत?"

टाँगें ही नहीं, सुकेत की समूची देह अकड़ गई। पता नहीं, रोमों से पसीना बह रहा है, या गुम घावों पर चींटियाँ चल रही हैं...टाँगों में दर्द जकड़न का है, या मगरमच्छों के चबाने का...गिरगिट की ठंडी आवाज...रीढ़ की हड्डी पर किसी ने बर्फ की सिल्ली चिपका दी है...सारा शरीर सुन्न...

"वेल..." गिरगिट इस बार, बिना जीभ लपलपाए, बिना आँख मारे, बिना रंग बदले बोल रहा था, "उम्मीद तो है कि आप तीनों अब सुधर जाएँगे...नहीं तो...आप जानें...वैसे, यू मस्ट एप्रिशिएट दि फैक्ट कि आपके साथ नाकोहस ने कमाल की नरमी बरती है...बस, जरा-से दस्तखत, दस्तखत भी क्या, इनिशियल्स ही तो किए गए हैं, आप लोगों की बॉडीज पर...डू यू

रियलाइज सर...कि जितना वक्त आपने नाकोहस के फ्रेंडली इंटरएक्शन में बिताया, जितना आपको वहाँ ले जाने, वापस पहुँचाने में लगा, यानी कुल मिलाकर आप तीनों जितनी देर इस किस्सा-ए-नाकोहस में रहे, बस, उतने ही अरसे में एक जाने-माने बुजुर्ग इंटेलेक्चुअल भारत में भगवान को प्यारे हो गए, और एक अरब में अल्लाह मियाँ से मिलने भेज दिये गए...और ये तो...एज यू नो, मैं कदरन मशहूर लोगों का जिक्र कर रहा हूँ...वैसे तो न जाने कितने...सो..."

गिरगिट आदत से मजबूर था। चेतावनी का गम्भीर लहजा इससे ज्यादा चला नहीं पाया। फुरहरी ली, ताबड़तोड़ रंगत बदली, जीभ इतनी जोर से लपलपाई कि जैसे सुकेत का मुँह चाटकर ही मानेगा, आँख मारी, "सो, माई डियर सर, यू आर लकी, यू स्टिल हैव टाइम...वक्त रहते सुधर जाओ, अपने दोस्तों को सुधार लो...आप लोग भी अच्छे होमो-इनफोटेमिकस की तरह जीवन जिएँ, इंटेलेक्चुलई छोड़ टेक्नेक्चुअल बनने की कोशिश करें...बौनैसरों की सुनें, नाकोहस को मन-प्राण में बसाएँ...सदा सुखी रहें...सौ साल की उम्र पाएँ, दूधों नहाएँ, पूतों फलें...ऑल दि बेस्ट...अब चलता हूँ...गुड डे एंड गुड बाई..."

वही धीरे-धीरे, मुस्कराते-मुस्कराते, आँख मारते हुए गायब होने का अन्दाज।

सुकेत भौंचक...भयभीत...कुछ-कुछ वैसी ही कैफियत, जैसी कल रात चौड़ासिंह की आँखों की जकड़ में आने पर थी। पता ही नहीं चला, कब मोबाइल हाथ से फिसलकर फर्श पर जा गिरा...धप की आवाज से उसकी भयतन्द्रा टूटी, और...

भीतर से उबल पड़ा लावा।

सारा भय, सारा बिगूचन, भौंचकपन, बेबसी का सारा अहसास, सारी वेदना...सब बदल गए गहरे गुस्से में, उबलती नफरत में, "कमीने... घिनौने...ऐसी-तैसी तेरी...नाकोहस कहीं के..."

बहुत जोर से चिल्लाया सुकेत...लेकिन मध्यवर्गीय भद्रजनों की उस कॉलोनी के किसी भी निवासी का ध्यान उसके बेबस गुस्से पर जरा-सा भी नहीं गया, 'इन सबके कान शायद वह नाकोहस का बच्चा गिरगिट नोंचकर अपने साथ ले गया है...' बेबस क्रोध से काँपते सुकेत की देह घुटनों की पीड़ा भूल गई...जैसे मौत के डर से कई बार लकवे के मरीज

तक उठकर भाग पड़ते हैं, कुछ उसी तरह दर्द की जकड़ से लाचार, नफरत से उबलते सुकेत का पाँव उठा, ठोकर की शक्ल में मोबाइल पर पड़ा...मोबाइल बालकनी के सरियों से होता नीचे सड़क पर...उसे तेजी से गिरते देख, सड़क पर मोबाइल के टुकड़े होते देख सुकेत को वैसा ही सन्तोष मिला, जैसा किसी का कुछ भी उखाड़ पाने में अक्षम, लाचार मनुष्य अत्याचारी को कोस कर, सराप कर पाता है...इस सन्तोष के खोखलेपन का दर्दनाक अहसास अगले ही पल सुकेत के चेहरे पर विकृत होती जा रही मांसपेशियों की सूरत में और कंठ से जिबह किए जा रहे जानवर की-सी चीखों में फूट पड़ा।

बेबसी के क्रोध ने बस एक ही पल के लिए तो दर्द पर विजय पाई थी...अब मैदान फिर से दर्द के हाथ था...भयानक दर्द पर अब आतंक, अपमान और बेबसी के नमक-मिर्च की बुरकी भी थी...सुकेत के भीतर-बाहर का पोर-पोर तड़प रहा था।

'मेरे वजूद के भीतर-बाहर इन्सानी चीख के बजाय हाथी की चिंघाड़ क्यों गूँज रही है...'

...थर-थर काँपते सुकेत ने नीचे झाँका...बालकनी से नजर आती सड़क की ओर...सब कुछ बा-दस्तूर ही चल रहा था—दफ्तर, कारोबार, स्कूल, कॉलेज के लिए निकल रहे लोगों की हलचल...नौकर-चाकरों की आवाजाही...हॉकर्स की आवाजें...दुनिया ढर्रे पर ही थी...मेन रोड से आती ट्रैफिक की पल-पल बढ़ती ट्रैफिक की चिल्ल-पों...तेजरफ्तारी, आवा-जाही, सब कुछ वैसे का वैसा...हस्बेमामूल...रूटीन।

बस, वहाँ कॉलोनी की सड़क के बीचोबीच...मगरमच्छ इत्मीनान से हाथी की टाँगें चबा रहे हैं...हाथी बस चीख सकता है, अपनी जगह से हिल नहीं सकता...लोग अपने काम से काम रखते हुए हाथी और मगरमच्छों के पास से गुजर रहे हैं...वाहनों में, पाँवों पर...न कोई हाथी की चिंघाड़ों पर कान दे रहा है, न उसकी तड़प पर ध्यान...सब लोगों के कान ही नहीं, आँखें भी नाकोहस का गिरगिट नोंच ले गया है।

टूट रहे घुटनों पर किसी तरह देह को ढोता सुकेत खड़ा है—महानगरीय फ्लैट की बालकनी में नहीं, नहीं...यह तो किसी पहाड़ी कगार का छोर है...सुकेत गिरा तो न जाने कहाँ जाकर गिरेगा...हड्डियों का भी पता जाने चलेगा या नहीं!

हाथी की चिंघाड़ें करुण रुदन में बदल रही हैं, धीमी हो रही हैं...जमीन पर चिपकी देह में जो थोड़ी-बहुत हलचल थी, वह कम से कमतर होती जा रही है...आँखें आसमान वैकुंठ की ओर तकते-तकते अब अपनी जगह से लुढ़कती जा रही हैं।

○○○